臺灣歷史與文化 研究輯刊

五 編

第 8 冊

丘逢甲、「詩界革命」及其與
日治時期臺灣傳統詩界的關係

王惠鈴 著

花木蘭文化出版社

國家圖書館出版品預行編目資料

丘逢甲、「詩界革命」及其與日治時期臺灣傳統詩界的關係／
王惠鈴 著 — 初版 — 新北市：花木蘭文化出版社，2014〔民
103〕
目 4+236 面：19×26 公分
（臺灣歷史與文化研究輯刊 五編：第 8 冊）
ISBN：978-986-322-640-6（精裝）
1. 丘逢甲 2. 臺灣詩 3. 詩評
733.08 103001764

臺灣歷史與文化研究輯刊
五 編 第 八 冊 ISBN：978-986-322-640-6

丘逢甲、「詩界革命」及其與日治時期臺灣傳統詩界的關係

作　　者 王惠鈴
總 編 輯 杜潔祥
副總編輯 楊嘉樂
編　　輯 許郁翎
出　　版 花木蘭文化出版社
社　　長 高小娟
聯絡地址 235 新北市中和區中安街七二號十三樓
　　　　　 電話：02-2923-1455／傳眞：02-2923-1452
網　　址 http://www.huamulan.tw 信箱 hml810518@gmail.com
印　　刷 普羅文化出版廣告事業
初　　版 2014 年 3 月
定　　價 五編 24 冊（精裝）新臺幣 48,000 元

丘逢甲、「詩界革命」及其與日治時期臺灣傳統詩界的關係

王惠鈴　著

作者簡介

王惠鈴，1975 年生於臺南，育有兩子，定居於臺中，中興大學中文碩士、東海大學中文博士，曾任朝陽科技大學駐校藝術家，現任明道大學中文系專任助理教授、教育部閱讀書寫革新與推動計畫協同主持人，擁有教育部對外華語教學能力證書，著有《丘逢甲集》、《臺灣詩人賴惠川及其悶紅墨屑》、《文學與生命的交響樂章》、《文學與生命的五重奏》、《中文鑑賞與應用闖關祕笈》，教授「閱讀書寫」、「現代小說」、「華語文教學」、「臺灣文學」等課程。

提　　要

　　丘逢甲於乙未內渡後，所作詩集《嶺雲海日樓詩鈔》中的多數詩作，具有晚清「詩界革命」新派詩的藝術特色，被梁啟超譽為「詩界革命一鉅子」，並與黃遵憲合稱為「黃丘」。且日治時期《臺灣文藝叢誌》、《詩報》與施梅樵，先後將丘逢甲《嶺雲海日樓詩鈔》、黃遵憲《人境廬詩草》公開合刊，可見丘逢甲於「詩界革命」新派詩的寫作技巧與詩學理念，頗受到當時兩岸詩界的肯定。本書首先探討丘逢甲內渡前《柏莊詩草》中的風土詩作、近體聯章組詩的寫作取向上與「詩界革命」的關係，再從《嶺雲海日樓詩鈔》中與晚清維新人士酬唱詩作的內容，確立其文學與政治的立場，又從丘逢甲發表於《清議報》的 17 題 45 首詩作分析中得知，其價值位於「詩界革命」初期以詩為劍、宣揚維新的功能與意義上，並比較丘逢甲與黃遵憲於「詩史」、「諷刺詩」、「新題詩」寫作特色上的不同，最後觀察日治時期臺灣詩界革新與論戰的過程，與丘逢甲秋懷組詩引起林痴仙、林幼春等人唱和所代表的意義，和《嶺雲海日樓詩鈔》在當時臺灣詩界被重視的情況。本書目的在分析丘逢甲於「詩界革命」中的具體表現、突出的特色、偏限性與定位問題，並討論「詩界革命」文學改革潮流在日治時期的臺灣詩界中，被連橫、臺灣文社推動的情況，以突顯丘逢甲在當時臺灣詩界革新過程中所扮演的角色。

目

次

附　錄

附　表

第一章 緒 論

第一節 研究動機與目的

丘逢甲於乙未內渡前在臺灣本土詩人圈子中屬於佼佼者〔註1〕，內渡後也是晚清中國大陸詩界極爲知名的臺灣籍詩人之一。晚清時代的臺灣雖然也產生不少優秀的臺灣本土籍詩人，但在以中國大陸來臺的宦遊人士爲主的文學集會中，丘逢甲仍能以本土詩人的身分參與其中且表現不俗，連橫說：

> 邱逢甲，字仙根，又字仲閼，彰化翁仔社人，後隸臺灣。社處大甲
> 溪之旁，土番部落也，粵籍居之，故其俗尚武負氣；而逢甲獨勤苦
> 讀書，年十三入泮。時吳子光設教呂氏之筱雲山莊，藏書富。逢甲
> 負笈從，博覽群籍，遂以詩文鳴里中。灌陽唐景崧以翰林分巡臺灣
> 道，方獎掖風雅，歲試文生，拔其尤者讀書海東書院，厚給膏火，
> 延進士施士浩主講。於是逢甲與新竹鄭鵬雲，安平汪春源、葉鄭蘭
> 肄業其中。未幾，聯捷成進士，授兵部主事，爲崇文書院山長。及
> 景崧陞布政使，邀其至，時以文酒相酬酢。臺灣詩學爲之一興。
>
> 〔註2〕
>
> 唐維卿觀察既耽風雅，獎藉藝林，一時宦游之士，若閩縣王貢南毓

〔註1〕 連橫《臺灣詩乘》卷5：「光緒以來，臺灣詩界群推施澐舫、邱仙根二公，各
　　　　成家數。」臺北：臺灣銀行經濟研究室，《臺灣文獻叢刊》第64種，1960，
　　　　頁215。
〔註2〕 連橫《臺灣通史》卷36列傳8〈邱逢甲列傳〉，臺北：臺灣銀行經濟研究室，
　　　　《臺灣文獻叢刊》第128種，1962，頁1033。

> 青、侯官郭賓實名昌、丹徒陳翥伯鳳藻、德化羅穀臣大佑、順德梁
> 挺生維嵩及吾鄉施澐舫士洁、邱仙根逢甲等皆能詩。時開吟會，積
> 稿頗多。唐韓之太守輯而刊之，名曰《澄懷園唱和集》，版藏臺南松
> 雲軒。〔註3〕

說明了乙未割臺前的光緒年間，臺灣傳統詩壇在唐景崧等來臺宦遊人士的獎
勵鼓舞下，臺灣本土文人獲得來臺宦遊人士的肯定，而丘逢甲便是臺灣本土
文人中，與來臺宦遊人士酬唱交流，並取得豐碩成果的重要人物之一。

丘逢甲於乙未內渡後，其在晚清中國大陸詩壇的文學成就，也被臺灣詩
評家視爲臺灣傳統詩人的驕傲與模範，王松《臺陽詩話》說：

> 邱仙根工部（逢甲），才情學力，冠絕儕流。乙未回粵，大府延掌潮
> 洲韓山書院，成就甚眾，一時仰之如泰山、北斗。工部詩才，淋漓
> 悲壯，盤錯輪囷，肖其爲人。海澄邱菽園孝廉嘗舉與嘉應王曉滄（恩
> 翔）、番禺潘蘭史（飛聲）、安溪林鶖雲（鶴年）並稱四子，識者歎
> 爲知言。茲有〈題潘蘭史說劍堂集〉七古長篇云：「劍龍出海辭延
> 津，……諸天雲立群龍聽」。錄之以誌傾倒。集名《蟄庵存稿》，皆
> 乙未以後所作：正如子美入秦、劍南入蜀，感喟蒼涼，當不在古人
> 以下也。
>
> 《金城唱和集》一卷，乃邱仲閼工部（逢甲）與王曉滄廣文（恩翔）
> 二人所著，菽園先生爲之刊行。……古體如〈和鳳凰臺放歌〉、〈題
> 風月琴樽圖〉等作，工力悉敵，不慊古大家；惜卷帙有限，不能備
> 載。〔註4〕

內渡後的丘逢甲雖然在臺灣留下諸多爭議〔註5〕，但其文學方面的功力與成
就，並沒有因此而受到質疑與被淡忘。他身處在中國大陸的文人圈子中，

〔註3〕 連橫《臺灣詩乘》卷5，同註1，頁210。
〔註4〕 王松《臺陽詩話》下卷，臺北：臺灣銀行經濟研究室，《臺灣文獻叢刊》第34
種，1959，頁51～52、56。
〔註5〕 例如有沒有與日軍交戰、何時內渡、是否挾軍餉內渡……等關係到丘逢甲操
守的爭議，至今仍未有定論，爲丘逢甲闢謠的有中國大陸學者吳宏聰、李鴻
生主編《丘逢甲研究——1984年至1996年兩岸三地學者論文專集》（臺北：
世界丘氏文獻社，1998）、徐博東和黃志平合撰《丘逢甲傳》（臺灣，海峽學
術出版社，2003.9）……等，而傾向於持保留態度的有臺灣學者黃秀政、楊護
源〈丘逢甲與一八九五年反割臺運動〉（黃秀政等《臺灣史志論叢》，臺北：
五南圖書出版公司，2000.3，初版2刷，頁153～185）。

仍不斷透過與維新派人士酬唱的方式，和發表詩作於《清議報》的行動（詳
見第三章第一、二節），以重新建立自己的文學聲望，並且確實獲得梁啓超
提倡「詩界革命」〔註6〕的肯定，這看在日治時期臺灣傳統詩人的眼中，應
是一件成功的文學盛事，可見，丘逢甲的文學成就不管是內渡前還是內渡
後，都是近代臺灣文人心目中的佼佼者，代表著臺灣本土文人文學發展的
典範。

　　其次，就晚清中國大陸詩壇來看內渡後丘逢甲的文學發展，丘逢甲內渡
後曾作〈論詩次鐵廬韻〉七絕10首云：

　　元音從古本天生，何事時流務競爭？
　　詩世界中幾雄國？惜無人起與連衡。

　　邇來詩界唱革命，誰果獨尊吾未逢。
　　流盡元黃筆頭血，茫茫詞海戰群龍。

　　新築詩中大舞臺，侏儒幾輩劇堪哀。
　　即今開幕推神手，要選人天絕代才。

　　臺上風雲發浩歌，不須猛士再搜羅。
　　拔山妄費重瞳力，夜半虞兮唱奈何。

　　北派南宗各自誇，可能流響脫淫哇。
　　詩中果有眞王在，四海何妨共一家。

　　彼此紛紛說界疆，誰知世有大文章。
　　中天北斗都無定，浮海觀星上大郎。

　　芭蕉雪裏供摹寫，絕妙能詩王右丞。
　　米雨歐風作吟料，豈同隆古事無徵。

　　四海橫流未定居，千村萬落廢犁鋤。
　　荊州失後吟梁父，空憶南陽舊草廬。

〔註6〕「詩界革命」雖名爲「革命」，但實質上是「改革」，因爲其終究是以傳統詩
　　　　的形式來寫作。革命是針對傳統詩寫作觀念的侷限性而言，再配合上晚清知
　　　　識分子號召變法維新的時代氛圍，稱爲革命更具有行動意義，所以梁啓超以
　　　　「詩界革命」定名之，但黃遵憲不稱之爲「詩界革命」，而稱之爲「詩界別創」，
　　　　比較符合實質意義。由於文學史多直接以「詩界革命」稱之，故本書行文時
　　　　也統一用「詩界革命」來稱之。

展卷重吟民主篇，海山東望獨悽然。

英雄成敗憑人論，贏得詩中自紀年（來詩有民主謠）。

四海都知有蟄庵，重開詩史作雄談。

大禽大獸今何世？目極全球戰正酣。〔註7〕（頁520～521）

可強烈感受到，丘逢甲有自信憑著自己的詩藝和對時局的見解，在當時盛行的「詩界革命」文學版圖中，脫穎而出並佔有一席之地。而詩界革命的主要倡導者梁啟超評價丘逢甲說到：

吾嘗推公度（黃遵憲）、穗卿（夏曾佑）、觀雲（蔣智由）為近世詩家三傑，此言其理想之深邃閎遠也。若以詩人之詩論，則邱倉海（逢甲）其亦天下健者矣。嘗記其〈己亥秋感八首〉之一云：「遺偈爭談黃藥禪，荒唐說餅更青田。戴鰲豈應遷都兆？逐鹿休訛厄運年。心痛上陽眞畫地，眼驚太白果經天。只愁讖緯非虛語，落日西風意惘然。」蓋以民間流行最俗最不經之語入詩，而能雅馴溫厚乃爾，得不謂詩界革命一鉅子耶？〔註8〕

可見丘逢甲在詩界革命「新派詩」〔註9〕的創作上，以民間的俗話用語和題材，成功融入古典詩傳統的風格中，而獲得梁啟超的高度肯定，成功取得自己在

〔註7〕 丘逢甲著，廣東丘逢甲研究會編《丘逢甲集》，湖南：岳麓書社，2001年12月，1版，頁520～521。由於該書蒐集了目前海峽兩岸所見丘逢甲最完整的文學作品，故本書所引任何丘詩，皆以此爲本。同時，爲了兼顧註明出處與版面簡潔的考量，若引自《丘逢甲集》的詩和文，統一於引詩或引文後註明頁碼，不再一一詳加註腳。

〔註8〕 梁啟超此語原刊登於光緒28年（1902）9月15日《新民叢報》第18號「文苑」欄的〈飲冰室詩話〉，後收錄於梁啟超《飲冰室詩話》第39則，參見張品興編《梁啟超全集》第9冊第18卷，北京：北京出版社，1999，頁5313。

〔註9〕 符合「詩界革命」理論的詩作通稱「新派詩」，因爲詩界革命的典範黃遵憲自稱自己的詩爲「新派詩」。魏仲佑《黃遵憲與清末「詩界革命」》說，黃遵憲的新派詩本質上是「我之詩」，亦即表達個人心胸的詩，詩境要復古人比興之體，以單行之神，運排偶之體，採取民歌自由活潑的精神，以及古文文章的組織與條理，取材上，凡合於今用的一切文獻均予包容，述事上，一切耳聞目見的均可以入詩，鍊格上，不專一體、不名一格，視隨時的需要而採用不同的體裁。整體而言，他要突破中國傳統詩數百年來逐漸形成的模式，因爲一種藝術一旦定了型，以後的人便一代一代照著模式去寫作，這樣的藝術便失去精神，亦即失去了藝術本身的生命力。故「新派詩」是指凡突破傳統的詩均可稱之，不侷限於用外來語、現代語或描寫新經驗等的詩。（臺北：國立編譯館，1994.12，頁178～180。）

詩界革命中的一席之地。時至今日臺灣文史界對丘逢甲內渡一事，儘管有著兩極化的看法，但若要持平來論丘逢甲的成就，施懿琳〈從歷史人物再評價的觀點論晚清臺灣詩人丘逢甲〉認為：

> 人中龍鳳的丘逢甲在面對挑戰與困頓時，或許曾表現了他脆弱的一面；然而，就他一生對近代中國教育及文學上的貢獻而言，棄師西渡畢竟只是大醇中的小疵。我們可以說，他是一個不夠徹底的抗日英雄，但是，我們卻該肯定他在興學設教以及詩界革命上的積極成就，也應該相信他愛國憂國應純然出自一片真誠。〔註10〕

意思是丘逢甲在抗日行動的過程中確實有瑕疵，但在推動新式教育和參與詩界革命的成就上，又真的是值得肯定，做學術研究應該公平客觀，是非分明，不需隱惡揚善，但也不要因人廢事，如此才能將丘逢甲的相關研究做的透澈。

　　所以，就臺灣文學而言，丘逢甲內渡之後的文學可以界定為「懷鄉文學」、「移民文學」〔註11〕或「後遺民寫作」〔註12〕；但就晚清甚至是近代文學而言，丘逢甲的文學成就應該主要表現在，其以臺灣籍詩人的身分於中國詩界革命新派詩的成功實踐上。而到底丘逢甲在詩界革命中有什麼具體的表現？在「懷鄉文學」、「遺民文學」、「後遺民文學」之外，還獲得什麼樣的評價？因此，研究丘逢甲與詩界革命的關係，及其與日治時期臺灣傳統詩界的關係，不管在晚清中國詩壇還是日治時期臺灣傳統詩壇來看，都有其特殊意義與必要性，尤其對於日治時期的臺灣傳統詩壇而言，儘管面臨了新文學家的凌厲批判與新時代環境的變遷，多數舊文人依然對舊文學的典律有所堅持，這是周旋於現代／傳統、新學／舊學、西洋文化／東洋文化、和文／漢

〔註10〕　施懿琳〈從歷史人物再評價的觀點論晚清臺灣詩人丘逢甲〉，《從沈光文到賴和──臺灣古典文學的發展與特色》，高雄：春暉出版社，頁181。

〔註11〕　丘逢甲在詩中自稱為「遺民」，抒發乙未割臺之痛。此外乙未世代的一世文人，也多自稱為「遺民」，例如王松、洪棄生……等。

〔註12〕　王德威〈後遺民寫作〉說，後遺民與傳統遺民最大的不同在於後遺民是一種精神原鄉的棄守，站在歷史的廢墟前，現代主體不能不感受到無邊的荒涼，卻必須以回顧過去的不可逆返性，來成就一己獨立蒼茫的位置。而丘逢甲的後遺民寫作的意義在於突顯臺灣主體意識的曖昧性，已然將故鄉等同於故國，這個故國未必是清廷或臺灣民主國，而可能是南明遺民或廣義的漢族遺民的代稱。該文並未收錄在《臺灣：從文學看歷史》（臺北：麥田出版社，2005.9，初版1刷）一書中，而是見《中研院近現代文學研究室》網頁，網址是 http://.fgu.edu.tw/~wclrc/drafts/America/wang-de-wei/wang-de-wei_03.htm。

文等複雜糾葛的文化情境與國族認同下的價值認定與思考，也因此與新文學家間形成了緊張的對立關係〔註13〕。日治時期傳統詩人面對多重層面的焦慮與衝突時，丘逢甲內渡後在中國大陸「詩界革命」所獲得的文學成就，是否提供了日治時期臺灣傳統詩人，在面對新文學的質疑與挑戰之時，以及面對自身傳統的改革與延續的重要時刻，一些關於傳統詩因應時代的思考？正是本書研究丘逢甲與詩界革命的最主要的動機。

第二節　研究背景

一、丘逢甲生平簡介

丘逢甲（1864～1912），字仙根，乳名秉淵，早年又字吉甫，號蟄仙、蟄庵、仲闕，別署倉海君、南武山人、海東遺民、華嚴子、痛哭生、工部、自強不息齋主人……等。清同治 3 年（1864 甲子）生於臺灣府淡水廳銅鑼灣雙峰山（今苗栗縣銅鑼鄉），民國元年（1912）因病卒於廣東省鎮平縣祖籍老家，得年 49 歲。丘逢甲的一生際遇，不管是思想還是文學，大致以光緒 21 年（1895 乙未年）離臺內渡大陸為分野，可以分成內渡前、內渡後兩期。〔註14〕

（一）內渡前（1～32 歲）：同治 3 年～光緒 21 年（1864～1895）

丘逢甲自幼承庭訓，隨父親丘龍章到處坐館設教，10 歲（同治 12 年、1873）時，父親設教於彰化縣三角莊（今臺中市神岡區），丘逢甲隨往就讀，結識臺中神岡筱雲山莊呂汝玉、汝修、汝誠三兄弟，呂家是三角莊的望族，藏書豐富，並延請名舉人吳子光為教席，丘逢甲以師禮事吳子光，並得以閱覽呂家藏書，增廣見聞。14 歲（光緒 3 年、1877）中童子試，福建巡撫丁日昌為主考官，丘逢甲在席間完成〈窮經致用賦〉、〈試場即景〉、〈全臺利弊論〉，丁日昌呼之奇童，贈「東寧才子」印。

光緒 10 年（1884 甲申），中法戰爭爆發，法軍進犯臺灣及福建沿海，丘逢甲因此感受到家國之憂，自此更留心中外事故及西方文化，慨然有維新之

〔註13〕黃美娥〈醒來吧！我們的文壇——再議 1941 年至 1942 年臺灣新舊文學論戰〉，東海大學中文系「日治時期的臺灣傳統文學學術研討會」論文集，2002.4.13，頁 182。

〔註14〕丘逢甲生平簡介主要參考賴曉萍《丘逢甲潮州詩研究》第一章第二節〈丘逢甲的生平〉（碩士論文，臺中：逢甲大學中文所，2002.9，頁 5～8），部分加入筆者的補充與修飾。

志。光緒 13 年（1887），臺灣建省，劉銘傳爲首任巡撫，唐景崧任臺灣兵備道，招丘逢甲入幕府佐治，丘逢甲並拜唐景崧爲師，攻舉子業。唐景崧藏書頗豐，因此丘逢甲得以盡攬古今中外朝聞國政及百家小說。光緒 14 年（1888），丘逢甲 25 歲，中舉人，次年（光緒 15 年、1889）26 歲，進士及第，授工部虞衡司主事，不久後，以朝廷百政紊亂，乃援例以老告歸，返回臺灣。

丘逢甲回到臺灣後，唐景崧延聘其爲臺南府崇文書院講席，而後又兼臺灣府衡文書院及嘉義縣羅山書院講席，丘逢甲除了講授應試文藝之外，還兼受中外史實與世局新知，並勸勉學生多閱報章以廣見聞。光緒 18 年（1892），臺灣通志總局正式開設，在唐景崧等人的主持下，《臺灣通志》的編纂工作開始進行，此時丘逢甲除講學書院之外，還兼任臺灣通志採訪師，負責採訪鄉土故實。光緒 20 年（1894 年甲午），中、日因朝鮮東學黨之亂，共同出兵朝鮮，亂平之後，日本不願撤兵，於是中日甲午戰爭爆發，中國海軍連連失利，朝廷下旨飭令臺灣加強海防，此時唐景崧任臺灣布政使，協助臺灣巡撫邵友濂辦理防務，丘逢甲奉旨招募義勇，督辦團練，後改稱義軍，爲日後對日抗戰的主要兵力。同年，邵友濂離職，唐景崧升任臺灣巡撫。

光緒 21 年（1895 年乙未）3 月，中、日約定停戰，但是僅限於東北地區，臺灣不在停戰約定範圍內，於是日軍全力攻臺，臺灣人民對此同感憤慨，此時，丘逢甲一面佈署義軍，並 10 次上書臺灣巡撫唐景崧，陳言義軍護衛臺灣的決心，希望可以力戰到底，然而清廷卻在同年的 3 月底，由李鴻章爲代表簽訂馬關條約，協議割讓臺、澎於日本；馬關條約既定，臺灣人民深感悲痛，向清廷、列強各國奔走聲請救臺，並上書誓言力抗日軍，不願臣服，但是清廷的回應卻是「臺灣雖重，比之京師則臺灣爲輕」，執意割讓臺灣，於是臺灣士紳倡議自立爲「臺灣民主國」；5 月 2 日「臺灣民主國」成立，唐景崧就任總統，丘逢甲任義軍統領，自此展開更爲艱辛的護臺歷程。日軍進攻的速度極快，5 月 6 日自澳底（今新北市貢寮區）登陸，唐景崧駐軍臺北，日軍登陸後，臺北軍情告急，唐景崧遂於 5 月 15 日離臺內渡，日軍輕易攻破臺北城，一路南下，駐守中部的丘逢甲原決定奮戰到底，在部將謝道隆以「臺雖亡，能強祖國則可復土雪恥，不如內渡也。」爲由勸導下，也決定離臺內渡，時間應該不會晚於 6 月下旬，時年 32 歲。

根據廣東丘逢甲研究會所編《丘逢甲集》來看，丘逢甲內渡前的詩作約

有 400 餘首,其中《柏莊詩草》佔了 267 首,內容題材爲對時局的憂心,對平民土著的關懷,對文學或文化活動的紀錄,對臺灣奇山異水或特殊風候的描摹……等,詩作風格具有雄豪矯健的特色,不知不覺之中,爲內渡後參與詩界革命打下一定的基礎。

(二)內渡後(32～49歲):光緒 21 年～民國元年(1895～1912)

丘逢甲於光緒 21 年(1895 年乙未)內渡之後,原本定居於祖籍廣東省嘉應州鎮平縣,但是鄉里的人傳說丘逢甲攜帶鉅款內渡,聯名指控「丘逢甲守臺抗日爲違旨作亂,應予嚴拿懲辦」,這就是轟動一時的「進士造反案」〔註15〕。爲此,丘逢甲前往廣州,尋求當地士紳名流提出上訴,得到廣東巡撫許振煒、刑部侍郎廖壽恆的信任,聯名上奏丘逢甲抗日護臺的經過,並請求朝廷褒揚錄用。不久,朝廷頒下了諭旨,命丘逢甲「歸籍海陽」(即潮州),這個結果顯示朝廷對丘逢甲在臺抗日的行動是不予置評的,不判刑罰,也不予錄用,只遣其歸籍海陽,使丘逢甲的情緒受到了極大的打擊,但至少可以離開嘉應州的流言紛擾。

光緒 22 年(1896)冬天,丘逢甲領著妻小自鎮平縣的山村,來到濱海的潮州府,在此定居,一住就是 3 年多的光景。在此期間,丘逢甲與黃遵憲自戊戌政變後便開始密切互動,因而與康有爲、唐才常、梁啟超等維新派人士也有往來,便得以進入詩界革命的文學發表園地,例如《清議報》的「詩文辭隨錄」和《新民叢報》的「飲冰室詩話」。此外,丘逢甲先後於潮州府韓山書院、潮陽縣東山書院、澄海縣景韓書院講學,擬以新學教授潮州子弟,然而此舉受到地方守舊人士反對,因而促使他有自立興辦新式學堂的念頭,在光緒 25 年(1899)冬天,丘逢甲辭去書院的教職,準備籌辦「嶺東同文學堂」。

光緒 26 年(1900 年庚子),丘逢甲被粵東當局派往南洋調查僑情,並乘便籌募「嶺東同文學堂」的開辦經費,南洋之行,在新加坡與摯友丘菽園相見,此行他增廣了許多海外的見聞,更有助於寫作符合詩界革命新題材、新

〔註15〕 徐博東、黃志平《丘逢甲傳》(臺灣:海峽學術出版社,2003.9,頁 115、123)說,1895 年丘逢甲內渡之初,義軍叛將呂廣虞捏造丘逢甲「卷餉潛逃」之說,傳到了廣東鎮平,當地一些土豪劣紳借機脅詐,聯名誣告丘逢甲守臺抗日是「違旨作亂」,應予「嚴拿懲辦」,一時間,「進士造反」之說流傳鄉里。後來廣東巡撫許振煒將這份訴狀判爲「挾私誣害」,並協同刑部侍郎廖壽恒聯名上奏朝廷,請求褒獎錄用丘逢甲,但朝廷批覆的諭旨是「歸籍海陽」。

意境要求的新派詩作；丘逢甲在南洋遊歷約 4 個月，期間在潮州的家人因鼠疫為患，舉家遷回鎮平縣，丘逢甲回國後，便離開潮州與家人定居鎮平，只有為了辦學之事，才往來於潮州、汕頭、廣州之間。

　　光緒 27 年（1901 年辛丑）春天，「嶺東同文學堂」在汕頭正式開辦，以新學教育青年，並鼓勵學生赴海外留學，吸取更完備的西方思想，丘逢甲的教育方式為革命運動造就許多人才；然而此時風氣未開，丘逢甲創辦新式學堂，仍然受到多重阻礙，光緒 29 年（1903）冬天，他辭去「嶺東同文學堂」的教職，欲赴廣州謀求新式教育的發展，卻沒有結果，於是回到鎮平，此後兩年，陸續開辦「鎮平初級師範傳習所」與「員山」、「城東」兩所家族學堂；光緒 32 年（1906），丘逢甲先後被聘任兩廣學務公所參議、廣州府中學堂監督等職，光緒 34 年（1908），又被推舉為廣東教育總會會長；自離開潮州之後，丘逢甲一直奔走於鎮平、潮州、汕頭、廣州之間，為教育事業努力，終於有了不錯的成果。光緒末年的廣東，已是革命黨人極為活躍的情況，丘逢甲與他們的交往極為頻繁，丘逢甲雖未參與革命之事，但基於師生情誼，暗中保護革命黨人，宣統 2 年（1910），革命聲浪風起雲湧，丘逢甲曾言「是吾志也。吾欲行民主於臺灣，不幸而不成，今倘能成於內地，余能及身見之，九死所無恨也。」這個心願在他有生之年，總算達成，民國元年（1912），國父於南京宣誓就職臨時大總統，同年 2 月，宣統皇帝宣布退位，結束滿清皇朝，此時丘逢甲已經因病回到鎮平，2 月 25 日，病逝於鎮平家中，得年 49 歲。

　　丘逢甲內渡後的詩作約有 1858 首，輯為《嶺雲海日樓詩鈔》12 卷，內容多抒發對時局的感懷與憂心，思念故鄉臺灣的人事物，離臺內渡後生活境況的不如意……等，詩作風格轉為悲涼滄桑，常有以超現實的表現手法來寫作遊仙詩。

二、日治時期臺灣傳統詩壇的文學環境

　　日治初期，殖民政府為了有效控制臺灣文人的思想，使出攏絡的手段，藉由頒發紳章，舉辦「饗老典」與「揚文會」，推行詩人聯吟與結社活動……等，在雙方和平友好的互動中，使臺灣文人心理意識上疏於防備，默默消滅臺灣文人的漢族意識和抵抗意志，並進行思想轉化的目的。因此，就統治者的政策面和文學發展歷史的真相而言，日治時期臺灣文學檯面上的主流，應

該是傳統詩的寫作，除了 1924 年後新文學發展成熟，直至推行皇民化運動，漢文被禁前夕的這段期間，臺灣傳統詩被新文學暫時性地取代了主流發聲地位，其他三十餘年的日治期間，傳統詩才是檯面上的主流文學。

　　然而，面對日本殖民政府的文化策略，臺灣詩人也表現了不同的因應方式。其中確實有部分知名的詩人在殖民政策的拉攏之下，以及爲了維護自己原先的社會階級與利益，以致於思想逐漸被殖民政府收編，而採取了歌頌式的政治認同書寫，例如吳德功，尤其歸順殖民政府後的他，反而更能方便地「推展社會慈善、福利工作」與「延續漢文，推展社會教育」等理念，當然對於臺灣傳統詩人有著很好的示範效果〔註 16〕，所以日治時期的傳統詩在殖民文化政策的運作下，確實產生不少歌功頌德式的作品，後來還發展出類似文字遊戲的擊缽吟。雖然這些「御用文學」與「遊戲之作」，在文學的意義上價值不高，但卻是伴隨著臺灣特定時空條件而發展成熟的歷史眞相，沒有這個部分的作品與風氣，就不會產生日治時期臺灣傳統詩內部的反省改革，也很難發生 1940 年代激烈的新舊文學論戰，所以今稱日治時期的「御用文學」與「遊戲之作」是以負面觀感來看待，但事實上他們既反映當時臺灣眞正的文學環境與風氣所在，也剛好提供臺灣傳統詩界進行改革，進而與新文學發生對話的最佳背景，因此「御用文學」與「遊戲之作」從這個角度來看的話，不足以全面而中肯地詮釋日治時期的臺灣傳統文學。

　　其次，由於乙未後臺灣正式由日本帝國殖民，日本經過明治維新，已經成爲一個高度西化的國家，臺灣也間接由日本殖民帶進來的西化風貌，強烈感受到現代性文明的衝擊，傳統詩人雖然對現代文明的接受程度不一，但反映在寫作上無可避免地出現以描寫西方文明事物爲題材的「新題詩」，同時若干詩社的成員也創辦報紙或善用平面媒體，藉由討論或筆戰而形成輿論或共識，提倡某些文學思想與理念，例如瀛社《臺灣日日新報》、櫟社《臺中新聞》、臺灣文社《臺灣文藝叢誌》、南社《臺南新報》和《三六九小報》、星社《臺灣詩報》……等，黃美娥說到：

> 這些社群團體以印刷媒體表達捍衛漢文的決心與各式理念，刊載各
> 地詩會活動或全島聯吟大會訊息，以串聯更多擁護漢學的力量，甚
> 至在吟會活動中發表言論，參與社會改造，或企圖完成某些社會問

〔註 16〕施懿琳《從沈光文到賴和──臺灣古典文學的發展與特色》第五篇第一章，高雄：春暉出版社，2000.6，初版，頁 363～404。

題的改善。〔註17〕

足見日治時期的詩社活動與其宣傳方式，雖然表面上看起來是文藝性質的，但其中也隱含著社會改革的目的，或許可以這樣說，詩社與其附屬的報刊所提倡的文學改革理念，在某種程度上也屬於社會或政治改革的理念。

　　總之，日治時期的臺灣形成特殊的文學環境，令內渡後積極參與詩界革命的丘逢甲，有機會重新與臺灣的傳統詩界發生關係，成爲臺灣人想要學習標榜的對象，突顯他在臺灣傳統詩壇的重要影響力。這些特殊的文學環境爲：（一）首先是以歌功頌德爲檯面上具有主流地位的「御用」傳統文學，以及後來演變出來的擊缽吟遊戲之作，讓傳統詩有內部自行先發難的機會。（二）再者是臺灣傳統詩人面對日本殖民政權所引進的現代文明，在寫作題材和心態上的全新體驗，也提供傳統詩有求新求變、擺脫既訂作法的溫床。（三）最後由於日治時期傳統詩社林立，詩人形成地區性的集團組織，本來就適合發展特定文學流派，加以多數大型詩社皆懂得善用報刊媒體來作爲宣傳的手段，只要有某位重量級的詩人在報刊媒體上提倡某種文學主張，很快就會產生迴響，因而達成全島詩人的共識或演變成激烈的筆戰。以上文學背景，即是丘逢甲內渡後參與詩界革命，能夠在日治時期臺灣傳統詩壇方面，發生關係與聯結的客觀條件。

三、詩界革命發展經過與主要特徵

（一）發生前夕的文學背景

　　晚清的詩壇眾聲喧嘩，百花齊放，除了詩界革命新派詩外，還有宗宋的同光詩、宗漢魏的王闓運湘鄉詩派、宗中晚唐的張之洞詩派，每個詩派都有其基本盤，最後文學史上仍以「同光詩派」爲晚清詩的主流，而詩界革命則往往被放到白話文學的開頭來談，將它定位爲新舊文學轉換與過渡性質的文學階段，其位於晚清傳統詩界的意義顯得不那樣重要。〔註18〕

〔註17〕黃美娥《重層現代性鏡像——日治時代臺灣傳統文人的文化視域與文學想像》第三章〈實踐與轉化〉，臺北：麥田出版社，2004.12，頁153。

〔註18〕張永芳《晚清詩界革命論》（廣西：漓江出版社，1991.5，頁177）說，在詩界革命消歇之後，這種通俗化的勢頭並未冷卻，繼續發揮著影響。直接模擬民間說唱形式的新粵謳，在辛亥革命時期猶傳唱不已；斟酌多種民間文藝形式創作出來的通俗體歌詞「新體詩」（歌體詩），更是直接被革命派接受過去，發揮了巨大作用。……但是，通俗化的趨勢本身，並不是詩界革命倡導者追求的目標，以通俗化爲手段，追求更好的思想宣傳效果，才是他們的目的。

　　狹義的詩界革命「新學詩」時期，發生於甲午戰爭前後〔註 19〕，時值同光詩興盛的時期，而結束於滿清滅亡前夕。晚清詩壇一直以同光詩為主流，詩界革命最後也不敵同光詩而消溶於白話文運動之中，但就歷史發展而言，詩界革命的發生是針對同光詩不合時宜而來的。魏仲佑分析中國寫詩傳統與同光詩的同異之處，且令詩界革命得以著力切入的地方：

一、明代詩人多以修辭經營為作詩的主要目的，此種寫作習慣沿襲至清代，成為中國詩壇牢不可破的傳統。清道光以後西方傳入的新事物和新觀念，雖成為詩家吟詠的新題材，但對傳統詩的韻味殺傷力極大，晚清詩家寫作時面臨現實與傳統如何取捨的挑戰。

二、同光詩取法南宋江西詩派，兼以古文伸、縮、直、枉之法，可以達到表達無窮的效果，既能反映劇烈變動的社會現實，又能保有古詩溫柔敦厚的傳統，成為晚清詩壇的主流。但是同光詩人多利用考據學專業知識，注入新事物和新觀念的理解，欲在寫作新題材之時，照顧好傳統詩的韻味，卻反而令詩作陷入另一種專業，而無法喚起學人詩人群以外的讀者的共鳴。

三、晚清社會的遽變帶給時人空前的痛苦與絕望，部分詩人基於切身的痛苦感受，顧不得傳統詩的溫柔敦厚和修辭經營，作詩言志時公然而露骨的怒斥、譏諷和挖苦，讓詩歌直接承載人民的心聲和西方的事物觀念，而得到一個程度的效果，這便是詩界革命產生的背景。〔註 20〕

可見，「詩界革命」是基於不滿同光詩而產生的改良式的文學主張。但是，同

〔註 19〕 郭延禮〈詩界革命的起點、發展及其評價〉(《文史哲》，2000 年第 2 期，頁 5 ～12) 將發生時間訂為 1895 年譚嗣同等人「新學詩」時期，此說法最早見於朱自清〈中國詩的出路〉(1933 年《中國文學月刊》) 一文中。另外還有胡適〈五十年來中國之文學〉一文的說法，以 1868 年黃遵憲〈雜感〉「我手寫我口」為詩界革命的宣言，當然也有以 1899 年梁啟超〈汗漫錄〉正式喊出「詩界革命」口號為起點。由於黃遵憲〈雜感〉「我手寫我口」雖較具有原創性，但並沒有取得一定程度的共識，所以不適合視為一個文學潮流的起點，而梁啟超明白指出其「詩界革命」是在 1895 年「新學詩」失敗的經驗中重新再出發，所以「詩界革命」獲得初步共識確實是在 1895 年「新學詩」時期，以此做為「詩界革命」文學潮流的起點是比較合適的。

〔註 20〕 魏仲佑《黃遵憲與清末「詩界革命」》第二章第四節〈「詩界革命」前夕與傳統詩的變調〉，頁 77～80。

光體詩人與詩界革命派詩人的政治立場絕非相反，彼此的私交也不錯，例如同光詩名人陳三立、陳衍……等人曾經贊成維新變法，與詩界革命名人梁啓超、黃遵憲也有善意的互動，兩派的詩歌旨趣也有相通之處，例如反映時事、議論入詩、詩文合一、創作精神上都有求新求異的傾向……等，若說詩界革命是同光詩衍生出來的旁支也不無道理。

（二）發生歷程

詩界革命的觀念最早由夏曾佑、譚嗣同等維新人士，於康有爲「公車上書」事件〔註21〕之後的光緒22、23年（1896、1897）間提出，稱爲「新學詩」時期。但由於太急著把國人還不是很熟的新知識、音譯的外來語、隱語……等語詞，做爲詩的內容與語言，更由於太急著標榜新詩、揚棄舊詩，沒多久便宣告失敗。

到了光緒 26 年（1900）正月《清議報》第 35 冊梁啓超發表〈汗漫錄〉一文（又稱〈夏威夷遊記〉，該文於光緒 25 年 12 月已寫成），正式啓動詩界革命運作的機制，它既是文學發展的一環，也是保皇維新政治活動下的產物。梁啓超在這個階段特別注重詩作「新意境」入「舊風格」的部分，強調詩人必須在修辭上謹愼地錘鍊新語句，妥善地安排新語句的位置，讓詩作既保有舊詩風韻，同時成功營造出新的意境，才能被廣泛的讀者接受，達到精神革命的效果。

梁啓超除了提出構想外，更具體提供詩界革命新派詩創作者發表的園地，例如《清議報》（1898.12.23～1901.12）的〈詩文辭隨錄〉、《新民叢報》

〔註21〕1895 年舊曆 3 月，正在北京參加會試的康有爲、梁啓超等人，得知馬關條約簽訂的內容後，極爲悲憤。他們聯合各省參加會試的一千三百多名舉人，其中臺灣籍舉人有臺南安平舉人汪春源、嘉義縣舉人羅秀惠、淡水縣舉人黃宗鼎……等人，聯名上書光緒皇帝，要求清廷做三件事：遷都、拒絕議和、實行變法等。假如不接受，就集體罷考。由於中國在漢朝時，政府用車馬接送被徵舉的讀書人，以示禮遇，後來就用「公車」作爲舉人入京應試的代稱。所以歷史上稱康、梁這次上書事件爲「公車上書」。該事件所提出的訴求，由於清廷內部守舊派的阻撓而沒有成功，但影響卻很大。公車上書失敗後，康有爲、梁啓超創辦「萬國公報」（後來改名爲「中外紀聞」），摘登中外新聞，介紹西學、西政，繼續宣傳維新變法；還在北京組織「強學會」，集會演講、印行書刊。從此各地的維新報刊和學會如雨後春筍般地出現。到 1897 年底，全國出現了講求維新變法的政治性學會 33 個，新式學堂 17 所，報刊 19 種；到了 1898 年，學會、學堂、報館合計達 300 所以上，由此也可見維新變法風氣在全國各地蓬勃的情況。

（1902.2.8～1907.11.20）的〈詩界潮音集〉，另外《新民叢報》的「文苑」欄還刊登《飲冰室詩話》，爲詩界革命提供完整的理論基礎和文學批評。根據魏仲佑《黃遵憲與清末「詩界革命」》的研究，《飲冰室詩話》雖討論了重要詩家達 116 人之多，但最具典範意義的還是黃遵憲一人，其《人境廬詩草》詩作絕大多數就是詩界革命新派詩的範作，梁啓超並且強調文學的實用性，注重「詩史」的社會意義。順著此一需要，光緒 28 年（1902）黃遵憲進一步建議梁啓超提倡「雜歌謠」，即古人的「新樂府」或經文人改編過的地方山歌，梁啓超於《新小說》（1902.11～1906.1）頭幾期便開闢〈雜歌謠〉來提倡〔註 22〕，至此完成了詩界革命的階段性任務。

（三）主要的文學特徵

詩界革命最重要的文學特徵是「新意境」，由於認識到傳統詩歌題材已不能反映劇烈變化的近代中國社會生活，以及現代人的思想情感，因而主張擴大詩歌內容題材的表現領域，包括西方的新思想、新事物、新知識，也包括運用這些新詩料所產生的詩歌新境界。擴大題材的這份努力，眞正目的在輸入西方現代文明，藉由文學感染人心的藝術手段，達到啓蒙、新民的社會功用，同時也爲維新派人士凝聚政治共識，號召更多同好，以推動政治改革的終極關懷。

其次是「舊風格」，指的是中國傳統詩歌特有的格律要求，以及因此形成的特殊韻味。由於詩界革命特別重視文學的實用性，而傳統詩歌體裁的精緻優美所造成的獨特魅力，對當時大多數的創作人口而言，仍具有無可撼動的地位，所以不宜馬上拋棄，反而更應借助，於是在《新民叢報》階段，梁啓超不再強調「新名詞」的必要性，而加重「舊風格」的要求，在改革決心上看似不夠徹底，卻也具有因時制宜的意義。

詩界革命其他的文學特徵，尚有詩歌的現實感大爲增強，諷諭時事與人物的尺度更爲露骨，愛國主義、尚武精神的發揚，以及「詩史」傳統被提到很高的位置……等等。若從開通民智、振奮民氣的目的來看，詩界革命也要求詩歌語言的通俗易懂，以及「新樂府」、「雜歌謠」與通俗文藝形式的採納，對於民國初年白話文的推動也產生極大的貢獻。

〔註 22〕 黃遵憲著，吳振清、徐勇、王家祥編校《黃遵憲集》下冊，天津：天津人民出版社，2003.10，頁 494～500。

第三節　文獻評論與章節簡介

　　兩岸三地丘逢甲的著作及研究文獻，可參考廣州暨南大學羅志歡、魏珂〈丘逢甲著述及研究資料編年〉，該文收錄海峽兩岸 1892～2004 丘逢甲著述、研究專著、論文以及新聞報導等資料，約 400 筆資料目錄，其中論文和新聞報導等單篇文章，約有 300 筆資料目錄，可說是目前收錄最爲完整的丘逢甲研究目錄。

　　另外，詩界革命屬於中國近代詩的研究領域，專著有張永芳《晚清詩界革命論》（1991）、夏曉虹《詩界十記》（1997）……等書。前者將詩界革命各個階段的發展進程，例如「先導與幼稚階段」、「正式發展階段」、「高潮與消歇階段」……等歷史進程，逐一引證論述；後者分成「新題詩」、「竹枝詞」、「新語句」、「新意境」……等特定專題，綜合引證評論。臺灣方面關於中國近代詩的研究情況，可參考羅秀美〈近二十年來（1980～2000）臺灣學者有關中國近代詩／學之研究述評〉，有十分詳盡的分析，大抵而言臺灣關於近代詩的研究，以黃遵憲研究最爲突出，其次是丘逢甲的相關研究，但多數單純地以傳統詩學理論來研究「近代詩學」〔註23〕，並未眞正意識到「近代詩學」具有自覺性地革新意識的特殊性，可見近代詩學的研究仍有待開發。

一、中國大陸部分

　　海峽兩岸學者歷來關於丘逢甲作家作品的研究，相較於臺灣其他的古典文學家而言，丘逢甲算是曝光率很高的一位，尤其是中國大陸的丘逢甲研究，更是凌駕於所有臺灣古典文學家之上。據黃美娥〈中國大陸有關臺灣古典文學的研究概況〉指出：

〔註23〕 羅秀美〈近二十年來（1980～2000）臺灣學者有關中國近代詩／學之研究述評〉（《元培學報》第九期，2002.12，頁 63～81）說，「近代詩學」意指 1840～1919 年約 80 年間中國大陸所出現的詩學理論、詩人及其詩歌的相關研究，詩人群所橫跨的範圍，起自「近代文學的開山主：龔自珍」，迄於民國南社時期諸詩人。但目前關於臺灣文學史的分期，多不採用「近代」爲名，而是以「清季」及「日治」爲分期，純因臺灣有其特殊之歷史因緣所致。而「近代詩」有別於傳統詩的意義在於，中國傳統詩從元代以來便陷入「宗唐」、「宗宋」的徘徊中，始終不敢突破傳統，直到近代開始，才自覺性地產生詩歌革新、求新求變、實用、通俗化……等作法，雖然形式上仍採用古典詩的體式，但內容與技巧方面，試圖衝破傳統成規，因而成爲白話文運動的準備與基礎。

早在 1947 年，學界便已注意到臺灣詩人丘逢甲，其後 50、60 年代
曾零星出現散論之作，自 1979 年後，大陸地區彷彿興起一股研究丘
逢甲其人其作的熱潮，此風一直蔓延至今仍未減退。〔註24〕

根據黃美娥的統計，中國大陸自 1979 年至 2000 年為止，研究清代臺灣文史
議題的論文共 212 篇論文，其中研究丘逢甲的論文約有 130 篇，比例超過一
半。但這 130 篇論文中，所討論的大都偏重丘逢甲的生平與歷史事蹟，如抗
日過程、興辦教育、支持革命……等貢獻，針對丘逢甲的詩作進行討論的論
文數量並不多見，即使有，也多偏重其詩歌所表現的愛國精神來討論，真正
客觀探究其詩歌藝術的作品，實在屈指可數。

近 20 年來，隨著丘逢甲的研究領域和視角的拓寬與開展，1984 年廣東省
梅州市舉辦了「紀念丘逢甲誕生一百二十週年學術討論會」，1994 年「紀念丘
逢甲誕生一百三十週年學術討論會」，1996 年臺灣逢甲大學舉辦「丘逢甲與臺
灣歷史文化國際學術研討會」，三次大型會議後，中國大陸方面開始集結丘逢
甲研究的代表性論文，經過 10 餘年，正式出版了《丘逢甲研究──1984 年至
1996 年兩岸三地學者論文專集》一書，收錄了 42 餘篇論文，可說是大陸地區
目前丘逢甲研究中最有份量的一本專書，但是該書雖號稱兩岸三地，但臺灣
學者的論文篇數只佔少數，絕大多數是大陸學者的論文，其次該書對丘逢甲
的研究太過於以愛國主義和統戰意識為主軸，難以看到完整的丘逢甲全貌，
對於詩歌藝術方面的討論往往不能就文學論文學，大陸丘逢甲研究視野仍有
待拓展。〔註25〕

2004 年廣東梅州又再度舉辦了「紀念丘逢甲誕生一百四十週年學術討論
會」，會議中發表十餘篇論文，大多數也不脫歌功頌德的模式，且多數論文的
撰寫沒有嚴謹的學術規範，令人期待落空〔註26〕。另外，丘逢甲的生平考述
目前也有較為專門的論著，以徐博東、黃志平《丘逢甲傳》為代表，此書盡

〔註24〕 黃美娥〈中國大陸有關臺灣古典文學的研究概況〉，《臺灣文學學報》第一期，
臺北：政治大學中文系，2000.6.30，頁 37。而中國大陸學界關於丘逢甲研究
文獻的詳細目錄亦參見黃文。

〔註25〕 例如逢甲大學主辦的「丘逢甲與臺灣歷史文化國際學術研討會」，會議中臺灣
學者余美玲〈丘逢甲乙未內渡後詩歌之研究〉，是一篇就詩論詩的嚴謹學術論
文，由於不特別標舉丘逢甲的愛國主義與民族精神，於是就沒有被收錄於《丘
逢甲研究》中。

〔註26〕 其中比較就文學論文學的論文，應只有臺灣學者羅秀美〈丘逢甲的白話書寫
──以詩界革命為觀察視域〉一文。

管敘述詳細有系統，但由於也存在著上述泛政治化的缺失，故也有美中不足之處。

　　值得一提的是，大陸學者在蒐集丘逢甲生前全數作品所投注的人力和展現的成果，確實是極爲成功，以廣東丘逢甲研究會編《丘逢甲集》爲代表。該書不僅集結丘逢甲內渡前後的所有可見詩作，包括少年時代習作 68 首，臺灣竹枝詞 40 首，參加詩社活動時的詩作 51 首，己丑年入都之作 15 首，詩鐘 215 唱，《柏莊詩草》267 首，《嶺雲海日樓詩鈔》1858 首，對聯 35 副，像讚 10 篇⋯⋯等，總計收錄詩歌韻文類作品達 2559 首（篇），另有文 102 篇（包含丘逢甲 1906 年丙午日記片斷），最後附上丘逢甲相關史料文獻，以及年表和考證，可說是海峽兩岸目前可見最完整的一部丘逢甲文學全集。該書尤其將臺灣銀行經濟研究室《臺灣研究叢刊》版的《嶺雲海日樓詩鈔》卷 13 的〈選外集〉中諸多尙未繫年的詩作，經過確切的考證而放入《嶺雲海日樓詩鈔》裡面，適當的創作年代卷數中，呈現出較爲詳實而全面的丘逢甲詩作的寫作過程，讓後來研究丘逢甲詩作的工作得以進行的更爲順利。當然此書仍有缺點，即爲當年丘逢甲發表於某些報刊的詩作，該書不見得有全數收集到，還有見於臺灣學者廖漢臣編《臺灣省通志稿》文學篇中的〈澎湖賦〉〔註 27〕，也未收錄，只能等待以後再進行增訂，似乎仍有遺珠之憾。

　　綜合以上所述，儘管丘逢甲研究在中國大陸學界相對興盛，但其研究面向仍有需要開發之處，黃美娥〈中國大陸有關臺灣古典文學的研究概況〉說到：

> 長期以來，大陸地區在進行臺灣古典文學的研究時，常有高度強調作家、作品富有愛國主義精神的現象，無可否認地，適度地稱揚抉發，有助讀者對於文人人格的崇仰，但過分追求載道功能的結果，則可能使研究者在不知不覺中忽略了作家作品藝術性的表達，甚至忽略了作家人性的其他面向，爲求進行通盤而全面的研究，這種情形不能不加注意。〔註 28〕

此語道出了中國大陸丘逢甲研究的特色與缺失，實可供今人研究丘逢甲引以爲戒。正因爲中國大陸的丘逢甲研究存在著意識形態上的限制，學者們雖然

〔註 27〕 廖漢臣編纂《臺灣省通志稿》卷 6〈學藝志〉文學篇，南投：臺灣省文獻委員會，1959.6，頁 280～282。

〔註 28〕 黃美娥〈中國大陸有關臺灣古典文學的研究概況〉，《臺灣文學學報》第一期，臺北：政治大學中文系，2000.6.30，頁 38～39。

也注意到丘逢甲與維新派人士的交遊往來，以及他在詩界革命中的文學表現，但都只有零星式的討論，而且對丘逢甲符合詩界革命理念的詩作，大致做一般概論性的描述，不容易看出丘逢甲在詩界革命中的特殊性，及其真正具有影響力和啓蒙意義的方面。當然，其中也有少數幾篇研究文章似乎已經看到丘逢甲在詩界革命中的特殊意義了，例如張永芳〈丘逢甲與詩界革命〉指出，丘逢甲在詩中使用「新名詞」只是點到爲止，而非像其他詩界革命詩人那樣熱衷使用「新名詞」，其次，丘逢甲的詩作題材關注的焦點大多是廣東地方掌故，而非像黃遵憲之關注時局大事或國際事件爲主，這些論點的提出固然十分珍貴，但該文只是一篇提要式的文章，沒有辦法充分論證丘逢甲在詩界革命中的特殊意義，所以丘逢甲與詩界革命的關係之研究，仍有一定的空間需要努力。

二、臺灣部分

在臺灣的丘逢甲研究雖沒有像中國大陸般熱烈，但也累積了一定的質與量。國科會計畫有余美玲《柏莊詩草研究》（2003），碩士論文也有徐肇誠《丘逢甲嶺雲海日樓詩鈔研究》（1993）、楊護源《丘逢甲：清末臺粵士紳的個案研究》（1995）、賴曉萍《丘逢甲潮州詩研究》（2002）等 3 本，大型的學術研討會由逢甲大學主辦有《丘逢甲與臺灣歷史文化學術研討會論文集》（1996）、《丘逢甲、丘念臺父子及其時代學術研討會論文集》（1999）兩場。相關的單篇論文亦有十多篇，詳見本論文【參考文獻】所列。

臺灣部分，丘逢甲的研究在文學方面比較兼顧藝術性的探討，且沒有上述中國大陸意識形態的束縛，但仍偏重其詩作中具備臺灣遺民文學和懷鄉文學的部分，對於不具備臺灣相關意象與題材的詩作，往往又略而不談，令人無法全面得知內渡後的丘逢甲，在晚清詩壇上的文學成就，只讓人感覺到《嶺雲海日樓詩鈔》都在寫丘逢甲懷念臺灣的詩作；尤其在乙未割臺的史實方面，因爲丘逢甲離臺內渡遺留下來的諸多爭議，至今難以真相大白，多數臺灣文史學家在情感上對他又愛又恨，導致人品上的兩極化評價，而令文學藝術方面的相關研究，難以有個堅實可靠的史實爲基礎，也難以深入詩人內心最底層，去一探究竟，所以臺灣的丘逢甲的文學研究從某個程度來看，也被「人格即風格」的傳統文學觀困擾著，而令其相關研究產生徘徊不定、望之卻步或畫地自限的現象。

臺灣的丘逢甲研究中，少數幾篇討論到丘逢甲與詩界革命的關係有：徐

肇誠《丘逢甲嶺雲海日樓詩鈔研究》（1993），該書分析丘逢甲詩作的藝術特色功力至深，論到詩界革命時，從黃遵憲具有典範地位的詩作的藝術表現手法著手，來對照丘逢甲詩作中的相同寫法，突顯丘逢甲在詩界革命文學要求之下，與黃遵憲的相同之處，徐書雖然分析地很透澈精闢，但丘逢甲與黃遵憲的不同之處，就比較看不出來。另外，余美玲〈丘逢甲《柏莊詩草》中的四首臺灣風土詩探析〉，該文試著從內渡前丘逢甲的長篇古體詩作中，去找他內渡後實踐詩界革命文學理念的淵源，為丘逢甲與詩界革命的研究提供了一個很有啟發性的切入點，但如果要全面探討丘逢甲內渡前與詩界革命的淵源，顯然討論對象的取樣仍然需要增加，例如大型近體組詩〈臺灣竹枝詞〉40 首、〈諸羅雜詠〉10 首、〈遊仙詞〉12 首、〈蟲豸詩〉50 首、〈驢〉8 首……等詩作，才能將內渡前與詩界革命不謀而合之處，研究的比較完整。

至今海峽兩岸學者的丘逢甲研究，儘管熱烈進行中，但對丘逢甲研究的切入點，仍會隨著研究者個別意識型態的差異，而導致兩極化的結果，也會因為研究者本身預設立場的侷限，而無法對丘逢甲整體的格局做出超然而公允的評判。若是針對丘逢甲與詩界革命的研究這一環來看，顯然丘逢甲於詩界革命中的特殊性與定位問題，其與黃遵憲寫作手法的異同比較，其對於日治時期臺灣傳統詩壇改革聲浪的影響……等方面，尚有很不足的論述與研究。本書希望跳脫意識形態與預設立場的限制，持平地就丘逢甲做為一名傳統詩人的角度，來研究他在詩界革命中的文學表現與定位，及其內渡後與日治時期臺灣詩界持續發生關係的現象。

三、章節簡介

本書正文共分六章。第一章〈緒論〉，主要論述研究動機與目的、文獻述評，以及丘逢甲所處時代，臺灣與中國大陸的文學環境，包括乙未割臺前後的臺灣文學環境，與晚清詩界革命的文學發展與特徵。

第二章〈丘逢甲與詩界革命的淵源〉，本章主要在探討丘逢甲與詩界革命文學主張發生關係的主、客觀條件。首先檢索丘逢甲內渡前詩作 441 首，找出其中與詩界革命主張不謀而合之處；其次，針對丘逢甲一生不管是內渡前還是內渡後，其始終身為「在籍京官」的身分階級之意識型態，從而對尊王、保皇、大一統……等觀念的認同，進而論證其內渡後會參與詩界革命的合理性；最後，客觀因素方面，由於詩界革命指標性人物黃遵憲，對丘逢甲不斷的提攜和幫助，引導他順利踏進詩界革命的文學團體，縮短丘逢甲開拓詩界

革命文學版圖的時程。

　　第三章〈丘逢甲詩界革命的積極參與及藝術實踐〉，本章首先探討丘逢甲與維新人士文學往來的情形，從丘逢甲《嶺雲海日樓詩鈔》的詩作中，全面統計與丘逢甲以詩歌酬唱的朋友的總數，總量掌握好後，再分析朋友群中與維新運動相關的人士裡面，詩歌酬唱的內容有哪些題材，交往的深度如何，證明內渡後的丘逢甲其社交圈主要以維新運動人士或曾經支持過維新運動的人士為重心。其次，就詩界革命主要發表園地《清議報》、《新民叢報》、《新小說》，搜尋丘逢甲發表於這些報刊的詩作，並進行異文、數量、形式、內容題材等方面的分析，證明丘逢甲為了能在詩界革命新派詩中佔有一席之地，寫作上確實下了一番苦心，而自己的寫作專長也替詩界革命推動的初期，做出了獨特的貢獻。除了第一、二節提到的兩類詩作之外，最後針對《嶺雲海日樓詩鈔》中的符合詩界革命要求的詩作，但未見報刊登出的作品，做一番歸類分析，讓丘逢甲參與詩界革命的積極性與藝術實踐，能更清晰地被認識。

　　第四章〈丘逢甲、黃遵憲二家新派詩之比較〉，將丘逢甲與黃遵憲的詩作一番比較，除了分析他們的相異之處外，更希望透過比較，能更精準地抓住丘逢甲詩界革命詩作的真正特色，同時也可以看到丘逢甲對詩界革命的苦心經營，分成「詩史」的比較，「諷刺詩」的比較，和「新題詩」的比較，來討論丘逢甲和黃遵憲文學表現的不同。

　　第五章〈丘逢甲於詩界革命的定位及其與日治時期臺灣傳統詩界的關係〉，首先將歷來文學評論中評價丘逢甲詩作的意見，做一番綜合整理，爬梳出優點和缺點，配合著詩界革命來看，將丘逢甲在詩界革命中的定位明確地、持平地評價出來。其次，丘逢甲在內渡前已經是臺灣文學史上重要的詩人，而內渡後的他，特別是積極參與詩界革命的文學實踐，對日治時期臺灣傳統詩界的維新和改革，直接的或間接的方面起了什麼樣的作用？筆者希望如實地、客觀地全面論證丘逢甲《嶺雲海日樓詩鈔》的文學成就，雖然在晚清詩界革命中並沒有獲致如他個人所預期的崇高地位，但若是擺在日治時期臺灣傳統詩界的改良運動中來看，便會突顯丘逢甲特殊的重要性與積極意義。

　　第六章〈結論〉，歸納各章論述的要點，是本文全部推論過程與研究成果的縮影。

第二章　丘逢甲與「詩界革命」的淵源

　　「詩界革命」這項文學的宣示正式被提出於光緒 26 年（1900）1 月 11 日《清議報》第 35 冊的「詩文辭隨錄」欄，至於由夏曾佑、譚嗣同於光緒 22、23 年間以現代學術、文化等新名詞入詩的嘗試，試作不久，即宣告失敗。（詳見第一章緒論）但被梁啓超視爲詩界革命典範地位的黃遵憲，其早在同治年間〈雜感〉5 首詩中即有「我手寫我口」之語，突破傳統詩用字遣詞上保守的寫作觀，光緒初年出使日本期間即有〈日本雜事詩〉200 首以竹枝詞的形式，專門介紹海外風物，擴大傳統詩的寫作領域，在梁啓超在光緒 26 年提出詩界革命之前，黃遵憲已經是詩界革命的先行者。而丘逢甲眞正接觸詩界革命這一文學觀念，最早也要從光緒 24 年（1898）戊戌政變後，與詩界革命大將黃遵憲在嘉應州密切接觸後開始（詳見本章第三節的論述），所以丘逢甲有意識地投入詩界革命麾下進行創作，應該是內渡以後才發生的事。

　　但是，丘逢甲內渡後投入詩界革命的文學創作，並非偶然，其主觀、客觀方面的因素，早在丘逢甲內渡後與詩界革命正式接觸前，不知不覺之中已經奠下了基礎。本章主要在全面性探討丘逢甲與詩界革命文學活動發生關係的主、客觀條件。進入此一工作步驟，首先檢索丘逢甲內渡前詩作 441 首，包括少年時代習作 68 首，臺灣竹枝詞 40 首，參加詩社活動時的詩作 51 首，己丑年入都之作 15 首，《柏莊詩草》267 首，找出其中與詩界革命文學主張不謀而合之處；其次，針對丘逢甲一生不管是內渡前還是內渡後，始終具備「在籍京官」與鄉紳等雙重社會位階，所具備務實的處世態度，並在政治立場上對尊王、保皇、大一統……等觀念的認同，進而論證其內渡後文學取向傾向於詩界革命的合理性；最後，客觀因素方面，由於丘逢甲與詩界革命指標性

人物黃遵憲相識於內渡之前（即光緒 15 年、1889），並與內渡後的丘逢甲有頻繁的唱和詩作，進而引導丘逢甲順利踏進詩界革命的文學團體，縮短丘逢甲開拓詩界革命文學版圖的時程。以上種種，皆屬於丘逢甲參加詩界革命的淵源。

第一節　丘逢甲內渡前詩作的取向

　　丘逢甲真正接觸詩界革命這一觀念，最早從光緒 24 年（1898）戊戌政變後，與詩界革命大將黃遵憲〔註1〕在嘉應州密切接觸後算起。儘管其有意識地走入詩界革命詩壇是內渡以後才發生的事，但要認真追溯起來，丘逢甲在光緒 21 年（1895）內渡前（即 32 歲以前）的部份詩作，便可以看出他的創作傾向中有意無意地與詩界革命理論有著不謀而合之處，關於此點，余美玲〈丘逢甲《柏莊詩草》中四首臺灣風土詩探析〉已有初步提到。

一、《柏莊詩草》中 4 首臺灣風土詩與詩界革命的關係

　　余美玲根據丘逢甲《柏莊詩草》中的〈老番行〉、〈大甲溪歌〉、〈濁水溪歌〉、〈熱風行〉4 首長篇古體詩的特點，即一方面完整地取材自臺灣特有的自然人文景觀，一方面又傳達民情指責時弊，還兼抒發詩人主觀情志，來分析丘逢甲 4 首臺灣長篇風土詩的意義與價值，結論可歸納爲三：

　　　　一、丘逢甲四首長篇風土詩是臺灣風土詩中最優秀的作品，不同於
　　　　　　律絕的常將詩歌語序簡化、省略甚至錯綜顛倒，以創造詩語陌
　　　　　　生化的新鮮感，這些風土詩選擇以長篇古體詩作爲表達，讓詩
　　　　　　歌整體表現出樸實雄健的基本風格，更增加詩歌自由創作的空
　　　　　　間；而敘述的主線採直線的方式進行，直抒胸臆，氣勢豪邁，
　　　　　　更奠定他往後「雄直」詩風的基礎；詩歌語序的意義明確，意
　　　　　　脈清晰，明顯呈現散文化的傾向，也爲將來倡導詩界革命的
　　　　　　「以文爲詩」開啓端倪，進一步突破拘束，追求詩體的自由化，
　　　　　　使詩語富於句式與聲韻的變化。但作者爲了彌補詩歌本身因此
　　　　　　所產生明白如話淺顯的缺點，他又努力在典故對仗上下功夫，
　　　　　　典故的張力讓詩語的想像無限延伸，對仗的精緻則深化詩語的

―――――――――――――――――――

〔註 1〕　一般認爲黃遵憲「詩界革命」的宣言是 1868 年〈雜感〉中「我手寫我口」一
　　　　語爲代表。

意義，使得整體詩歌不論在形式或者是意義上彼此都能相得益彰。

二、就創作內容而言，由於實際的生活經驗，造就他對現實環境深刻冷靜觀察；而政治黑暗、前途無望的激憤與自身高潔情操的自持，則塑造他對弊政的清醒認識與抨擊，著意將寫實、寓意融合起來，讓他的詩蘊含深沉透澈的歷史感與批判的精神。

三、就丘逢甲本人的文學創作歷程而言，這些風土詩是他後來倡導「詩界革命」的先聲。從內渡後隨著時局的變遷，他的創作視界更集中在對現實政治的抨擊，詩歌的批判性與現實感越加強烈，尤其在他一系列敘事古體長篇中表現尤為出色，……《柏莊詩草》的風土詩是丘逢甲後來「重開詩史作雄談」時的實踐的開端。〔註2〕

上述引文中與詩界革命直接相關的，一是丘逢甲古體詩有散文化的傾向，與詩界革命主張「我手寫我口」契合，一是丘逢甲詩作內容蘊含深刻的歷史感與批判精神，與詩界革命有意繼承杜甫「詩史」傳統、「以詩為劍」諷諭時政的主張一致，該篇論文算是為此議題打下基礎，大方向都說對了，也為本章研究丘逢甲與詩界革命的淵源，提供了一個非常有意義的切入點。

二、〈臺灣竹枝詞〉40首與詩界革命的關係

余美玲〈丘逢甲《柏莊詩草》中四首臺灣風土詩探析〉雖然有可取之處，但細部的分析，例如丘逢甲「詩史」與杜甫「詩史」寫作技巧上有何差異，丘逢甲「以文為詩」與韓愈「以文為詩」的意義有何不同……等問題，仍有待深入分析。其他的建議，誠如余文的講評人周益忠所言：

題目乃談論臺灣風土詩，唯整篇但探討四篇作品而已，是否不相稱？且第一節所言未收錄〈竹枝詞四十首〉，與〈諸羅雜詠〉之理由過於牽強，以所引學者言「臺灣竹枝詞常只作現實客觀的描寫，較少顯露作者個人的創作情志」，則與風土詩之寫作意義上是否有矛盾，皆有待探討。〔註3〕

〔註2〕 余美玲〈丘逢甲《柏莊詩草》中的四首臺灣風土詩探析〉，陳嘉瑞、廖振富主編《中臺灣古典文學學術研討會論文集》，臺中：臺中縣文化局，2002.3，頁107～108。

〔註3〕 同前註，頁109～110。

的確，丘逢甲《柏莊詩草》共有 267 首詩（就廣東丘逢甲研究會編《丘逢甲集》所收錄者而言），雖然〈老番行〉、〈大甲溪歌〉、〈濁水溪歌〉、〈熱風行〉4 首在臺灣風土詩方面表現最為傑出，但同樣屬於風土詩且篇幅不算短，也約略寄託作者個人情懷的〈臺灣竹枝詞〉40 首實在不能割愛。竹枝詞雖然以客觀紀錄鄉土風俗為其文體特徵，但它畢竟是文人以藝術手法加工過的文學產物，本質上就是帶有主觀情志的東西，陳平原〈鄉土情懷與民間意識──丘逢甲在晚清思想文化史上的意義〉說到：

> 文人學者對於「鄉土」的認同，從來不是被動接收，而是雙向互動。
> 選擇什麼樣的史事與風物，取決於接受者的心理需求；而在詮釋這
> 些史事與風物時，由於加進了許多此時此地的個人感觸，又反過來
> 強化了解說者的文化立場。〔註4〕

由此可知，竹枝詞並非單純地客觀紀錄而已，只是以此為包裝，其實隱含著作者的思想情感與主觀情志，所以這不能成為剔除討論行列的正當理由。

另外，竹枝詞雖然以七言四句的形式為基本單位，但清代臺灣竹枝詞多採聯章組詩的中、大型規模為常態，動輒數十首，例如郁永河〈土番竹枝詞〉24 首、薛約〈臺灣竹枝詞〉20 首、謝金鑾〈臺灣竹枝詞〉31 首、陳朝龍〈竹塹竹枝詞〉22 首、黃逢昶〈臺灣竹枝詞〉75 首、施士洁〈臺江新竹枝詞〉32 首、徐莘田〈基隆竹枝詞〉32 首、丘逢甲〈臺灣竹枝詞〉40 首（據說原本有 100 首）……等，都是以大篇幅的詩句，針對同一地域內的各種生活文化面向做鋪陳。整體的系統結構也許不如單一首長篇古體詩來的嚴謹連貫，但其內容題材的豐富程度，就所反映的主題而言，應具有一定程度的完整性，與長篇古體詩在反映風土上的實質意義是相同的。

再說，詩界革命大將黃遵憲其代表性詩作，不僅以長篇古體詩反映政局時事，例如〈潮州行〉、〈朝鮮歎〉、〈越南篇〉、〈馮將軍歌〉、〈降將軍歌〉……等，也常用近體聯章組詩的方式完整紀錄社會事件，例如〈感事〉七律 8 首、〈述聞〉七律 8 首、〈香港感懷〉五律 10 首、〈再述〉七律 5 首、〈日本雜事詩〉七絕 200 首……等，皆證明近體聯章組詩也是詩界革命社會寫實詩的基本形式之一。其中，黃遵憲〈日本雜事詩〉七絕 200 首更是以傳統竹枝詞七言 4 句的七絕近體形式，紀錄海外風物拓展寫作題材，而備受詩界革命理論

〔註4〕陳平原〈鄉土情懷與民間意識──丘逢甲在晚清思想文化史上的意義〉，《當年遊俠人》，臺北：二魚文化事業有限公司，2003 年 11 月，頁 94。

推崇的代表作之一。可見，聯章近體詩的組詩寫作形式，如數十首以上的竹枝詞，確實是討論詩界革命寫作形式，不可迴避的一環。

　　另外，竹枝詞此一文類，其詩作的本質便具有白話口語、通俗易懂的特點，當然符合詩界革命「我手寫我口」、「以文爲詩」的主張，同時，竹枝詞以風土民情爲題材，也符合詩界革命「以俗事俗語入詩」的要求。再說，同樣是數十首的〈臺灣竹枝詞〉寫作，丘逢甲與清代臺灣遊宦詩人薛約、謝金鑾、黃逢昶所作的〈臺灣竹枝詞〉也呈現不同內容，丘逢甲〈臺灣竹枝詞〉與之相較之下，其特點有：以在地視角寫作，不宣揚清朝國威，以平常心看待臺灣多元文化，不會將臺灣本土文化寫成異國情調的口吻，其文人氣息較爲淡薄，近似民歌口吻，這和詩界革命大將黃遵憲寫作〈山歌〉15 首、〈都踊歌〉、〈新嫁娘詩〉51 首、〈己亥雜詩〉部分幾首……等詩，以民俗爲寫作題材的創作精神是一致的。何況丘逢甲本身也是客家人，對客家民俗本該具有一定程度的重視，這也是丘逢甲日後與黃遵憲建立友好關係的淵源之一。這些很能說明丘逢甲的竹枝詞，儘管是在清代臺灣詩壇盛行探采民俗的風氣，這樣的大環境下，不能免俗地也創作竹枝詞，但他的竹枝詞仍多少具備個人特色，而這些個人特色在形式和內容上，剛好與詩界革命的部份主張不謀而合。其他如〈遊仙詞〉12 首、〈蟲豸詩〉50 首……等大型近體組詩，雖不是竹枝詞的文類，但整體而言也具有敘事結構完整，內容與寫法在傳統詩古題上別出新意的特徵，〈遊仙詞〉雖然以仙人和仙境爲題材，但內容卻充滿人間世的味道，〈蟲豸詩〉所詠的對象是動物，但卻都是經過作者精心挑選，與各種世態相對應的內容來發揮，這種舊題新作的寫法，與詩界革命「以新意境入舊風格」的主張也有相通之處。

三、丘逢甲內渡前與詩界革命相關的其他詩作

　　以下筆者擬將丘逢甲 32 歲內渡前的所有詩作，即青少年時期的各體詩作174 首和《柏莊詩草》267 首重新檢閱，針對丘逢甲內渡前詩作與詩界革命主張相近之處，在余美玲〈丘逢甲《柏莊詩草》中四首臺灣風土詩探析〉的基礎上，補充說明一番。

（一）「新名詞」的使用

　　細部來看，首先，就使用「新名詞」（此指翻譯西方名詞而言）來看，丘逢甲在光緒 9 年（1883）20 歲時所作〈臺灣竹枝詞〉第 18、20 首云：

> 門闌慘綠蜃樓新，道左耶穌最誘民。
>
> 七十七堂宣跪拜，痴頑齊禮泰西人。
>
> 罌粟花開別樣鮮，阿芙蓉毒滿臺天。
>
> 可憐齟齬皆詩格，聳起一雙山字肩。（頁13）

其中，「耶穌」、「泰西」、「阿芙蓉」在當時即為翻譯西方的新名詞，放在詩中，新名詞讀起來順暢自然，不會令人感到突兀。根據張永芳〈丘逢甲與詩界革命〉說：「丘逢甲雖不喜『新名詞』，但因時代變化了，新的語彙不斷輸入，詩作要想完全迴避『新名詞』已辦不到，丘逢甲的詩，也適應形勢發展，採用了不少外來翻譯詞語，但丘詩所用『新名詞』，多為不得不用的人名、地名或專門術語，很少有西洋典故。」〔註5〕可見，丘逢甲詩中使用翻譯的「新名詞」基本上視實際創作需要而使用，並非刻意使用新名詞，內渡前與內渡後使用新名詞的情況大致沒有改變，數量和種類皆不是太多。使用新名詞，是詩界革命一大特色，詩界革命早期即提倡使用大量新名詞，發現行不通後，才修正成必須將新名詞融入舊風格之中。而丘逢甲內渡前在臺灣也不可避免地接受新名詞，但他畢竟以審慎而嚴謹的態度從事寫作，不會急於標新立異，他的詩中謹慎地使用新名詞，與日後詩界革命強調將新事物融入舊風格的主張一致。

（二）「新意境」的創造

其次，就創造「新意境」（即運用西方新事物和新觀念為詩料，所產生的詩歌新境界）融入「舊風格」而言，丘逢甲於光緒15年（1889）26歲，赴京應試期間作〈塘沽坐火輪車抵津門〉2首云：

> 丁沽潮淺擁平沙，斷續春冰阻客槎。
>
> 電影雷聲三百里，角飛城畔試飛車。
>
> 輪舟通後海門開，萬壘防秋拱將臺。
>
> 不動夷氛三十載，等閒笑看火車來。（頁31）

詩中將新事物「火車」為交通運輸帶來的便利性，與其在邊防上的特殊角色扮演，所帶給人們生活上的全新感受，兼顧傳統詩的韻致，成功創造出「新意境」。同樣的例子還有〈歸舟口號〉：「過盡吳山過越山，閩山指顧海雲間；

〔註5〕 張永芳〈丘逢甲與詩界革命〉：《中國古代近代文學研究》，1990年第9期，北京：中國人民大學書報資料中心，頁276。

雙輪一日三千里，不待風潮送客還。」（頁33）詠新式輪船的便利縮短交通時程，創造一種新鮮的生活感。

（三）「雜歌謠」形式內容的嘗試之作

再者，就「雜歌謠」形式方面而言，丘逢甲〈讀宋史岳忠武傳作〉（頁94）是一首雜言長篇樂府詩，句式3言至11言不等，利用富於音節變化且通俗易懂的雜言體，強化民族英雄岳飛的愛國精神，砥礪自己的民族氣節；〈割花嘆〉（頁140）於整齊的七言句式中出現古樂府常見的「吁嗟乎」感歎詞，詩料取材自臺灣花市的市儈們，粗暴的對待水仙花的眞實情景，作者表面上在替水仙花訴怨，實則藉詩達到開通民智、步向文明的現實成效。再就「雜歌謠」內容方面而言，〈臺北秋感〉（頁134）提到「牛皮借地狡夷心」以荷蘭人誆騙臺灣人進而取得土地和物資的民間說法，寄寓著日漸重要的臺北城必須提防外患不當入侵，避免歷史悲劇重演，成爲全詩畫龍點睛最妙之處；〈臺山有虎謠〉（頁139）根據黃叔璥《臺海使槎錄》〈物產〉篇「（臺灣）山無虎，故鹿最繁」豐富山林資源的紀錄，隨著資源遽減，開發過當，以「虎」的意象，諷諭不當的開發政策，意味深遠，發人省思。以上例證顯示出，詩人從事寫作時知道要自民間取財，寫出具有民間視角的詩作，這與日後詩界革命也重視民間通俗文藝的主張，精神和實質意義上皆有相通之處。

（四）《柏莊詩草》整體感的呈現

最後，就《柏莊詩草》整體題材內容的分類來看，《柏莊詩草》大致可分爲以下幾類題材：

1. 對時局的憂心：例〈得友人述懷奉答四十韻〉、〈臺北秋感〉、〈去思詞〉、〈縱酒〉、〈病起書懷〉……等詩。

2. 對平民土著的關懷：例〈鄰居皆農家者流也春作方忙爲作農歌以勸之〉8首、〈老番行〉……等詩。

3. 關於文學或文化活動的紀錄：例〈重過臺南道署憶自丁亥入署讀書文酒之會極盛至園亭新築唱和之作裒然成冊覓舊夢而難忘思墜歡之莫續用前淨翠園即事詩韻賦寄維卿師方入覲將南還也〉12首、〈韡之見和前作疊韻奉酬〉、〈送黃大令芝生還浙〉、〈署臺南守包君哲臣容舊嘉令也有德嘉人其人士思以詩歌頌之屬爲先唱包君在嘉予適掌教羅山署南守予又崇文主講也爲采輿論屬詞爲以予嘉人彙以贈包君〉……等詩。

4. 臺灣奇山異水或特殊風候的描摹：例〈濁水溪歌〉、〈熱風行〉……等詩。就詩作風格而言，或雄渾豪放，或沉厚深切，或慷慨悲涼，或清峻峭拔，皆精采可讀。

從上述分類作品看來，丘逢甲內渡前的作品確實具有雄豪矯健的特色。〔註6〕正如余美玲所說：

> 《柏莊詩草》中我們清楚感受到詩人創作的視野從個人身世的感嘆轉向動盪現實的關注，敏銳的觀察到時代的變化與社會脈動，將他自我的熱情、感嘆、悲憤都化入客體的對象中，使全詩充滿憂患感。從他平日的生活感懷，到一系列的〈遊仙詩〉12首、〈蟲豸詩〉50首等無不出以感憤悲涼的情緒和心境作為基本的情感內涵，來呈現他的時代與憂患，這些內容更具體的反應在他處理臺灣的風土詩上，進一步使詩歌的主題更趨深化，蘊含豐富深沉的歷史內容。〔註7〕

因此，《柏莊詩草》的寫作基調大體是以雄直的詩風反映丘逢甲對時局的憂患，並寄託他對臺灣鄉土的熱愛，這與詩界革命追求「以時事入詩」、「詩外有事」、「詩中有人」的理念可謂不謀而合。

由以上所述可知，在丘逢甲尚未有意識地創作詩界革命新派詩之前，其部分詩作本身即明顯具有「我手寫我口」、「詩史」、使用新事物和新名詞創造「新意境」，並保持傳統詩原有的韻致、「雜歌謠」形式的自由與內容的通俗……等特點，整體來看也具備取材自生活體驗並「以時事入詩」的傾向，這些特點在他尚未接觸詩界革命觀念以前即有所實踐，這些具備詩界革命特徵的內渡前詩作，可說是丘逢甲為日後正式投入詩界革命行列之前，不知不覺的情況下奠定了基礎。

第二節　丘逢甲的社會位階與處世之道

對照丘逢甲內渡前、內渡後的詩作，來歸納他與詩界革命的淵源，顯然

〔註6〕 施懿琳、許俊雅、楊翠《臺中縣文學發展史》，臺中：臺中縣立文化中心，1995.6，頁63～70。

〔註7〕 余美玲〈丘逢甲《柏莊詩草》中四首臺灣風土詩探析〉，陳嘉瑞、廖振富主編《中臺灣古典文學學術研討會論文集》，臺中：臺中縣文化局，2002.3，頁92。

無法百分之百說服人，尤其丘逢甲所面臨的晚清社會，是一個前所未有、各方面都產生劇烈變動的社會，加上他在特定時刻又曾站在歷史舞臺上扮演重要的角色，丘逢甲不管是客觀環境的遭遇或是主觀情境的感受，對一名傳統知識分子而言，都已經超出其所能承載負荷的範圍，此時期「恭逢其盛」的文人都在各自找尋得以適應變化，立自身於不敗之地的法門。

　　丘逢甲在內渡前的部分詩作，儘管可以找到與詩界革命理念相似的作法，但晚清的詩壇眾聲喧嘩，百花齊放，除了詩界革命的新派詩外，還有宗宋的同光體詩派、宗漢魏的王闓運湘鄉詩派、宗中晚唐的張之洞詩派，每個詩派都有其基本盤，未必能保證丘逢甲內渡後一定選擇詩界革命的領域。然而，造成他日後走上詩界革命之路，除了上節所討論的線索外，還要再參照丘逢甲「在籍京官」與本土鄉紳的雙重身份，其處世之道與社會位階的價值取向，才能論證成立丘逢甲與詩界革命所結下的不解之緣。

一、絕意仕進的現實考量

　　丘逢甲做為一名傳統知識份子，便免不了具有此身分階級的屬性，具體表現在他年輕時對科舉功名的積極經營上。光緒 3 年（1877）14 歲的丘逢甲即虛報年齡為 16 歲，至臺南府城應童子試，作〈窮經致用〉（調寄西江月）詞一闋云：

> 興起八叉手健，吟成七步才雄。更兼經史滿懷中，祇覺大才適用。
>
> 欲布知時甘雨，願乘破浪長風。他年位若至三公，定有甘棠雅頌。
>
> （頁 5）

這闋詞中「祇覺大才適用」、「他年位若至三公，定有甘棠雅頌」，表明了丘逢甲對仕宦一事充滿美好的想像，並且蓄勢待發，準備大展長才的雄心壯志，果然該科獲院試第一，前途一片看好。到了光緒 11 年（1885）22 歲的丘逢甲赴福州鄉試，一向自信的他竟然落榜，打擊應該非同小可，於是尋求民間「冥婚」習俗來替自己的考運不濟做解套，即使當時他早已娶廖氏為正室。據丘氏宗親丘秀芷說：

> 冥婚問題此事係記載於族譜中，1877 年時曾祖父（丘逢甲父丘龍章）
> 在大坑開墾，霧峰林家來說親，以（丘逢甲）年幼未得功名，辭，
> 霧峰林卓英（林獻堂的堂姊）不久後過世，1885 年與霧峰林文欽（林
> 獻堂的父親）同赴福州參加鄉試，二人均未考取，林文欽欲逢甲公

> 娶林卓英靈位，在回臺途中遇大風浪，從船上似乎看見女子形像，
> 怪逢甲公未考取係因未娶其靈牌位，於是次年（1886）往霧峰迎林
> 氏靈位。〔註8〕

以「冥婚」方式來改善自己的運勢，足見丘逢甲追求科舉功名之積極，也可見丘逢甲與霧峰望族林家私交之密切。此後，歷經光緒 14 年（1888）的重考中舉、光緒 15 年（1889）北京會試、殿試連捷，終成進士，授工部虞衡司主事，階正六品，至此科舉功名的追求總算開花結果，下一步應該是學以致用、報國治民的當官計畫。但丘逢甲卻在到任不久後，以親老之故援例告歸還鄉，從此號稱自己絕意仕進。目前學者們對此事的看法，根據〈得友人書述懷奉答〉40 韻、〈去思詞〉4 首、〈乞歸已逾三載感賦〉2 首、〈黃金臺〉、〈閒居雜興〉2 首……等詩作的內容，多傾向於是光緒 15 年北京赴考之行，讓丘逢甲真正見識到晚清政治的腐敗，令他英雄無用武之地，才對仕宦之途失望。

然而，是否還有其他可能的因素呢？楊護源《丘逢甲傳》分析丘逢甲被授與之官「工部虞衡司主事」的現實難處，說到：

> 丘逢甲被授與之官為正六品，屬於京官的中下階層，生活是較不優
> 渥的「窮京官」。因京官無法像外官（地方官）一般取利於民，而中
> 下階層之京官俸祿較低，但為維持官儀而支出頗多，故生活十分的
> 清苦。……丘逢甲所授之官職，按清例，並非實職。僅為候補官銜，
> 如能在三年內補得實缺，已是上上大吉。故初分至部時，丘逢甲可
> 以「援例」告假回籍省親、掃墓；若有補缺之信，丘逢甲即可銷假
> 赴京辦理各種到差手續，但丘逢甲在告假回鄉之後，便未再赴京到
> 差，其原因可能與上述京官「窮」的經濟因素有關。因其若以「京
> 官」之身分返鄉，在鄉則為鄉紳，生活自可無虞。〔註9〕

可見，丘逢甲被授與的官職確實不盡如人意，一名傳統知識分子歷經千辛萬苦，好不容易獲得科舉功名，但若未能兼顧到現實生活，那科舉功名也只能

〔註8〕 逢甲大學人文社會研教中心主辦《丘逢甲與臺灣歷史文化學術研討會論文集補編》，臺中：逢甲大學，1997.2（會議時間 1996.3.16～17），頁 90。時至 1902年，丘逢甲為霧峰林獻堂的祖母羅太夫人寫祝壽文時，仍自署名「姪孫婿」，見丘逢甲〈恭祝誥封恭人林大母羅太恭人八旬開一壽序〉，《丘逢甲集》，頁833。

〔註9〕 楊護源《丘逢甲傳》，南投：臺灣省文獻委員會，1997，頁 24。

是一種精神滿足，無法具有實質意義，因此，高中進士後的丘逢甲確實有必要以務實的精神重新規劃未來，或重新出發。

　　清代臺灣與丘逢甲類似，不熱衷仕宦、選擇留在臺灣服務的情形的本土進士，案例也不在少數。檢閱清代臺灣本土進士的仕宦紀錄發現〔註10〕，多位臺灣本土進士並不那麼熱衷於仕途，例如：

1. 乾隆22年（1757）諸羅進士王克捷沒有正式當官的紀錄。
2. 道光3年（1823）新竹（時隸淡水廳）進士鄭用錫只有在道光14～17年間任職北京，而且還是以捐官的方式補上「禮部員外郎」一職，其餘時間皆在臺奉親。
3. 道光25年（1845）臺灣縣進士施瓊芳於次年便返臺任海東書院山長職務。
4. 同治7年（1868）宜蘭進士楊士芳於次年便返臺任仰山書院祭酒職務。
5. 同治13年（1876）鹿港進士蔡德芳於光緒5年（1879）返臺主講於文開書院與白沙書院。
6. 光緒3年（1877）臺南進士施士洁即使官授「內閣中書」，仍辭官返臺任教於白沙、崇文、海東書院。
7. 光緒6年（1880）鹿港進士丁壽泉返臺職掌白沙書院。
8. 光緒12年（1886）嘉義進士林啓東返臺職掌崇文、羅山書院。
9. 光緒12年（1886）嘉義進士徐德欽返臺職掌玉峰書院、嘉南清賦總局、團訪局教練。
10. 光緒12年（1886）鹿港進士蔡壽星於光緒18年（1892）返臺職掌白沙書院。
11. 光緒15年（1889）豐原（時隸彰化）進士丘逢甲於次年返臺主講於衡文、羅山書院。
12. 光緒16年（1890）臺南進士許南英返臺加入「臺灣通志總局」修志籌備工作。
13. 光緒18年（1892）桃園（時隸淡水廳）進士陳登元返臺後入劉銘傳的幕僚，任新式教育西學堂的監督。

〔註10〕國家圖書館特藏組《臺灣歷史人物小傳——明清暨日據時期》，臺北：國家圖書館，2003.12，初版。

　　以上案例雖然無法證明每位返臺進士是否都著眼於現實利益的考量，但至少可見丘逢甲高中進士卻不熱衷仕途，放在清代臺灣本土進士圈的仕宦情形來看，他絕非特立獨行，倒是屬於是滿普遍發生的情況，其中的原因可能為何？林熊祥〈邱逢甲在臺灣文學史之位置〉說：

> 背鄉井、渡重洋而來臺灣者，類皆富於冒險精神，熱意開闢草萊，阜物厚生。意志堅強，情緒質樸。又值臺灣氣候溫暖，土地豐沃，墾殖易成，產物勃然以興。有為之士趨實業者多，求功名者少。間或得一第，但假之以自儕於縉紳之列，不復有干祿上進之心。歷年成進士者，還鄉不出，流宦四方者殆鮮，此所以難接近中原文物也。〔註11〕

同樣地，楊護源《丘逢甲傳》也說：

> 丘逢甲所授之官雖只為六品小京官，但其若能設法外轉為地方官，則其聲望與前途均非一般外官所能比擬。但清廷任官有所謂的迴避制度，……故丘逢甲若外放至地方也永遠回不了故鄉臺灣任官。……若任官外地，返鄉、履職必多次往返這條「黑水溝」，危險性大增。臺灣重利風氣比內陸為盛，行行出狀元，使士人有較多的選擇，不執著於為官一途。……丘逢甲不仕歸臺，應受海峽風浪險阻和臺地重利之風所影響。〔註12〕

以上資料說明，從臺灣交通地理位置的特殊性，來看清代臺灣本土進士回臺任教的原因有：（一）黑水溝的險惡造成臺灣人往中國大陸發展的心理障礙。（二）從清代臺灣移民社會與經濟型態發展的特殊性來看，「臺灣錢，淹腳目」使臺灣人更想要留在臺灣發展。此外可能也包含語言溝通不良，人脈經營不順利等因素。因此，丘逢甲的絕意仕進應該也有很現實、務實的考量在其中，絕非只是單純地對政治失望的因素而已。

二、務實的處世態度

　　高中進士後的丘逢甲雖稱「絕意仕進」，但實際上他是以「請假告歸」的理由返臺，援照往例，原職銜仍舊保留，並非「棄官歸里」，此「在籍京官」的官方身分始終伴隨丘逢甲，但實務操作上，他的行為處事始終是鄉紳階級

〔註11〕　林熊祥〈邱逢甲在臺灣文學史之位置〉，《臺灣文獻》第9卷第1期，1958.3.27，頁1146。

〔註12〕　楊護源《丘逢甲傳》南投：臺灣省文獻委員會，1997，頁24～25。

的風格，成為其安身立命的寄託，具體表現如下：

（一）甲午戰爭之前的角色扮演

　　光緒 15 年（1889）26 歲返臺後的丘逢甲，往臺南謁見唐景崧，婉拒唐勸其出仕之邀，執意回彰化省親。光緒 16 年（1890）丘逢甲 27 歲應唐景崧之聘，擔任臺南崇文書院、臺中衡文書院、嘉義羅山書院主講，「在教學中，丘逢甲根據自己的體驗和對世事的觀察分析，大膽改革教學內容與教學方法，他不再重視八股括帖之類的東西，只是略課應試文藝，把主要精力用於介紹中外史地和當今時事，傳播西方新知識新思潮，勸閱報章，引導青年放眼五洲，關心國事和民族前途，他自訂了一批書刊，如香港《德臣報》（中文版）、上海《申報》、《字林西報》和《天津時報》等，並撰文評介國內外大事，警醒國人關注時局，鼓吹革新除弊，謀求富國強兵之路。」〔註 13〕另外，他還提倡招收高山族青年入學，對當時臺灣的全民化教育意義深遠，詩界革命主將黃遵憲於英國倫敦聞訊，作〈歲暮懷人詩〉讚之，詩云：

> 赤嵌城高海色黃，乍銷兵氣變文光。他年番社編《文苑》，初祖開山
> 天破荒。（自注：丘仙根工部）〔註 14〕

黃遵憲作此詩的前一年，在北京結識新科進士丘逢甲，兩人有著一見如故的情誼。黃詩認為丘逢甲是繼沈光文「海東文獻初祖」之後，對臺灣原住民教育貢獻極大的人士。接著，光緒 18 年（1892）《臺灣通志》總局開設，編纂工作正式展開，丘逢甲應聘擔任「採訪師」，主要負責採訪補輯鄉土故實，有了更多機會深入民間，了解社會虛實。於是〈老番行〉、〈大甲溪歌〉、〈濁水溪歌〉、〈熱風行〉等長篇風土詩才能寫來身歷其境，栩栩如生，〈乞歸已逾三載感賦〉2 首、〈得友人書述懷奉答〉40 韻、〈去思詞〉4 首、〈友人以租字韻詩所和因書所見〉2 首（頁 88）……等詩，表達在臺灣本土深耕而苗壯的願望，也不失為自我實現之途，才能對於官聲虛名有不同的思維。

　　丘逢甲從擔任書院主講到方志採訪師，他都有欲望想要施展自己的理想抱負，同時「在籍京官」的身分讓他與官方產生聯繫，於是他得以與官方、民間保持著合作關係，他常常可以按照自己的理想，遊走於官方正規體制的邊緣，在地方民間推行改良主義，這便是拜「在籍京官」與鄉紳雙重身分之賜，因為這樣的身分與職業，對兼顧自己的理想和家族的期待最為有利。

〔註 13〕 徐博東、黃志平《丘逢甲傳》，臺灣：海峽學術出版社，2003.9，頁 42。

〔註 14〕 錢仲聯《人境廬詩草箋注》上冊，臺北：源流文化事業公司，1983.4，頁 550。

（二）甲午戰爭至內渡前的抉擇

清日甲午戰爭開打至內渡前，丘逢甲擔任的職務向來有諸多說法，例如團練使、內務卿、大將軍、副總統、副總統兼大將軍、義軍統領等 6 種。據戚其章〈丘逢甲在臺灣任職考辨〉肯定丘逢甲在臺擔任的官職確實爲「臺灣省義軍統領」，而且「從統領體制看，丘逢甲不僅高於一般義軍統領，而且與清兵諸將相比，也有相當的獨立性。……這與吳湯興凡事須稟請臺灣知府是大爲不同的。在營制上，丘逢甲義軍雖與記名提督張兆連的銘軍和福建候補道楊汝翼的翼軍相同，皆獨當方面，然卻不似張兆連、楊汝翼等清軍將領一聽命於巡撫。在軍事部署和義軍組織方面，唐景崧凡事皆須與丘逢甲相商而後定。在丘逢甲不同意的情況下，唐景崧的決定可不執行。」〔註 15〕而黃秀政、楊護源更在〈丘逢甲與一八九五年反割臺運動〉一文中將丘逢甲擔任義軍統領的來龍去脈，以及他與唐景崧之間的關係生變，都交代的清清楚楚〔註 16〕。然而，嚴格說起來，團練或義軍都不是朝廷軍隊的常態編制，其統領也多爲精神領袖的性質，洪棄生《寄鶴齋詩話》更指出「林朝棟棄臺西遯，較邱進士尤難掩眾論。蓋仙根書生，未嫻戎務；出領義軍，係唐景崧濫舉。」〔註17〕由此可知，丘逢甲並沒有跨入正式的官宦體制中。

撇開個人恩恩怨怨不說，丘逢甲「在籍京官」與鄉紳的雙重身分，確實在臺灣危急存亡之關鍵時刻發揮一些助益，「在籍京官爲具有官宦前途與崇高社會地位的鄉紳，在清朝統治下的社會，丘逢甲具有社會自然領袖的性格，其對民眾居於領導，對官府則享受特權。」〔註 18〕所以丘逢甲在無法置身事外的關鍵時刻，仍小心地、巧妙地運用「在籍京官」與鄉紳身分的優勢，一方面藉著自己紮根民間的聲望，凝聚臺灣人民抗日共識，積極進行團練事宜，儘管自己對軍事實戰並不內行；一方面對以唐景崧爲首的滿清官僚體系，發揮最大的制衡作用，使官兵必須與臺灣人民站在同一陣線上，共同

〔註15〕戚其章〈丘逢甲在臺灣任職考辨〉，吳宏聰、李鴻生主編《丘逢甲研究——1984 年至 1996 年兩岸三地學者論文專集》，臺北：世界丘氏文獻社，1998，頁 163。

〔註16〕黃秀政、楊護源〈丘逢甲與一八九五年反割臺運動〉，黃秀政等《臺灣史志論叢》，臺北：五南圖書出版公司，2000.3，初版 2 刷，頁 153～164。

〔註17〕洪棄生《寄鶴齋詩話》，臺北：臺灣銀行經濟研究室，《臺灣文獻叢刊》第 304 種《寄鶴齋選集》，1972，頁 208。

〔註18〕黃秀政、楊護源〈丘逢甲與一八九五年反割臺運動〉，黃秀政等《臺灣史志論叢》，臺北：五南圖書出版公司，2000.3，初版 2 刷，頁 163。

抗日。

即使是臺灣民主國成立，丘逢甲仍不輕易走向幕前，但願意全心全力在幕後奔走打拼，連橫《臺灣通史》卷 6〈職官志〉之「民主國職官表」只紀錄大總統、軍務大臣、內務大臣、外務大臣、游說使、府州廳縣等舊式的編制〔註19〕，未見「義軍統領」在此編制名單上，「義軍統領」顯然不是臺灣民主國所新授官職之一，丘逢甲雖是臺灣民主國的靈魂人物，但他是以鄉紳的身分去影響大局。可惜，由於時間倉卒，諸多配套措施未就緒，臺灣民主國抗日事業宣告失敗，最終他雖選擇內渡，沒有留在臺灣繼續抗日，但不可否認地，丘逢甲以鄉紳身分為臺灣抗日史做出了他個人最大的努力。從〈談兵〉（頁 88）、〈讀史〉（頁 92）、〈走筆〉（頁 98）、〈與呂大謝四夜話近事〉（頁118）、〈臺人興頌篇上維卿師六十韻〉（頁 131〜132）、〈臺北秋感〉（頁 133〜134）……等詩中，皆表現出內渡前丘逢甲對臺灣時局的憂心，並不排除做出最壞的打算。

根據吳文星《日據時期臺灣社會領導階層之研究》指出，乙未內渡的鄉紳佔全部鄉紳的比例高達二分之一〔註 20〕，丘逢甲選擇內渡是務實的，至少可保全自己和家族的身家安全，而內渡後清廷對臺灣科舉士人也將會有安置，在現實的考量上，內渡也絕非特立獨行或者天理不容，只是在情感上、道義上、理想上，內渡卻成了丘逢甲一生揮之不去的陰影，造就了《嶺雲海日樓詩鈔》中不斷反覆迴旋的臺灣意象與主題，這也是鄉紳階級意識以務實考量為抉擇之下，必定擱置理想、道義等考量，所產生的普遍而必然的狀況。

（三）內渡後的安頓

內渡後頭幾年，丘逢甲面臨了人生的最低潮，他像難民一樣突然來到從沒經營過的廣東祖籍老家，廣東又有部分士紳聯名指控他造反，以至於他的詩文常自稱「海東遺民」（〈離臺詩〉頁 145），自認「去國懷鄉」（〈舟入梅州境〉頁 147），然後還要承受著來自於臺灣民間多方面對他棄臺內渡的指責的心理壓力，部分好友與親人內渡後又選擇回臺，令他進退兩難，英雄失路，

〔註19〕 連橫《臺灣通史》上冊卷 6 職官志，臺北：黎明文化事業公司，1985.1，頁146〜147。
〔註20〕 吳文星《日據時期臺灣社會領導階層之研究》第二章〈日據初期社會領導階層之肆應與變動〉，臺北：正中書局，1992.7，初版 2 刷，頁 27。

這些種種的挫敗，可參見魏仲佑〈丘逢甲及臺灣割讓的悲歌〉關於蚓髯事不成、揮淚說臺灣、成敗論英雄、詩史作雄談等方面的精闢分析〔註21〕。另外，〈阮生行〉（頁157）、〈放生鵝歌〉（頁177）、〈廬山謠〉（頁193）……等詩，雖不直接描寫丘逢甲面臨英雄失路的悲哀，但透過隱喻和形象化的藝術處理，也可強烈感受到他初到廣東被眾人圍剿，沒有歸屬感的淒涼景況，其慘狀不輸給臺灣被割讓所造成的傷痛。

內渡後的心境雖然悽涼，但日子還是要過下去，最現實的問題是自己原本在臺灣的一切條件是否可以繼續享有？丘逢甲於是寫奏摺向清廷呈請變更籍貫，交由兩廣總督譚鐘麟、廣東巡撫許振煒代奏。籍貫是官員履歷不可或缺的項目，籍貫有所變動者，必須主動向相關單位呈報，以繼續保持其科舉出身、詮選資格。而且內渡後丘逢甲遭受鎮平劣紳聯名指控造反，他更有需要藉助朝廷的公信力為自己平反，汪叔子〈關於丘逢甲內渡歸籍的一件檔案史料〉說：

> 倘欲仍留此「工部主事」職銜，則官場虛文，不得不有此「呈請奏咨」之舉，及申明「俾得赴（工）部供職」之言。……對於內渡之初，備受地方劣紳攻訐之丘逢甲，尤其關係重大。倘不予解決，即將貽人以「身家不清」之口實。宵小環伺，乘機傾軋，則退且難以安身立足於廣東原籍，遑論進而充分利用社會地位繼續開展愛國事業。〔註22〕

在務實的考量下，丘逢甲努力爭取恢復自己的官方身分，雖然實際上他仍是絕意仕進，所以於光緒22年（1896）年底奉旨「歸籍海陽」（潮州），恢復「在籍京官」的身分，同時也為自己取得躋身於廣東鄉紳行列的正當性與合法性。

此後，丘逢甲秉持內渡前在臺灣經營聲望的模式，繼續在廣東經營下去。隔年（光緒23年）應潮州知府李士彬之聘，主講韓山書院，再隔年（光緒24年）主講潮陽東山書院，光緒25年（1899）又主講澄海景韓書院，走回官辦學教教職的舊業。光緒27年（1900）更自力籌措經費開辦「嶺東同文學堂」，自任監督，達三年之久，雖是民間自辦的新式學堂，但仍任教職，皆不屬於

〔註21〕 魏仲佑〈丘逢甲及臺灣割讓的悲歌〉，《晚清詩研究》，臺北：文津出版社，1995.12，頁103～130。

〔註22〕 汪叔子〈關於丘逢甲內渡歸籍的一件檔案史料〉，《嶺南文史》，1998年第1期，頁27。

朝廷編制內的正式職務，即使是後來擔任新式官職政要，像是廣東諮議局副議長，他也沒有放掉對教育事業的關注，理想與抱負仍得以發展。

　　丘逢甲務實地維護自己的官方身分與鄉紳身分，到了1905年科舉制度廢除時，驗證了他的考量是明智的，同時讓他游刃有餘的在清末立憲派與革命派兩大勢力中吃得開，兩派人馬都不得罪，成爲自主性極高的知識份子。陳平原〈鄉土情懷與民間意識──丘逢甲在晚清思想文化史上的意義〉說：

> 綜觀丘氏一生，有過若干「虛職」，卻沒有得到過稍微像樣一點的「實缺」。不是沒有可能當官，而是不願意，這在同時代的讀書人中，確實少見。此種溫厚且淡泊的性情，決定了丘逢甲本質上是個「書生」。書生報國，並非特有政治抱負及軍事謀略，只是不忍見山河破碎，方才挺身而出。〔註23〕

光緒29年（1904）丘逢甲〈溫柳介先生誄〉說到：

> 夫中國自秦以後，益集權中央政府主國是、持風會，惟一二親貴強有力者任之，無論起布衣、徒步之不得遽與也，即循資干進積年勞至卿貳，天下望之巍然，而察其身之與國，多若渺不相涉。則固不如耆儒碩學之不仕不顯，而歸而講學于郡邑者，猶得以其學說陶鑄當世人才，其所鼓舞而激勸者，于人心風俗往往大受影響也。（頁838）

這段文字雖然是丘逢甲寫溫仲和的，但其實是他藉機會說出自己安身立命的寄託。丘逢甲從務實的角度來考量理想抱負的實現，發現辦教育比搞政治來的有意義多了，而且他自己又保有「在籍京官」的身分，既可以在民間穩固自己的聲望，成爲地方上精神領袖人物，同時也可兼顧鄉紳基本門面的生活開銷，至少不愁吃穿，應該也很適合內渡後丘逢甲的需求。

三、政治立場

　　丘逢甲對自己階級身分的體認，雖然有著現實與理想雙重的考量，但仍然可以從中看出其思想根本的侷限。由於中國知識份子不管是傳統的還是現代的，長久以來並沒有像西方一樣，以純粹的專業知識做爲其生存方式，成長爲一個獨立的社會階層，因而注定在中國社會的轉型與過渡時期，將會是

〔註23〕陳平原〈鄉土情懷與民間意識──丘逢甲在晚清思想文化史上的意義〉，《當年遊俠人》，臺北：二魚文化事業有限公司，2003年11月，頁97。

一個吃力不討好的存在。冀建中〈毛將焉附？——論中國知識份子的出路〉說：

> （晚清）知識分子還在傳統之中。在以後的五四運動中，無論啓蒙
> 也好，救亡也好，知識分子實際上依然是用傳統的救世方式在拯救
> 國家。他們只想創造一種新文化，而沒有努力去改變中國社會的階
> 級結構，沒有去努力爲本階級奠定一種堅實的、眞正有利於社會發
> 展的生存方式，這是一種深刻的歷史與社會的侷限。……沒有新階
> 級成長的空隙，知識分子只有兩種選擇，或依附於統治者，或依附
> 於被統治者。並且，在戰爭而不是和平發展的歲月，「實業救國」、
> 「教育救國」都是遠水解不了近渴，被實踐證明了不可能。〔註24〕

這樣的侷限性是中國歷史的必然，丘逢甲不管階級身分如何，抉擇如何，其
無奈程度都會差不多。

　　另外，有待釐清的問題尚有：內渡後丘逢甲的政治立場，該如何解釋？
一般都是說他起先是立憲派，後來因爲對立憲派失望，發現受騙，轉而同情
支持革命派，並說他對民族主義大力提倡，主張恢復漢室，順應時勢所趨，
是一位愛國志士〔註25〕，感覺上解釋得很籠統。其實按照丘逢甲的鄉紳身分，
其所具有的階級意識來推論，其內渡後的政治立場應該是屬於擁護帝制這一
派，不太可能會支持破壞帝制的一派（詳見下文）。然而又因爲他表現在對新
式教育的高度關注下，本身同時具有新式思想的理想性格，所以他必然是屬
於既保守（外在）又進取（內心）的政治傾向，也就是傾向於維新變法與君
主立憲，尤其他在宣統元年（1909）10 月擔任廣東諮議局副議長一職色彩尤
濃，因爲諮議局的本質就是立憲派人士集結起來制衡朝廷立憲時程和革命派
的組織，張朋園《立憲派與辛亥革命》說：

> 清廷以地方自治爲預備立憲的起點，因有諮議局之創設。立憲派人
> 通過選舉，一變而爲民意代表，自此結爲一體。議員固不盡屬於立
> 憲派，立憲派人亦不盡當選爲議員，而議員大都以張立憲爲信仰，
> 似無可疑。立憲派人在議會中者，實居於領導地位。各省諮議局議
> 長幾俱爲立憲派的領導人，辛亥革命爆發後，他們在地方上的態度

〔註24〕 冀建中〈毛將焉附？——論中國知識份子的出路〉，湯一介編《論傳統與反傳
統——五四70周年紀念文選》，臺北：聯經出版社，1989.5，頁 245～246。

〔註25〕 徐博東、黃志平《丘逢甲傳》第四章〈政教兼預，傾向革命——順應時代潮
流的民主革命派朋友〉，臺灣：海峽學術出版社，2003.9，頁 194～259。

更是舉足輕重。〔註26〕

張朋園《立憲派與辛亥革命》分析諮議局議員的背景，得到以下結論：一、諮議局議員為具有傳統功名之士紳。二、若干具有功名者，同時亦曾接受新式教育。三、擁有產業者不在少數。四、高層士紳中多曾任中央或地方政府官職。張朋園更進一步探討其心理狀態：

> 立憲派是重現實的。他們的功名由統治者賞賜而得，……報效的觀念，牢不可破。……功名素為世人所重，在社會中仍可居於優越地位。萬一現狀改變，……社會地位亦將隨之不存。因此，士紳是必然擁護現政權的。對於有限度而不損及其既得利益的改革，他們可能表示贊同，但於激劇的變革，勢必反對。〔註27〕

張朋園〈立憲派的「階級」背景〉說到立憲派與革命派合作的關係：

> 新式教育使他們（立憲派）趨向進取。新式教育使他們認識了國家內憂外患的嚴重性。身為社會的領導階層，有心起而改革。改革是在現狀下為之，是有限度的改革，以不動搖社會的穩定性為原則。……立憲派與革命派妥協，是為了穩定社會秩序。如果秩序不保，他們的功名、財富、社會地位隨之不保，這是他們最感恐懼的。各省諮議局人士致力於阻止革命形勢的擴大，穩住了舊有的秩序，他們的既得利益絲毫不受損傷。同意有限度的改革，還可以提升紳士階級的社會地位，得到更大的利益。〔註28〕

立憲派和革命派的終極關懷，都是實施民主憲政救中國，大家都看到了中國的落後腐敗，但兩派最大區別在於解決問題的方式不同，立憲派要和平解決，為了繼續享有既得利益，革命派要武力解決，為了開創新的利益，教育救國、實業救國基本上都屬於和平解決的方式，因此斷定理論上丘逢甲的政治立場應該是立憲派，屬於改良主義的，但由於心目中的聖主光緒皇帝駕崩，以及好友劉士驤被立憲派刺殺的不幸事件，不排除其主觀情感上與道義責任上存在著對革命派的同情，他便由進取型降溫為保守型的立憲派，又因為道義與

〔註26〕 張朋園《立憲派與辛亥革命》第二章〈諮議局的建立與立憲派的結合〉，臺北：中央研究院近代史研究所，1983.2，再版，頁36。

〔註27〕 張朋園《立憲派與辛亥革命》第二章〈諮議局的建立與立憲派的結合〉，臺北：中央研究院近代史研究所，1983.2，再版，頁34。

〔註28〕 張朋園〈立憲派的「階級」背景〉，《中央研究院近代史研究所集刊》第22期上，1993.6，頁228。

情感上較同情革命派，所以很容易與革命派中的溫和型混淆，並進行合流與妥協，加上丘逢甲有部分門生後來成為知名的革命志士，例如鄒魯、古應芬⋯⋯等人，他基於師生情份，出面搭救學生，這也不盡然就說明丘逢甲一定就是反立憲保皇，或主張革命共和。因此從丘逢甲兼有官方與鄉紳身分，來看待他的政治立場，這種說法應該也滿合理的。

四、文學取向

從丘逢甲《嶺雲海日樓詩鈔》中支持尊王保皇的詩作，可以明顯看出丘逢甲的政治寄託，例如〈雜詩〉（頁 183）、〈苦雨行〉（頁 187）、〈日蝕詩〉（頁 244）、〈次韻答陶生〉（頁 278）、〈東山酒樓放歌〉（頁 386）、〈題菽園看雲圖〉（頁 410）、〈元旦試筆〉（頁 433）、〈哭李芷汀〉（頁 443）、〈北望〉（頁 499）、〈為潮人士衍說孔教于鮀浦，伯瑤見訪有詩，次韻答之〉（頁 514）、〈題滄海遺民臺陽詩話〉（頁 546）、〈放歌次實甫將別嶺南韻〉（頁 578）、〈七疊韻答來詩意〉（頁 582）、〈前詩多見和者，所懷未盡，復次前韻〉（頁 676）⋯⋯等詩作，都透露了丘逢甲對帝制的維護，至少可見他不攻擊帝制，這些詩作從《嶺雲海日樓詩鈔》卷 2 到卷 12，幾乎每一卷都有，也就是說丘逢甲從 1896 年至少到 1909 年期間，都是支持尊王保皇的。其中〈戊申廣州五月五日作〉（頁 589）作於 1908 年，也就是光緒末年（34 年），內容還在責怪革命黨引發的內亂，造成社會巨大的動盪不安。從以上證據顯示，丘逢甲一直到光緒皇帝駕崩前仍然是擁護帝制，是尊王保皇的立憲維新派支持者，至少等到心目中的聖主光緒皇帝駕崩後，他才不得已轉而同情革命派，關於此點，徐肇誠《丘逢甲嶺雲海日樓詩鈔研究》也有著墨，其結論認為丘逢甲本意以和平方式進行改革，最後發現情勢不對才由維新立場轉向革命立場的〔註 29〕。但不管如何，丘逢甲的政治立場主要取決於他的社會位階，即使潮流轉向革命，他的處世之道基本上沒有產生革命性的變化。

詩界革命是維新運動衍生出來的文學活動，理論紮實，目標明確，有專屬的發揮園地。雖號稱「革命」，實則「改良」、「改革」，「革命」是內容題材上相對於「同光詩」或者傳統詩而言，梁啓超《飲冰室詩話》第 63 則指出：

過渡時代，必有革命。然革命者，當革其精神，非革其形式。吾黨

〔註 29〕 徐肇誠《丘逢甲嶺雲海日樓詩鈔研究》第二章第二節之二「從維新至革命的心路歷程」，碩士論文，成功大學歷史所，1993.6，頁 61〜69。

　　近好言詩界革命，雖然，若以堆積滿紙新名詞爲革命，是又滿洲政
　　府變法維新之類也。能以舊風格含新意境，斯可以舉革命之實矣。
　　〔註30〕

可見，詩界革命無意挑戰傳統詩的形式，只想挑戰傳統詩的內容和寫法。詩
界革命到底仍然沒有棄守傳統詩「形式」的底限，儘管其內容的承載物可以
各自表述，不受限制。此種既保守又開放的新興文學流派，和丘逢甲性格中
既保守又開放的複雜成份，幾乎雷同，註定丘逢甲在文學流派的抉擇上，絕
不可能走向仿古的傳統詩派，所以同光詩派、王闓運詩派、張之洞詩派不會
成爲丘逢甲考慮的目標。而在晚清傳統詩壇的文學流派中，唯一比較能滿足
他滿腔熱血的書寫，又能提供他「詩史作雄談」的發揮園地，就是改良方式
的詩界革命新派詩。儘管丘逢甲也有可能傾向革命派文學，即 1909 年柳亞子
等人於上海成立的南社，對丘逢甲而言，一來不太具有地利之便，二來南社
的詩學主張在成立之初，仍有學唐和學宋的論戰，至少在丘逢甲有生之年，
南社詩學的方針並未趨於定見，而且可專供南社文藝發表的園地，在丘逢甲
生前也尚未成熟（《南社叢刻》至 1910 年才創刊），對內渡後的丘逢甲而言，
詩名的經營與教育事業的經營是並重的，況且他在民國元年（1912）2 月即辭
世，也沒有機會與南社建立深厚的關係，或者另外開闢新的文學園地，所以
他必然走向詩界革命的文學舞臺，大展身手一番。

第三節　丘逢甲與黃遵憲的關係

　　從丘逢甲早期詩作的寫作傾向，與身分階級的意識形態等主觀條件方
面，論證了丘逢甲必然走向詩界革命的合理性，而在地緣關係、交遊網絡等
客觀條件方面仍深深地影響著一位文人的文學活動，有進一步論述的必要，
才能完整呈現出丘逢甲與詩界革命淵源的全貌。而丘逢甲的眾多友人中，明
顯屬於詩界革命人士且相識較早的是詩界革命的指標人物黃遵憲，其所居的
嘉應州和丘逢甲的鎮平老家、歸籍潮州，皆有著良好的地緣關係，同屬於嶺
東文化的一環，親近度較高，且兩人唱和詩作數量最豐，交情無庸置疑，黃
遵憲影響丘逢甲的文學傾向自然不在話下。

〔註30〕梁啓超《飲冰室詩話》，張品興編《梁啓超全集》第 9 冊第 18 卷，北京：北
　　　　京出版社，1999，頁 5327。

一、黃遵憲生平經歷與文學主張

　　黃遵憲（1848～1905），字公度，別署人境廬主人、東海公、法時尚任齋主人、水蒼雁紅館主、布袋和尚、公之它……等，廣東嘉應人（今梅州市）。出生於一個以典當為業的富裕家庭，是個精明幹練的人，文學上沒有特別的師承，但講求特立務實，自小受到曾祖母喜愛客家山歌的影響，也重視客家民歌與題材的創作。家道歷經咸豐 9 年（1859）石達開部眾的寇掠，以及同治 4 年（1865）汪海洋的攻佔，從富裕變成貧薄，加上同治 6 年（1867）後赴廣州鄉試屢次落榜，身心受創極大，對現實社會產生高度不滿。光緒 2 年（1876）終成順天府試舉人，並捐納獲得五品官僚（知府）。光緒 3 年（1877）10 月至光緒 8 年（1882）春天約 4 年多的時間，與何如璋出使日本，擔任中國駐日使館參贊。光緒 8 年（1882）春至光緒 11 年（1885）10 月約 4 年期間，擔任中國駐美國舊金山總領事。光緒 11 年（1885）年底至光緒 14 年（1888）待在嘉應故鄉撰寫《日本國志》，光緒 16 年（1890）正月至光緒 17 年（1891）7 月約 1 年半期間，與薛福成前往英國倫敦，擔任中國駐英二等參贊，期間到過法國、地中海、蘇黎士運河等地。光緒 17 年（1891）10 月至光緒 20 年（1894）12 月約 3 年間，擔任中國駐新加坡總領事。光緒 20 年（1894）清日甲午戰爭爆發後，回國主持洋務。光緒 22 年（1896）在上海創辦《時務報》，並參加康有為「強學會」，同年底出使德國一事受阻，打擊很大。光緒 24 年（1898）與湖南巡撫陳寶箴共同推行新政，宣傳維新思想，同年 8 月發生戊戌政變，黃遵憲雖逃過一死，但遭到放歸，便回籍廣東嘉應人境廬，常與丘逢甲酬唱往來，互相砥礪與安慰，並與在日本的梁啟超書信往返，關懷國事時局，討論詩界革命，還在家鄉創辦嘉應興學會議所，自任會長，光緒 31 年（1905）辭世。著有《日本國志》、《日本雜事詩》、《人境廬詩草》，後人蒐集編輯的有《人境廬集外詩輯》、《人境廬雜文鈔》、《黃遵憲與日本友人筆談遺稿》。〔註31〕

　　梁啟超《飲冰室詩話》以黃遵憲詩為詩界革命指標，並根據黃遵憲詩與詩論做為詩界革命文學批評的標準。特別推崇黃遵憲〈今別離〉、〈錫蘭島臥佛〉、〈以蓮菊桃雜供一瓶作歌〉……等詩，讚其開闢新詩境；〈罷美國留學生感賦〉、〈臺灣行〉、〈朝鮮歎〉……等詩，讚其為詩史，寫近代中國苦難歷史

〔註31〕以上見魏仲佑《黃遵憲與清末「詩界革命」》第三章〈黃遵憲之心路歷程〉，臺北：國立編譯館，1994.12，頁 85～160。

的詩篇；〈香港潘蘭史題其獨立國〉、〈出軍歌〉、〈幼稚園歌〉……等詩，讚其鼓舞民氣、激勵愛國、尚武之作。黃遵憲的文學理論則有「我手寫我口」〔註32〕（作詩不可襲用古人的陳腔濫調，而應以自己的詩語寫自己的心情）、「不失爲我之詩」（凡突破傳統的均可稱之爲「新派詩」）、「爲鼓吹文明而作詩」（有意識要利用詩歌，把社會諸多問題流播給廣大群眾）。黃遵憲的詩表現在推動維新的思想上，最具有特色，例如文明之鼓吹、殉身之謳歌、腐儒朽吏之嘲弄……等具有特定議題的詩作。〔註33〕

二、丘逢甲與黃遵憲交往經過

　　丘逢甲與黃遵憲相識於光緒 15 年（1889），丘逢甲在北京考試時，黃遵憲剛好在北京待職，丘逢甲是新科進士，而黃遵憲則是有名的外交官，由於兩人祖籍同爲嘉應州人，話題投機。隔年光緒 16 年（1890）丘逢甲成了黃遵憲〈歲暮懷人詩〉中的一位難忘的朋友，黃遵憲肯定丘逢甲對清代臺灣教育事業的無私奉獻，將他比之爲「海東文獻初祖」沈光文。光緒 24 年（1898）丘逢甲歸籍潮州後的第二年，遇到黃遵憲因戊戌政變被放歸回家，潮州與嘉應州同屬嶺東文化圈，由於嶺東是華僑的故鄉，出入份子複雜且資訊流通快速，對時代的脈動能有比較精準的掌握，對西方文明的接受態度也比較開放，詩人很容易對時局產生憂患感。且當時黃遵憲的名氣很大，不管是外交實務方面的成就，還是國內推行新政的成效，甚至是「新派詩」的另闢蹊徑，以及《日本雜事詩》、《日本國志》的用力頗深，都是當時舉足輕重的人物（參見上文引述），丘逢甲雖然沒有正式踏入官場，但因爲學歷很高，且頂著「在籍京官」的榮譽頭銜，加上臺灣民主國一事也聲名大噪，兩人的條件和遭遇相當，剛好都遇到人生的低潮期，加上因爲地緣關係，還有丘逢甲主動造訪，並爲人境廬題聯，於是開始了互動頻繁的唱和交往。兩人往來的詩文內容，按時間先後排列，製成【附錄一】，而往來詩文目錄如下表：

〔註32〕黃遵憲《人境廬詩草》卷 1 即同治 3～12 年（1864～1873）期間，所作〈雜感〉五言古詩 5 首之 2 說到：「俗儒好尊古，日日故紙研，六經字所無，不敢入詩篇。……我手寫我口，古豈能拘牽。即今流俗語，我若登簡編，五千年後人，驚爲古斕斑。」詳見錢仲聯《人境廬詩草箋注》上冊，臺北：源流文化事業公司，1983.4，頁 42～43。

〔註33〕以上見魏仲佑《黃遵憲與清末「詩界革命」》第四章〈黃遵憲詩之藝術〉，臺北：國立編譯館，1994.12，頁 161～250。

【表一】丘逢甲與黃遵憲詩文往來目錄

時間	作者	題　　目	體裁、數量	出　　處
1890	黃遵憲	〈歲暮懷人詩〉	七絕 1 首	《人境廬詩草》〔註 34〕卷 6，頁 550
1898	丘逢甲	〈題黃遵憲人境廬無壁樓聯〉	對　聯	《丘逢甲集》，頁 693
1898	黃遵憲	〈人境廬之鄰有屋數間，余購取其地，葺而新之，有樓巋然獨立無壁，南武山人爲書一聯曰，陸沉欲借舟權住，天問翻無壁受呵，因足成之〉	七律 1 首	《人境廬詩草》卷 9，頁 794
1898	黃遵憲	〈臺灣行〉原稿本無此詩，蓋戊戌回鄉以後所補作。極可能在與丘逢甲見面後所作。	七言古體 66 句	《人境廬詩草》卷 8，頁 687
1898	丘逢甲	〈感事〉20 首（又名〈政變詩〉）應是拜訪黃遵憲後深刻了解維新運動所作。	五律 20 首	《丘逢甲集》卷 4，頁 303
1899	丘逢甲	〈和平里行〉	七言古體 84 句並序	《丘逢甲集》卷 5，頁 322
1899	丘逢甲	〈寄懷黃公度（遵憲）〉	七律 2 首	《丘逢甲集》卷 6，頁 416
1899	丘逢甲	〈致黃公度信〉	書　信	《丘逢甲集》，頁 797
1900	丘逢甲	〈古大夫宅下馬石歌〉	雜言七言古體 27 句並序	《丘逢甲集》卷 7，頁 480
1900	黃遵憲	〈南漢修慧寺千佛塔歌〉	七言古體 90 句並序	《人境廬詩草》卷 10，頁 899
1900	丘逢甲	〈南漢敬州修慧寺千佛鐵塔歌〉	七言古體 76 句並序	《丘逢甲集》卷 7，頁 481
1900	黃遵憲	〈寄懷丘仲閼逢甲〉	七律 1 首	《人境廬詩草》卷 10，頁 883
1900	黃遵憲	〈感事又寄懷丘仲閼〉	七律 2 首	《人境廬詩草》卷 10，頁 884
1900	丘逢甲	〈久旱得雨初霽，飲人境廬，時聞和局將定〉	七律 2 首	《丘逢甲集》卷 7，頁 484
1900	黃遵憲	〈久旱雨霽丘仲閼過訪，飲人境廬，仲閼有詩，兼慨近事依韻和之〉	七律 2 首	《人境廬詩草》卷 10，頁 950
1900	丘逢甲	〈用前韻賦答人境廬主見和之作〉	七律 2 首	《丘逢甲集》卷 7，頁 485

〔註 34〕 本表出處欄所使用的《人境廬詩草》版本爲：錢仲聯《人境廬詩草箋注》上下 2 冊，臺北：源流文化事業公司，1983.4。

1900	黃遵憲	〈再用前韻酬仲閼〉	七律 2 首	《人境廬詩草》卷 10，頁 952
1900	丘逢甲	〈三用韻奉答〉	七律 2 首	《丘逢甲集》卷 7，頁 485
1900	黃遵憲	〈三用前韻〉	七律 2 首	《人境廬詩草》卷 10，頁 955
1900	丘逢甲	〈四用韻奉答〉	七律 2 首	《丘逢甲集》卷 7，頁 486
1900	黃遵憲	〈四用前韻〉	七律 2 首	《人境廬詩草》卷 10，頁 958
1900	丘逢甲	〈雨中游祥雲庵五用前韻〉	七律 2 首	《丘逢甲集》卷 7，頁 486
1900	黃遵憲	〈五用前韻〉	七律 2 首	《人境廬詩草》卷 10，頁 961
1900	丘逢甲	〈六用前韻奉答〉	七律 2 首	《丘逢甲集》卷 7，頁 487
1900	黃遵憲	〈六用前韻〉	七律 2 首	《人境廬詩草》卷 10，頁 964
1900	丘逢甲	〈遊西巖靈境院七用前韻〉	七律 2 首	《丘逢甲集》卷 7，頁 487
1900	黃遵憲	〈七用前韻〉	七律 2 首	《人境廬詩草》卷 10，頁 967
1900	丘逢甲	〈聞歌有憶，八用前韻〉	七律 2 首	《丘逢甲集》卷 7，頁 488
1900	黃遵憲	〈八用前韻〉	七律 2 首	《人境廬詩草》卷 10，頁 969
1900	丘逢甲	〈九用前韻〉	七律 2 首	《丘逢甲集》卷 7，頁 488
1900	丘逢甲	〈十用前韻〉	七律 2 首	《丘逢甲集》卷 7，頁 489
1900	丘逢甲	〈十一用前韻〉	七律 2 首	《丘逢甲集》卷 7，頁 489
1900	黃遵憲	〈和平里行和丘仲閼〉	雜言七言古體 50 句並序	《人境廬詩草》卷 10，頁 1022
1900	丘逢甲	〈寄懷公度（時十二月立春前三日）〉	七律 2 首	《丘逢甲集》卷 7，頁 495
1900	丘逢甲	〈黃公度人境廬詩草跋〉	跋　文	《丘逢甲集》，頁 815 《人境廬詩草》跋，頁 1088
1905	丘逢甲	〈挽黃遵憲聯〉	對　聯	《丘逢甲集》，頁 696

從【表一】丘逢甲與黃遵憲詩文往來目錄中發現，在 1900 年出現一波很明顯的唱和詩歌，一開始應該是黃遵憲〈久旱雨霽丘仲閼過訪，飲人境廬，仲閼有詩，兼慨近事依韻和之〉先主動和丘逢甲原詩〈久旱得雨初霽，飲人境廬，時聞和局將定〉，接著便是一來一往的唱和，多達七疊，最後黃遵憲先收筆於〈八用前韻〉，但丘逢甲仍繼續和作，有〈九用前韻〉、〈十用前韻〉、〈十一用前韻〉三疊共 6 首，與黃遵憲詩歌唱和似乎意猶未盡。另外，1900 年黃遵憲主動和丘逢甲 1899 年的〈和平里行〉，同年丘逢甲〈南漢敬州修慧寺千佛鐵塔歌〉序文：「京卿（黃遵憲）已屬柳介（溫仲和）載入今州志（《嘉應

州志》），復作歌屬予和焉。弔古慨今；遂有斯作。」（頁 481）可知，黃遵憲主動邀請丘逢甲和詩，丘逢甲也非常樂意爲之。總之，黃遵憲應該很欣賞丘逢甲，不然不會主動和詩，丘逢甲也應該非常欣賞黃遵憲，不然不會主動造訪，並唱和到不能收筆的地步。由於，黃遵憲的新派詩早在梁啓超未正式提倡詩界革命以前，即有先行者的姿態，且梁啓超《飲冰室詩話》又多以黃遵憲的詩做爲評價標準和範作，黃遵憲於詩界革命中已是典範的地位，丘逢甲不管是主動還是被動與黃遵憲唱和，便意味著丘逢甲與黃遵憲的交往並非尋常。

以下從兩人唱和往來的詩作內容，進一步分析兩人共同關心的話題，筆者將【表一】目錄所列詩文的內容製成【附錄一】丘逢甲、黃遵憲詩文往來內容彙錄。

三、丘逢甲詩作寄投《清議報》與黃遵憲的關係

光緒 25 年（1899）3 月 11 日，丘逢甲的詩首度見報刊在《清議報》第 12 冊，名爲〈題酸道人風月琴尊圖〉的七言長篇古體詩，這首詩在《嶺雲海日樓詩鈔》中收錄在光緒 24 年（1898），名爲〈題風月琴尊圖爲菽園作〉（頁 302），詩作刊出的前一年，丘逢甲才拜訪過黃遵憲，後作〈感事〉五律 20 首，極力讚揚維新人士，光緒 25 年（1899）康有爲想要拉攏丘逢甲加入庚子勤王的活動，寫信給丘逢甲說：

> 竊不自量，以爲吾嶺海磅礡，有吾兩人，如孟德（曹操）言，所謂使君與操也。……比者臺澎舊侶，潮惠新知，以公號召，必當共濟。
> （康有爲〈與丘逢甲書〉，頁 956～957）

這時，丘逢甲也積極參加自立軍「勤王」的籌備活動，雖然他後來還是退出該活動，但他如此快速與維新保皇派接軌，並進入他們的決策核心，想必有人爲之先引，而此一先引者，想必是黃遵憲。

光緒 26 年（1900）1 月梁啓超提出「詩界革命」的文學，也是文化的宣示。新派詩的活動正式展開，同年丘逢甲二度造訪黃遵憲人境廬，讀完整本《人境廬詩草》，並爲之寫跋，丘、黃二人唱和詩作達到高峰，至此約有 70 首詩的唱和，唱和內容多半針對義和團事件和八國聯軍事件中，朝廷的迂腐至極，人民的落伍迷信，帝國主義的蠻橫殘暴，抒發憤憤不平的感受，並在艱難的時刻互相安慰，以七言律詩的形式進行著。

　　總之，丘逢甲詩作被大量刊載於《清議報》的時間爲光緒 25、26 兩年，共有 17 題 45 首詩作〔註35〕，而丘逢甲與黃遵憲唱和往來最爲頻繁的時間爲光緒 24、25、26 三年，共有 31 題 72 首詩作（參見上表），兩者時間重疊範圍廣，合理推論黃遵憲是引導與啓蒙丘逢甲走上詩界革命的關鍵人物，所以丘逢甲人生際遇上得以與黃遵憲近距離的接觸和交往，實際上幫助了他邁向詩界革命之途的進程，並有效縮短他在詩界革命中熬出頭的時程。保守一點地說，丘逢甲是在與黃遵憲接觸過後，詩作才開始大量見報，才有〈論詩次鐵廬韻〉之「重開詩史作雄談」的文學豪語，也才能搭上梁啓超高喊「詩界革命」的列車。可見，黃遵憲應該是眞正讓丘逢甲在文學上找到著力點的關鍵人物。

四、丘逢甲與黃遵憲爭雄公案

　　丘逢甲選擇與黃遵憲主動親近的原因，自然是肯定黃遵憲嶺東詩壇盟主的地位，徵引兩文爲證：

1. 光緒 25 年（1899）丘逢甲〈與蘭史〉：「嶺東詩人，鄙見當以黃公度首屈，胡曉岑名曦次之。公度海內知者尚多，若曉岑山村寂寞，過問者稀。」（頁 799）

2. 光緒 26 年（1900）丘逢甲〈黃公度人境廬詩草跋〉：「茫茫詩海，手闢新洲，此詩世界之哥倫布也。變舊詩國爲新詩國，慘淡經營，不酬其志不已，是爲詩人中嘉富洱；合眾舊詩國爲一大新詩國，縱橫捭闔，卒告成功，是爲詩人中俾思麥。爲哥倫布，偉矣！足以豪矣！⋯⋯海內之能於詩中開新世界者，公外，僂指可盡。⋯⋯開先之功，已日星河嶽於此世界矣。」（頁 816）

丘逢甲深知黃遵憲的文學實力，他又想趕快打進詩界革命的圈子，以找到文學事業的寄託，於是追隨黃遵憲的文學步伐，部分詩作上可以看出丘逢甲模仿黃遵憲的痕跡，張永芳〈丘逢甲與詩界革命〉說：

〔註35〕光緒 25 年（1899）還刊出了〈雜詩〉1 首（原作有 3 首）、〈苦雨行〉、〈題星洲寓公看雲圖〉、〈題無懼居士獨立圖〉、〈論詩次鐵廬韻〉10 首、〈殺鴉行〉、〈聞海客談澎湖事〉2 首，光緒 26 年（1900）刊出的有〈東山感秋詩六絕句次汀州康步崖中翰詠癸巳題壁八月六日作〉6 首、〈和獨立山人論詩韻二律〉2 首、〈再疊龔字韻五首奉寄星洲香海〉5 首（原〈寄蘭史、曉滄、菽園用曉滄韻〉）、〈與平山近藤二君及同志諸子飲香江酒樓兼寄大隈伯相犬養先生（春官日本東京）〉、〈歐冶子歌贈伊广主人〉等詩。詳情見第三章第二節。

> 丘逢甲讀過《人境廬詩草》後，極力摹擬黃詩風格，也寫下多首描
> 寫海外風物的「新派詩」。如〈七州洋看月放歌〉……其體制、其構
> 思，顯然是摹擬黃遵憲的〈八月十五夜太平洋舟中望月作歌〉。……
> 丘逢甲另一首模擬之作〈海中觀日出歌由汕抵香港作〉，則詠寫了黃
> 遵憲未曾寫到的近代地理知識。〔註36〕

黃遵憲的〈八月十五夜太平洋舟中望月作歌〉收錄於《人境廬詩草》卷5，即
光緒11～15年間的作品，而丘逢甲〈七洲洋看月放歌〉收錄於《嶺雲海日樓
詩鈔》卷7，即光緒26年的作品，這兩首詩的內容題材極相似，黃遵憲早於
丘逢甲10年以上寫成。另外，黃遵憲有〈五禽言〉，丘逢甲有〈禽言〉，這兩
首詩的內容題材也極相似，黃詩寫於光緒26年，丘詩寫於光緒34年，黃詩
早於丘詩8年寫成，也是屬於丘逢甲追步黃遵憲的同題詩作。

　　然而，丘逢甲內渡前在清代臺灣是第一流的詩人，內渡後起初在廣東詩
壇上並沒有什麼名氣，而廣東詩壇的盟主一直由黃遵憲穩坐，丘逢甲似乎企
圖藉著唱和切磋的機會，引起黃遵憲的注意，以提高自己在廣東詩壇的能見
度。證據如下：

1. 光緒25年（1899）丘逢甲〈復菽園〉云：公度謂弟（丘逢甲）詩
   在兩當軒（黃仲則）、師水齋（可能是崔預）之間，不敢謂然。又
   謂已造到大家分位，但喜用小說家言，則不免墜落名家。弟謂吾
   詩不詣大家、名家，但自成吾家耳。（頁793）

2. 光緒26年（1900）丘逢甲〈黃公度人境廬詩草跋〉云：地球不
   壞，黃種不滅，詩教永存，有倡廟祀詩經者，太牢之享，必有一
   席。信作者兼自信也。……海內之能於詩中開新世界者，公外，僂
   指可盡。忽有自海外來與公共此土者，相去只三十西里耳！後賢推
   論，且將以此土為東方詩國之薩摩、長門，豈非快事？（頁816）

3. 洪棄生《寄鶴齋詩話》云：廣東嘉應州黃公度（遵憲），前出使日
   本為參贊，後為湖南道。近年閒住在家，以能詩名；獨據粵之壇
   坫，時鮮出其上者。至邱仙根內渡，始欲「拔趙幟立漢幟」，遂生
   齟齬。文人習氣，迄今猶然；甚無謂也。〔註37〕

〔註36〕 張永芳〈丘逢甲與詩界革命〉，《中國古代近代文學研究》，1990年第9期，北
　　　　京：中國人民大學書報資料中心，頁277。
〔註37〕 洪棄生〈寄鶴齋詩話〉，臺北：臺灣銀行經濟研究室，《臺灣文獻叢刊》第304

丘逢甲、黃遵憲到底有沒有惡意較勁，單靠上述資料很難下定論，但看起來
似乎丘逢甲比較有患得患失的心態，這件公案在當時引起相當的注意，1900
年冬天，人在南洋的康有爲，爲調和在廣東的丘逢甲、黃遵憲寫詩互相爭雄
的問題，寫了 3 首七言絕句〈聞邱仙根工部歸里，與黃公度京卿各爭詩雄。
文人結習，別開蠻觸，以詩問訊，且調之〉，此詩原題爲〈聞邱仙根工部歸里，
與黃公度京卿各爭詩雄致不睦。文人結習，別開蠻觸。國危矣，尚如此，二
君皆吾舊交，以詩托邱舍人致意問訊，且調之〉，詩的內容爲：

> 五嶺峥嶸矗兩峰，詩壇滕薛日爭雄。
>
> 如斯蠻觸原風雅，只恐山河在割中。
>
> 亡國原爲好詩料，保身最好托詞章。
>
> 只愁種滅文同滅，佳集雖傳亦不長。
>
> 回首故鄉歌大風，飛揚猛士爲誰雄。
>
> 陸沉應作反招隱，可惜閻浮國土空。〔註38〕

康有爲委婉地規勸丘逢甲、黃遵憲，以國家大局爲重，切勿因爲逞個人一己
之私利與虛名，而忘記知識分子救國救民的重責大任。這件事也可參考丘煒
萲〈揮塵拾遺〉卷四云：

> 黃君落落大方，芒寒色正；邱君嘎嘎獨造，骨老氣蒼。善月旦者，
> 仍未敢輕爲軒輊。乃仲閼豪氣未除，高臥百尺樓上，目公度爲第二
> 流。公度不服，互有辯論，大生嫌隙。康更生水部時居海外，聞而
> 嗤之，寄以詩云。〔註39〕

丘煒萲說康有爲所寄的詩即爲〈聞邱仙根工部歸里，與黃公度京卿各爭詩雄。
文人結習，別開蠻觸，以詩問訊，且調之〉七絕 3 首。但若根據康有爲《萬
木草堂詩集》的手稿本或抄本（上海人民出版社，1996 年 7 月），會發現康有
爲當初在此詩下有一眉批云：「仙根其人，心胸甚窄，睚眦必報，現其人尚生，
此詩似不必使其見。」可知丘逢甲在與黃遵憲爭雄的傳聞中，丘逢甲給予人
家的觀感是比較負面的。

種《寄鶴齋選集》，1972，頁 217。

〔註38〕　康有爲《大庇閣詩集》，《康南海先生詩集》第 2 輯，臺北：文海出版社，1975，
　　　　　頁 45～46。

〔註39〕　由於《丘逢甲集》所附〈揮塵拾遺〉並非完整版，而臺灣也不容易找到完整
　　　　　版，只好轉引自丘鑄昌〈試論丘逢甲與康、梁、黃之關係〉，《學術研究》，2001
　　　　　年第 2 期，頁 121。

　　丘逢甲與黃遵憲爭雄公案到底眞相如何，目前所知有限。但可確定的是後來兩人的互動仍然存在，沒有因此交惡。光緒 28 年（1902）黃遵憲〈致梁啓超書〉云：

> 徵詩必有佳作，吾代徵之倉海君，即忻然諾，我聞已有〈新樂府〉二三十寄去。事徵之十年以來，體略仿十七字詩云，收到否？此公又以〈汨羅沉〉四篇附寄，乞察存。……
>
> 項已將拓本（菊花硯）示滄海君，渠甚高興。（此君詩眞天下健者，渠自負曰：「二十世紀中，必有刻黃、邱合稿者。」又曰：「十年之後，與公代興。」論其才調，可達此境，應不誣也。）吾集中固有與公交涉之詩，丙申四月有贈詩六首，（似曾錄以示公，或是時公意不屬，忘之矣。）〔註40〕

以上文字可以明顯看出，黃遵憲對丘逢甲的提攜有加，且黃遵憲刻意要拉近丘逢甲與梁啓超的距離，因爲丘逢甲與梁啓超一直沒有直接的互動關係，且《清議報》在日本創刊，而黃遵憲又具有日本經驗，與梁啓超私交甚篤，因此推論，丘逢甲發表於《清議報》的詩作應該是在黃遵憲的建議或幫忙之下，才成行的，也或許在日本的梁啓超是看在黃遵憲的面子上，才刊出丘逢甲的詩作也不一定。還有一點很難能可貴，黃遵憲面對丘逢甲的誇口自負和善意的較勁，似乎不以爲意，反而以平常心和欣賞、包容、諒解的態度，肯定丘逢甲的詩藝，這更化解了丘、黃之間可能產生的尷尬，也打破中國自古「文人相輕」的慣例。

　　從以上種種跡象顯示，黃遵憲可說是帶領著丘逢甲進到詩界革命中的關鍵人物，從啓蒙、切磋、推薦到互相較勁，黃遵憲算得上是丘逢甲在內渡後詩國世界裡的貴人與恩人。

〔註40〕黃遵憲著，吳振清、徐勇、王家祥編校《黃遵憲集》下冊，天津：天津人民出版社，2003.10，頁 500、502。

第三章　丘逢甲「詩界革命」的積極參與及藝術實踐

　　丘逢甲內渡後的第一、二年（1895、1896）仍處於抑鬱失志的心境，但隨著第二年冬天恢復「在籍京官」的身分後，心情才稍見回復，也才漸漸具有社會聲望。由於臺灣民主國功敗垂成的後續效應影響所及，內渡後的丘逢甲挾著其悲劇英雄之姿，在中國大陸贏得一定的聲譽，光緒25年（1899）康有為〈與丘逢甲書〉說：

> 聞盛名高義久矣。蒼葛之呼，震動宇宙，事雖不成，義暴天下。當時僕在京師，側慕之私，甚願執鞭焉。後在桂林與唐薇帥往來，具審執事大才，益增想望。（頁956）

丘逢甲〈論詩次鐵廬韻〉也自認「四海都知有蟄庵」，足見丘逢甲在中國大陸也並非沒沒無聞之輩。而中國大陸的文人表面上可能會恭維丘逢甲的抗日事蹟，但實際上有可能會將他視為外來者或難民，客氣一點的說法，稱他們為「客」。光緒24年（1898）丘逢甲〈自笑〉說：

> 自笑婆娑大海南，名山無地築茅庵。艱難鄉物愁都米，憔悴文心贅客談（潮人謂臺米曰都米，以臺號東都也。又臺人內渡者皆目之曰客）。細雨夢尋荒逕菊，微霜饞憶故園柑。年來憂患才思損，已似稽康七不堪。（頁282）

本身就是客家人，現在又被客家族群視為「客」，想必丘逢甲短時間之內很難真正打進當地知識份子的社交圈。

　　況且，當時廣東文壇或嶺南地區早有知名的文人和團體，根據管林《嶺

南晚清文學研究》的分類，在詩界革命新派詩和革命派文學代表的南社，皆尚未凝聚成一股勢力之前，也就是丘逢甲初至廣東之時，晚清廣東傳統詩方面的文學勢力有：

> 一、粵東詩人群：（一）以張維屏、黃培芳、譚敬昭為代表的「粵東三子」。（二）學者詩人群：譚瑩、陳澧、梁鼎芬、曾習經。
>
> 二、客家詩人群：（一）長期仕宦在外的詩人：丁日昌、丁惠康、何如璋。（二）固守本土的詩人：胡曦。〔註1〕

以上的文學群體不僅在廣東地區，甚至在全國已經享有盛名，讓內渡後像難民一般的丘逢甲，立刻顯得暗淡無光，他若想要立刻打進舊有的廣東文學圈子中，顯然可行性不高，除非剛好有個正要起步的新興文學潮流出現，而這個潮流的理論也大致上符合自己的期待，他才可能有機會施展詩藝，在新興的文學流派中爭取到發言權與能見度。

在丘逢甲內渡後的頭一、兩年內，他所創作的詩作中不時地流露出三種焦慮：一是怕被誤會貪生怕死的焦慮，二是怕被臺灣人民遺忘的焦慮，三是怕不被中國大陸文人看在眼裡的焦慮。第一種焦慮和第二種焦慮都是因為臺灣民主國事件的後續效應，已經成為事實，很難挽回，造成丘逢甲的「遺民」、「去國懷鄉」等情結〔註2〕，前文已有提及。第三種焦慮卻可透過自己的努力加以改善或撫平，在新興的文學流派中，其後續會發展成如何未可知，是可以全力經營的，剛好可以彌補丘逢甲內渡後「英雄失路」的空虛，從詩中可以感受到丘逢甲希望獲得大陸人士認同和肯定的心境，光緒 22 年（1896）〈客邸晚懷〉云：

> 西山殘照下城陰，蕭瑟天涯客思深。風雨暖寒諸弟夢，關河眠食老親心。消磨俠膽猶看劍，留戀同聲未碎琴。繞遍南枝何處借？夜烏

〔註1〕 管林《嶺南晚清文學研究》第三章第一節〈晚清嶺南傳統詩歌的新變和貢獻〉，廣州：廣東人民出版社，2003.11，頁 120～157。

〔註2〕 丘逢甲《嶺雲海日樓詩鈔》自比為「遺民」的詩有：〈答臺中友人〉「湛身難訴遺民苦，殉義誰彰故部賢」、〈抵饒平作〉「舊俗仍高髻，遺民半客音」、〈仙屏中丞見和前詩，感事述懷，疊韻奉答〉「鹿走鴻哀嗟滿目，更誰抗疏恤遺民」、〈聞海客談澎湖事〉「我為遺民重痛哭，東風吹淚溢春潮」、〈和曉滄買犢〉「遺民痛貽禍，恨欲食其肉。至今亂未已，東望為痛哭。」、〈離臺詩〉署名「海東遺民」。出現「去國懷鄉」的詩有：〈舟入梅州境〉「平生去國懷鄉感，只合江頭醉十分」、〈仙屏中丞見和前詩，感事述懷，疊韻奉答〉「涼波渺渺粵江清，去國懷鄉此日情」。

啼急正投林。

> 百粵山河霸氣涼，干戈初定客還鄉。愁心似海猶添水，短鬢驚秋早
> 欲霜。醉尉徑能欺李廣，冷曹應共笑馮唐。豪情倜儻銷難得，又聽
> 城笳送夕陽。（頁 208）

雖然此詩內容主要是描述丘逢甲內渡後留戀臺灣，沒有歸屬感的心情，但「干
戈初定客還鄉」後的他仍必須面對現實，重新振作起來，因此「繞遍南枝何
處借？夜鳥啼急正投林」兩句點出丘逢甲想要快點安定下來，希望有個可以
寄託、依靠的棲息地。

　　此外，他也知道當下中國的政治潮流在維新運動上，但他也並非一開始
就支持維新運動，光緒 22 年（1896）丘逢甲〈長句贈許仙屏中丞並乞書心太
平草廬額，時將歸潮州〉云：

> ……籌邊賴有重臣在，朝廷南顧今無憂。自從互市啟海禁，一衣帶
> 水連五洲。驅雷策電馭水火，碎裂大地分全毬。恃其弔詭肆要挾，
> 但有槃敦無共球。縱橫捭闔等戰國，勢將迫我爲宗周。況乃東粵本
> 始釁，門庭伏寇森戈矛。邇來颶車欲西動，更虞瞰我從上游。威之
> 不畏德不感，中樞術已窮懷柔。海南萬里得安堵，所恃元老能壯猷。
> 方今議者利變法，我法不用寧非羞？況有治人無治法，若爲國計宜
> 人求。……（頁 217）

詩中表達他對晚清政治改革的看法，其中「況有治人無治法，若爲國計宜人
求」說明人才不足、用人不當才是當今政治敗壞的主因，而維新變法只是治
標不治本的改革方法。其他像〈仙屏中丞見和前詩，感事述懷，疊韻奉答〉
「黃塵遮斷海天春，劫外餘生倍愴神。國豈尚文方積弱，士爭橫議欲維新。
陸沈應咎王夷甫，道隱思爲賀季眞。鹿走鴻哀嗟滿目，更誰抗疏恤遺民。」
（頁 220）、〈送何士果同年（壽朋）之京，兼寄懷梁詩五孝廉〉「徵書鄭重逮
巖阿，伊呂欣聞有特科（時方有詔求經濟之士）。走馬笑看人應詔，奔鯨愁說
海揚波。梁鴻伏處觀時切，黃琬登朝薦士多（謂黃公度廉訪兩君均予闈後將
訪黃于長沙）。長我不才閒撫劍，十年燕市負悲歌。」（頁 257），也都流露出
對維新運動的疑慮。可見，丘逢甲內渡後的頭幾年，在政治改革上並不特別
支持維新變法的運動。

　　但是，從上一章第二節的分析來看，〈雜詩〉（頁 183）、〈苦雨行〉（頁
187）、〈日蝕詩〉（頁 244）、〈次韻答陶生〉（頁 278）、〈東山酒樓放歌〉（頁

386)、〈題菽園看雲圖〉（頁 410）、〈元旦試筆〉（頁 433）、〈哭李芷汀〉（頁 443）、〈北望〉（頁 499）、〈爲潮人士衍說孔教于鮀浦，伯瑤見訪有詩，次韻答之〉（頁 514）、〈題滄海遺民臺陽詩話〉（頁 546）、〈放歌次實甫將別嶺南韻〉（頁 578）、〈七疊韻答來詩意〉（頁 582）、〈前詩多見和者，所懷未盡，復次前韻〉（頁 676）……等詩作，都透露了丘逢甲對帝制的維護與支持維新運動的言論，這些詩作從卷 2 到卷 12，幾乎每一卷都有，也就是說丘逢甲從 1896 年至少到 1909 年期間，都是支持尊王保皇的維新思想的。尤其從卷 4（光緒 24 年、戊戌、1898）開始，就可以看到丘逢甲政治立場的明顯轉變，這一年也是他主動造訪黃遵憲「人境廬」的一年，他在詩中積極的宣揚維新運動的理念，例如〈感事〉：「莫向帝鄉問，南陽多近親。未能成革政，相厄有尸臣。廟算歸權戚，宮符付椓人。空教天下士，痛哭念維新。」、「萬里堯城望，天涯憶聖君。皇綱先紐解，國勢近瓜分。當道嚴鉤黨，無人議合群。臣民四萬萬，王在更誰勤？」、〈哭李芷汀〉：「地下鬼雄應問訊，中原如沸未維新」、〈海中觀日出歌，由汕頭抵香港作〉：「完全主權不曾失，詩世界裏先維新」……等詩句，直接表明認同維新運動的主張。但要讓自己打進維新運動所屬的文學團體中，並佔有一席之地，就要好好經營一番了。首先是人脈的經營上，其次是善用自己的寫詩功力來表現自己的實力。

本章首先探討丘逢甲與維新人士文學往來的情形，從丘逢甲《嶺雲海日樓詩鈔》的詩作中，全面統計與丘逢甲以詩歌唱和或應酬的朋友的總數，總量掌握好後，再分析朋友群中與維新運動相關的人士裡面，酬唱的內容有哪些題材，交往的深度如何，證明內渡後的丘逢甲其社交圈主要以維新運動人士或曾經支持過維新運動的人士爲重心。其次，就詩界革命主要發表園地《清議報》（1898.12.23～1901.12）、《新民叢報》（1902.2.8～1907.11.20）、《新小說》（1902.11～1906.1），搜尋丘逢甲寄投這些報刊的詩作，並進行異文、數量、形式、內容題材等方面的分析，證明丘逢甲爲了能在詩界革命新派詩的文藝圈中佔有一席之地，寫作上確實下了一番苦心，而自己的寫作專長也替詩界革命推動的初期，做出了獨特的貢獻。除了第一、二節提到的兩類詩作之外，最後針對《嶺雲海日樓詩鈔》中的符合詩界革命要求的詩作，而又不屬於唱和之作，並未曾見諸報端的作品，做一番歸類分析，讓丘逢甲參與詩界革命的積極性與藝術實踐，能更清晰地被認識。

第一節 丘逢甲與維新派友人的交往與唱和

丘逢甲的朋友中，以維新派友人佔多數，與其交往和唱和的情況很密切與頻繁，其中他與維新派的重要人物康有為、梁啓超、黃遵憲等人的往來，自然兼有文學與政治方面的雙重考量。由於丘逢甲與黃遵憲的交往過程，上一章第三節已經討論過了，此處不再重複，而與梁啓超的交往過程，至今尚未見到直接往來的證據，只見《清議報》與《新民叢報》曾刊登或評論過丘逢甲的詩作，這也無法證明梁啓超與丘逢甲有直接往來的紀錄，但是透過黃遵憲與丘逢甲的交往過程可以見到，梁啓超與丘逢甲有間接往來的紀錄，其中的媒介就是黃遵憲，這點前文大致也已經論述過了。而丘逢甲與康有為、其他維新派友人的交往又是如何？將是本節討論的重點。

一、與康有為的交往經過

丘逢甲與康有為、梁啓超的結識，比與黃遵憲的結識來的晚，黃遵憲是丘逢甲於光緒 15 年（1889）在北京參加會試時就認識的，而康有為、梁啓超則是到了光緒 24 年（1898）戊戌政變後，透過朋友的牽線，丘逢甲才與流亡海外的康有為、梁啓超接觸，而最密切的時候是光緒 26 年（1900）共同參與唐才常自立軍「勤王」起義的前夕。丘逢甲與康有為、梁啓超、黃遵憲的交往，可參見丘鑄昌〈試論丘逢甲與康、梁、黃之關係〉、曾一民〈丘逢甲內渡後與維新派和革命派之交往〉等文〔註 3〕。此處要談的主要是與康有為的交往，丘逢甲儘管後期少數幾年的期間，在情感上同情革命派，但畢竟沒有與黃遵憲、梁啓超有交惡的情形發生，可是丘逢甲跟康有為最終的結局是變成仇人〔註 4〕，可見丘逢甲跟康有為的交往非比尋常。

導致丘逢甲與康有為正式交惡的關鍵是劉士驥被殺的事件，劉士驥，字銘伯（又作銘博、鳴博），廣東龍門縣人，任廣西後補道，是丘逢甲內渡後結

〔註 3〕 丘鑄昌〈試論丘逢甲與康、梁、黃之關係〉，《學術研究》，2001 年第 2 期，頁 118～123。曾一民〈丘逢甲內渡後與維新派和革命派之交往〉，《丘逢甲研究 ——1984 年至 1996 年兩岸三地學者論文專集》，臺北：世界丘氏文獻社，1998，頁 185～202。

〔註 4〕 宣統元年（1909）丘逢甲〈挽劉銘伯聯〉寫說：「貪夫徇財，烈士徇名，公得名矣；聖人不死，大盜不止，孰能止之？」（頁 697）一般認為，句中「貪夫」、「大盜」影射康有為，由於好友劉士驥被保皇人士殺害，丘逢甲對幕後主使者康有為很不能諒解，從輓聯中感覺到丘逢甲對康有為的不滿，想必之前兩人未交惡時，必有一段深交，才導致這般下場。

交的至友之一，本論文下文分析丘逢甲內渡後最重要的前 10 位維新派朋友中，劉士驥是其中之一。丘逢甲寫給劉士驥的唱和詩作有 1903 年〈題劉銘伯制科策後〉、1905 年〈龍門之桐行，贈劉銘伯〉和〈寄劉銘伯〉、1908 年〈送劉銘伯之美洲〉，並且丘逢甲 1906 年丙午日記片斷 8 月初 10 日、11 日兩天，也寫到與劉士驥交情匪淺的互動〔註5〕。劉士驥與康有為同是癸巳科舉人，私交不錯，康有為流亡海外後，為籌措政治活動經費，想藉助劉士驥與清廷官方不錯的關係，集資興辦「振華實業公司」，並由劉士驥、歐榘甲負責海外華僑的集資工作。1908 年劉士驥奉命赴美洲招股，實收股本達 100 萬，成效卓著，康有為因而想將「振華實業公司」視為保皇會的公產，成為政治活動的經濟來源。劉士驥不願在經濟上受制於康有為，便對外披露保皇會經營商務的內幕，以及騙取華僑資助的行徑，引起保皇會的怨恨。1909 年 5 月 27 日，劉士驥在廣州寓所被 8 名刺客殺害，其子劉作楫聲討康有為等維新人士，丘逢甲也向兩廣總督呈文緝拿兇手。此後，丘逢甲便不再涉入任何保皇會的活動中。〔註6〕

　　從前面康有為〈與丘逢甲書〉內容中可知，康有為是基於政治目的，而

〔註5〕 1903 年〈題劉銘伯制科策後〉：「米雨歐風捲地來，有人策馬上金臺。空彈賈誼憂時淚，共惜劉蕡下第才。書劍南歸滄海闊，河山北望戰雲頹。太平策在終須用，且抱鄉心付嶺梅。」「早聞聲價重龍門，一疏轟傳叩九閽。吾輩當為天下計，此才豈藉特科尊！愁邊在陸龍蛇起，夢裏當關虎豹蹲。誦罷高文雜喔喔，何時對舞共劉琨！」（頁 532）、1905 年〈龍門之桐行，贈劉銘伯〉：「龍門之桐斲為琴，冰絲玉徽音古音。琴師攜奏九天上，繁絃急管聲為瘖。百神觴帝宜有此，不信天樂翻崇今。五尺之囊裁古錦，韜以南下江湖深。明堂清廟非不用，且用邦國坊民淫。鷗鴉在泮鷥在林，鳳皇不來愁人心。誰扶孤陽抑群陰，嗟哉琴德何愔愔！」（頁 535）、〈寄劉銘伯〉：「昨夢君從海上歸，十峰軒畔解征衣。覺來江浦潮初上，夜半開門月滿扉。」（頁 541）、1908 年〈送劉銘伯之美洲〉：「輕裝又別五羊城，海日瞳瞳送客程。六月扶搖鵬未息，看君舟繞地球行。」「西海之西東海東，有洲懸立地球中。此行遍布尊親義，為道中天日月同。」「不敲開國自由鐘，不為尋洲踵閹龍。喚起黃人思祖國，海天長嘯落磯峰。」「九萬征程走使車，一言九鼎信非虛。不須十部賢從事，齊拜劉公一紙書。」（頁 595）。又丘逢甲 1906 年丙午日記片斷 8 月初 10 日：「五月十六夜夢劉銘伯自南洋回，覺後得句云：『昨夢君從海上歸，十峰軒畔解征衣。覺來江浦潮初上，夜半開門月滿扉。』」、8 月 11 日：「銘伯甚早來，相見於十峰軒，因取昨所寫詩與之。此軒自開學務處，即為辦事之所，今改在抗風軒矣。已刻回中學堂。」（頁 898）

〔註6〕 徐博東、黃志平《丘逢甲傳》第四章〈政教兼預，傾向革命〉，臺灣：海峽學術出版社，2003.9，頁 222～226。

接近、拉攏丘逢甲的。丘鑄昌〈試論丘逢甲與康、梁、黃之關係〉一文進一步指出，康有為〈與丘逢甲書〉眞正目的就是邀請丘逢甲至香港會面，同年（1899）年底兩人確實在香港見面，丘逢甲並同意參加自立軍「勤王」事。光緒 26 年（1900）正月和 2 月，康有為、丘逢甲分別先後到達新加坡，並在丘煒萲的安排下再度見面，這一時期，康有為《大庇閣詩集》中提及丘逢甲的詩共有 2 題 6 首〔註7〕，如〈庚子正月二日避地星坡，菽園為東道主。二月廿六遷出他宅，于架上乃讀菽園所著《贅談》，全錄余《公車上書》，而加跋語，過承存嘆，滄桑易感，亡人多傷，得三絕句，示菽園並丘仙根〉七絕 3 首、〈聞邱仙根工部歸里，與黃公度京卿各爭詩雄。文人結習，別開蠻觸，以詩問訊，且調之〉七絕 3 首。丘逢甲與康有為的交往有了更進一步的發展，丘逢甲表示願意在「勤王」起義之際，具名簽發由保皇會擬定的保護外人佈告，此事也見於光緒 26 年（1900）3 月 10 日梁啓超〈致梁君力〉，和 1900 年 6 月康有為〈致徐勤等書〉中，詳情也可參見桑兵《庚子勤王與晚清政局》〔註8〕。此外，康有為在 1900 年丘逢甲與黃遵憲爭雄的傳聞中，扮演了調和者的角色，可見丘逢甲這位加入維新派不算太久的份子，多麼獲得康有為的重視，詳見前文（第二章第三節）。

按照丘逢甲與康有為曾經如此密切的互動來看，丘逢甲《嶺雲海日樓詩鈔》竟沒有留下任何一首與康有為唱和的詩，確實有些不合理。丘鑄昌〈試論丘逢甲與康、梁、黃之關係〉推論，隨著後來丘、康交惡，丘逢甲不願將自己與康有為交往的詩留存人世，這些詩作應該已經被丘逢甲有意地焚毀了。丘鑄昌這個推論的可能性極大，只是目前尚缺少直接證據。

二、《嶺雲海日樓詩鈔》的酬唱性質

除了黃遵憲、梁啓超、康有為等維新人士之外，丘逢甲還跟哪些有維新派色彩的人士有交往呢？以下即從丘逢甲唱和詩作中來篩選。《嶺雲海日樓詩鈔》的完整版本，根據《丘逢甲集》經過五次編輯後訂為 721 題 1858 首詩，

〔註7〕 丘鑄昌〈試論丘逢甲與康、梁、黃之關係〉一文說尚有〈容純甫觀察、丘仙根總統、王曉滄廣文來訪星坡，與林文慶議員並集南華樓，林君贈我西文詩，即席答之，並索丘、王二子和作〉一首，但經筆者檢閱《大庇閣詩集》後並無發現此詩。

〔註8〕 梁啓超〈與梁君力書〉，張品興編《梁啓超全集》第 10 冊第 20 卷，北京：北京出版社，1999，頁 5921。桑兵《庚子勤王與晚清政局》第六章〈臺灣民主國內渡官紳〉，北京：北京大學出版社，2004.4，頁 213～237。

要探討丘逢甲的交遊，可從詩作酬唱往來的名單與數量中，得到可信的數據。所以本節就將《嶺雲海日樓詩鈔》721 題 1858 首詩，按照唱和對象姓名筆畫的順序，統計出丘逢甲內渡後詩友名單，唱和詩友的人數約有 205 家，唱和詩作數量爲 545 題 1058 首詩作，詳細目錄參見【附錄二】《嶺雲海日樓詩鈔》唱和詩目錄。對照《嶺雲海日樓詩鈔》721 題 1858 首詩的總量，唱和之作超過《嶺雲海日樓詩鈔》的一半以上，分別有次韻詩、贈答詩、題畫詩、題書詩……等類型，先不論唱和內容有哪些題材，可以這樣說，《嶺雲海日樓詩鈔》算是一本帶著酬唱性質的詩集，從【附錄二】《嶺雲海日樓詩鈔》唱和詩目錄可看到，丘逢甲多半透過朋友之間的互動往來，表現自己的思想情感，並拓展自己的人脈，內渡後的他需要被新的朋友群了解、接納、肯定、欣賞，呼應了他內渡後急欲「重開詩史作雄談」的企圖。例如丘逢甲內渡之初，遭遇「進士造反案」的官司，承蒙廣東巡撫許振煒大力相挺，1896 年丘逢甲寫給許振煒的詩〈仙屏中丞見和前詩感事述懷疊韻奉答〉云：

> 涼波渺渺粵江清，去國懷鄉此日情。簾下君平宜賣卜，酒邊同父尚論兵。上書曾隕孤臣淚，懷刺新投釣客名。一事告公同歎息，不如蠶種是行成。

> 天南寥落得新知，講學仍思更下帷。四海有人休痛哭，九州無事且談詩。貰隣桂樹秋風早，大庾梅花臘雪遲。但有當歸宜寄贈，不須遠志說羌維。（頁 220）

〈再疊前韻奉答仙屏中丞〉云：

> 沈鬱雄心公已知，胥濤聲急撼秋帷。哀思故國蘭成賦，喪亂中年杜老詩。遐擬神方尋許邁，漫將文筆賞丘遲。西風獨灑傷時淚，淪落天涯愧縶維。（頁 221）

詩中「一事告公同歎息」、「天南寥落得新知」、「沈鬱雄心公已知」等句，流露丘逢甲需要被了解的心情，「懷刺新投釣客名」、「大庾梅花臘雪遲」、「遐擬神方尋許邁，漫將文筆賞丘遲」等句，表達丘逢甲希望被接納和賞識的想法。

《嶺雲海日樓詩鈔》1058 首唱和詩中約有 485 首次韻詩，次韻詩是詩人甲先寫了一首原詩，並沒有特別要求其他人和作，這首原詩被詩人乙讀後，產生感觸，詩人乙便主動依韻和作詩人甲的原詩，是標準的和詩體。「和詩」傳統從唐代就已經形成，詩人和詩常見的幾種寫作題材，據陳鍾琇《唐代和

詩研究》分析，有寓直、科考、幕府、遊賞、戲作、逞才使能、其他等七種，
並說到：

> 姑且不論次韻詩的缺點而換個角度思考，也正由於和韻詩在詩歌形
> 式上，主要以和原詩韻來增加詩人唱和往返交往的文學遊戲趣味，
> 雖不免有逞才較量的意味，然而因形式固定，遂也行之於後代詩
> 壇，成爲詩人唱和運用的一種詩歌形式，如大陸學者許總在《唐詩
> 體派論》一書便認爲，次韻詩的規範化形式到了宋代的詩壇造成更
> 多詩人寫作次韻詩來交往唱和，至今亦成爲中國詩歌史上未可移易
> 的固定化體類。〔註9〕

可知次韻詩基本上就是基於社交需要而產生的一種常用詩體，在結交朋友、
切磋詩藝、抒懷議論之餘，其逞才使能、相互較量的色彩尤其濃厚。而丘逢
甲《嶺雲海日樓詩鈔》1058 首唱和詩中，有 485 首次韻詩，比例將近一半，
既然寫了這麼多的次韻詩，當然其寫作動機就是要在詩友中，突顯自己的藝
術才華，或許丘逢甲無意炫耀什麼，但應該有尋求詩友們肯定認同的意味，
不願讓人專美於前，而恥居人後的心理因素。所以《嶺雲海日樓詩鈔》不管
是愛國主義的詩集，還是懷念臺灣的詩集，從唱和的角度看，算是一本酬唱
性質的詩集。

三、酬唱常用的文學形式

　　茲將【附錄二】《嶺雲海日樓詩鈔》唱和詩目錄，共 545 題 1058 首酬唱
詩作，整合後大致情況如下表：

【表二】《嶺雲海日樓詩鈔》唱和詩作數量與形式統計表

年　　代	《嶺雲海日樓詩鈔》的卷數	唱和人數（人）	詩作題數（題）	詩作數量（首）	五古（首）	七古（首）	雜言（首）	五律（首）	七律（首）	五絕（首）	七絕（首）
1895	卷 1	7	11	22	3	1	0	12	2	1	2
1896	卷 2	20	39	75	1	3	1	14	26	4	26
1897	卷 3	15	18	36	0	2	0	4	17	0	13
1898	卷 4	23	39	114	3	4	0	6	64	5	32

<hr>

〔註 9〕 陳鍾琇《唐代和詩研究》第五章第二節〈文人和詩中常見之主題事件〉，臺北：
　　　　秀威資訊科技公司，2008.4，頁 343～352。

1899	卷 5	50	146	293	7	41	4	31	98	0	110
1900	卷 6	35	64	137	1	6	1	8	58	8	55
1901～1902	卷 7	21	32	75	0	9	1	1	19	0	45
1903～1904	卷 8	7	7	12	0	0	1	0	3	0	8
1905～1907	卷 9	33	51	97	0	6	2	3	75	0	29
1908	卷 10	25	59	97	1	0	10	0	65	1	17
1909	卷 11	17	20	38	0	4	1	1	28	0	4
1910～1912	卷 12	21	34	62	0	7	0	1	25	0	29
總　計			520	1058	16	83	21	84	480	19	370

丘逢甲的唱和詩作中，七言律詩 480 首是他社交酬唱的最常用體裁，《嶺雲海日樓詩鈔》詩作中有很多次韻詩，也就是別人先寫一首詩，他看了有感而發，根據該詩的韻腳而作，但如果不是有一定的把握和很深的感觸，他大可選擇不主動次韻，所以從他在唱和時所常用的體裁來推論，七言律詩應該是他較有把握的形式。丘逢甲的密切詩友丘煒萲也認為，丘逢甲的七律寫得最好，雖然丘逢甲對自己的七古最自豪，丘煒萲〈揮麈拾遺〉說：

> 仙根詩各體皆佳，才氣亦大。全集自以七律為上駟，挽強命中，號飛將軍。其所自許仍在七古。余則終嫌其魄力未厚，且有墜小家數處。如題余兩圖，句句不脫題字是也。……若詩則古來大家，實無此格，因其有競病聲律之拘，一涉點題，未免多所遷就，……又七古如非長慶體，雖不限定對偶，然長篇通首數十韻竟至無一偶句，究患局弛。觀仙根全集，盡坐此弊，而己不知，是亦失於自檢之過。
>
> （頁 965）

且先不論丘煒萲的評論正確與否，但可知丘煒萲欣賞丘逢甲七律諸作的遠超乎其七古。

　　從上表還可得知，光緒 25（1899 年）、26（1900 年）年唱和人數、詩作數量之多達到其生平作詩之高峰，這兩年剛好是丘逢甲與維新派人士往返最密切的時期，期間包括秘密赴香港與康有為會面，至新加坡與康有為唱和，參與庚子勤王的策劃，與黃遵憲唱和，也是丘逢甲寄投詩作於《清議報》最頻繁的期間，詳情見下一節的表格。所以，丘逢甲人脈最廣的時期，便是與維新派走的最近的時期。

四、詩友中的維新派人士

在《嶺雲海日樓詩鈔》545 題 1058 首的唱和詩作中，以唱和人物的頻繁程度來排列，由唱和多到寡的全部排序，如【附錄二】《嶺雲海日樓詩鈔》唱和詩目錄。茲從【附錄二】選出與丘逢甲唱和最頻繁的前 33 位，數量排行如下表：

【表三】《嶺雲海日樓詩鈔》唱和對象的排行與統計

排行名次	詩友姓名	題數	首數	五古（首）	七古（首）	雜言（首）	五律（首）	七律（首）	五絕（首）	七絕（首）	文、聯
＊1	王恩翔	36	108	9	3	0	7	19	8	62	
＊2	潘飛聲	27	50	0	4	1	1	26	0	19	3
＊3	夏同龢	20	32	2	6	0	2	11	0	11	
4	王人文	19	23	0	0	0	0	23	0	0	
5	莊學忠	16	24	0	2	0	4	4	0	14	
＊6	易順鼎	16	21	0	1	1	0	18	1	0	
7	謝道隆	15	32	3	1	1	13	5	1	8	1
＊8	黃遵憲	15	28	0	1	1	0	26	0	0	4
＊9	蕭伯瑤	15	17	0	10	0	0	4	1	3	
10	覃壽堃	13	76	0	0	0	2	60	0	6	
＊11	丘煒菱	11	32	0	3	0	0	17	0	12	12
＊12	沈守廉	8	30	0	4	0	10	6	0	10	1
13	許南英	7	23	0	0	0	2	17	0	4	
＊14	許振煒	7	14	0	2	0	0	12	0	0	
15	鍾穎陽	6	24	0	2	0	0	0	0	22	
16	林伯虔	6	8	0	1	0	0	1	0	6	
17	劉鏡塋	6	7	0	1	0	0	2	0	4	
＊18	裴景福	5	9	0	1	0	0	4	0	4	1
＊19	況仕任	5	8	1	0	1	0	6	0	0	
20	馬兆麟	5	7	0	0	0	0	2	0	5	
21	朱爾田	5	5	0	1	0	4	0	0	0	

22	沈友卿	4	13	0	0	0	0	2	0	11	
23	馬維騏	4	13	0	0	0	0	5	4	4	
24	丘誥桐	4	12	0	0	0	0	4	0	8	1
25	茹慶詮	4	10	0	0	0	8	2	0	0	
*26	梁居實	4	10	0	0	0	4	3	0	3	1
27	高嘯桐	4	9	0	0	0	0	3	0	6	
*28	劉士驥	4	8	0	1	0	0	2	0	5	1
29	蕭永華	4	7	0	2	0	0	5	0	0	
*30	李士彬	4	6	0	2	0	0	4	0	0	
*31	湯壽潛	4	6	0	0	0	0	6	0	0	
*32	陳喬森	4	4	0	0	0	1	2	0	1	
33	蔣式芬	4	4	0	0	0	0	3	0	1	
	總　計	311	680	15	48	5	58	304	15	229	

其中打＊號的就是該人士傾向維新，或曾經支持過維新運動，包括王恩翔、潘飛聲、夏同龢、易順鼎、黃遵憲、蕭伯瑤、丘煒菱、沈守廉、許振煒、況仕任、梁居實、劉士驥、李士彬、湯壽潛、陳喬森、裴景福等 16 位，其他的人物並非反對維新運動，只是未曾明顯表示對維新運動的支持，便沒有被算在內。但從表中可知，與丘逢甲唱和最頻繁的前 20 名內，就有 11 位是維新人士。

　　這樣的數量統計當然有其瑕疵，例如跟丘逢甲交情極深、也同樣具備維新色彩的溫仲和，由於唱和詩不多作，就擠不進前 33 名內，還有排名第 28 名的劉士驥，原本支持維新派，後來卻被維新派刺殺，跟丘逢甲的交情也非比尋常，成爲丘逢甲傾向革命的關鍵人物，但唱和詩作不夠豐富，擠不進前 10 名內。另外，【附錄二】唱和往來的朋友中，像丁惠康、大隈重信、王秉恩、王恩翔、丘煒菱、朱祖謀、何壽朋、沈曾桐、沈瑜慶、易順鼎、林文慶、唐景崧、容閎、張通典、梁居實、梁國瑞、陳三立、陳庭鳳、陳喬森、陳寶琛、黃南生、溫仲和、葉懋斌、葉璧華、潘飛聲、謝元驥、鍾穎陽等 27 位，也剛好是黃遵憲的朋友，從蔣英豪《黃遵憲師友記》〔註 10〕中可以獲知這 27 位人士大半是傾向維新運動的，或曾經支持維新運動的，這個部分也在

〔註10〕蔣英豪《黃遵憲師友記》，上海：上海書店出版社，2002.8。

排行榜中看不出來，可見丘逢甲的社交圈與黃遵憲的社交圈，至少有 27 人以上的重疊，丘黃兩人的關係實際上也遠比排行榜上的第 8 名，來的要密切許多才是。【附錄二】《嶺雲海日樓詩鈔》唱和詩目錄中，同樣傾向維新派的人物，但唱和詩作不太多的還有黃景棠、瑞誥、蕭永聲、鍾寶熙等人，也從排行榜中看不出來。

　　從另外一個角度來看上表這些數據，就朋友們與丘逢甲唱和的持續程度而言，用年代來看互相唱和的密集度，得到下表：

【表四】《嶺雲海日樓詩鈔》唱和對象的持續度統計

年　代	1895	1896	1897	1898	1899	1900	1901~1902	1903~1904	1905~1907	1908	1909	1910~1912
《嶺雲海日樓詩鈔》的卷數	卷1	卷2	卷3	卷4	卷5	卷6	卷7	卷8	卷9	卷10	卷11	卷12
＊潘飛聲				1題	10題	7題	2題	1題	4題	1題	1題	
				1首	29首	10首	2首	2首	4首	1首	1首	
謝道隆	2題	4題		1題	1題		5題	1題	1題			
	3首	12首		2首	4首		6首	1首	4首			
＊王恩翔		1題		23題	8題	2題	2題					
		1首		71首	19首	5首	12首					
＊蕭伯瑤				1題	7題	2題	4題	1題				
				1首	8首	3首	4首	1首				
許南英				1題	1題	3題				1題	1題	
				2首	10首	8首				2首	1首	
覃壽堃									8題	2題	2題	1題
									52首	4首	16首	4首
＊丘煒薆				1題	3題	6題	1題					
				3首	10首	15首	4首					
＊梁居實		1題		1題	1題							1題
		2首		3首	2首							3首
＊許振煒		5題	1題	1題								
		9首	4首	1首								

鍾穎陽	1題				3題	2題			
	1首				19首	4首			
馬維騏			2題	1題				1題	
			8首	4首				1首	
丘詁桐				2題		1題	1題		
				10首		1首	1首		
＊易順鼎							10題	1題	5題
							14首	1首	6首
高嘯桐							2題	1題	1題
							6首	1首	2首
＊劉士驥							1題	2題	1題
							2首	2首	4首

表中得到另外一個訊息，把排行榜前 33 名扣掉只有 1 或 2 年有唱和過的人士，剩下的都是至少有 3 年以上保持著唱和狀態的人士，共有 15 人，其中唱和的持續性較好的是潘飛聲、謝道隆、王恩翔、蕭伯瑤、許南英等 5 人。而梁居實雖然唱和總數並不特別多，但以唱和的持續性來論與丘逢甲的交情，倒是不錯的一位朋友。而唱和狀態比較持續的 15 人中，有 8 人具有維新色彩，其中潘飛聲、王恩翔、蕭伯瑤的排名又分居 1、3、4 名，可見丘逢甲特別密切的朋友之中有部分具有維新濃厚的色彩。

綜合以上唱和詩作的分析，從時間、數量、持續性等多重角度，外加一些其他因素（例如表格顯示不出來的訊息）的考量，來評定丘逢甲的社交圈，可以證明，丘逢甲確實花了很多心思和精力，在經營以與維新派人士為主的朋友群關係，其中潘飛聲、王恩翔、黃遵憲、丘煒萲、蕭伯瑤、梁居實、夏同龢、溫仲和、劉士驥、許振煒等 10 人，應該是丘逢甲內渡後重要的維新派朋友。

五、與主要維新友人唱和詩作的內容

以下就從潘飛聲、王恩翔、黃遵憲、丘煒萲、蕭伯瑤、梁居實、夏同龢、溫仲和、劉士驥、許振煒這 10 人中，挑選幾例與丘逢甲唱和詩作的內容，來瞭解丘逢甲與重要的維新派朋友都關心些什麼話題，見下表：

【表五】《嶺雲海日樓詩鈔》與維新派友人唱和詩作內容選錄

丘逢甲唱和對象	唱和的詩題	唱和詩作中關於保皇、尊王、維新的詩句	位於《嶺雲海日樓詩鈔》的卷數及位於《丘逢甲集》的頁數
潘飛聲	〈說劍堂集題詞，爲獨立山人作〉	祗憐說劍無人解，老淚如潮溢滄海。況復雷雨驅雙龍，雌劍升天雄劍在。	卷4，頁301
	〈題蘭史泛槎圖〉	潦倒高陽舊酒徒，夢頒新政下皇都。	卷6，頁388
	〈寄蘭史、曉滄、菽園用曉滄韻〉	天漿傾倒帝沈酣，西奈神來佛讓龕。自轉雙輪刪合朔，別傳十誡貶和南。尋山久已逃靈鷲，問道眞疑到劇驂。至竟大同新運在，老生莫自厭常談。	卷6，頁409
黃遵憲	〈久旱得雨初霽，飲人境廬，時聞和局將定〉	已歎鼇翻難立極，豈容龍醒更遺珠。	卷7，頁484
	〈用前韻賦答人境廬主見和之作〉	誰張仙樂迎金母？漫詫神兵下玉皇。	卷7，頁486
	〈四用韻奉答〉	滄海塵蒙鏡殿光，公卿同哭牝朝亡。河陰兵問充華罪，樂府歌殘武媚章。往事數錢憐蛇女，異邦傳檄過賓王。枉崇聖母無生法，難遣神兵禦列強。	卷7，頁486
	〈十一用韻〉	不須復古但尊王，一旅終興夏少康。荣葉西風今冷落，茄花滿地舊披猖。傳書漫遣三青鳥，貢品休徵四白狼。馬上黃塵猶眯目，早教簾撤聖神皇。	卷7，頁489
丘煒萲	〈春日寄懷菽園新嘉坡〉	珠海星洲兩寓公，眼看時局感應同。飢驅彩鳳成凡鳥，聲迫神龍化蟄蟲。鬼國夜開跳月宴，陰天春足妒花風。手按斗柄愁相語，東指齊州劫火中。	卷5，頁319
	〈題菽園看雲圖〉	看雲不作狄梁公，屈身幾以牝朝終。……淋漓元氣大九州，霖雨蒼生臥龍起。	卷6，頁410
	〈飲新嘉坡觸詠樓，次菽園韻〉	唱遍南朝新樂府，最難天子是無愁。……出關待草勤王檄，懶對芙蓉賦子虛。	卷7，頁462
蕭伯瑤	〈鮀浦喜晤蕭伯瑤夜話〉	乾顛坤搖臥不穩，睡龍夜瞰風雲氣。	卷5，頁351
	〈立多後連日得雨，十九疊韻柬伯瑤，兼寄蘭史、曉滄、菽園〉	北風吹海海雲舞，龍睡難酣起行雨。……即看天上來風雲，中原未退眞王氣。	卷6，頁422
	〈次韻伯瑤送別〉	會須除舊頒新令，夜半持杯祝彗星。	卷7，頁440
	〈汕頭海關歌寄伯瑤〉	先王古訓言先醒，可能呼起通國睡。	卷8，頁510

夏同龢	〈贈夏季平（同和）殿撰〉	周南留滯得歸遲，三策天人聖主知。四海喜聞新政日，六街爭看狀元時。	卷5，頁352
	〈疊韻答夏季平見贈〉	群胡競作天魔舞，忉利天宮下兵雨。空山月黑翁仲語，欲滅皇風掃三古。滿目女媧摶土人，濛濛夢入蟪蛄春。直甘大地作布施，何惜恆河沙等身？是何世界今頓遇，一切法消偈四句。相期出挽陽九厄，日輪天轉黃人氣。	卷5，頁354
	〈疊韻答夏季平〉	鳳饑何計翔千仞，龍蟄眞憂到九泉。	卷5，頁361

　　以上所引詩句，其共通特點即談論到朝政時局的陰盛陽衰、龍蟄鳳舞的亂象，例如〈說劍堂集題詞，爲獨立山人作〉：「況復雷雨驅雙龍，雌劍升天雄劍在」、〈春日寄懷菽園新嘉坡〉：「飢驅彩鳳成凡鳥，聲迫神龍化蟄蟲」、〈疊韻答夏季平〉：「鳳饑何計翔千仞，龍蟄眞憂到九泉」……等。並且表達出丘逢甲支持維新運動，維護帝制的政治立場，例如〈贈夏季平（同和）殿撰〉：「四海喜聞新政日，六街爭看狀元時」、〈次韻伯瑤送別〉：「會須除舊頒新令，夜半持杯祝彗星」、〈寄蘭史、曉滄、菽園用曉滄韻〉：「至竟大同新運在，老生莫自厭常談」……等。特別是對一直沒有政治舞臺的光緒皇帝存著美好的想像，丘逢甲似乎將光緒帝寄予如日本天皇般的期望，而中國能不能免於列強的瓜分，或說臺灣有無希望重回祖國懷抱，都寄望於光緒皇帝之掌握實權。例如〈十一用韻〉：「不須復古但尊王，一旅終興夏少康」、〈立冬後連日得雨，十九疊韻柬伯瑤，兼寄蘭史、曉滄、菽園〉：「即看天上來風雲，中原未退眞王氣」、〈疊韻答夏季平見贈〉：「相期出挽陽九厄，日輪天轉黃人氣」……等。

　　這樣的想法，在丘逢甲其他詩作中，特別是寄投報刊的詩作中，時常出現。這一點下文會有進一步探討，但由此可知，丘逢甲與維新派朋友的唱和詩作內容，不只有客套話或互相標榜的內容，還有共通的政治話題爲內容，可見丘逢甲不管是人脈方面，還是詩作內容與題材上，都積極地與維新運動產生很密切的關係。

第二節　發表於《清議報》諸作之分析

　　從事晚清以至於近代的文學研究，不能不注意報刊傳播的功用。報刊的銷售量若是不錯，可以快速打開作家的知名度，可說是立竿見影的文學策

略。同治 11 年（1872）《申報》創刊，中國第一份民間自辦的報刊，基本上是一份新聞性質的報刊，但也刊登一些竹枝詞和長歌紀事，後來出刊的報刊則漸漸加重刊登文學作品的比例，如光緒 22 年（1896）《時務報》，開始的時候，或刊，或不刊文學的內容；到後來卻闢一欄專門刊登文學作品，如光緒 24 年（1898）《清議報》的「詩文辭隨錄」，再到闢一個專欄專門刊登批評文學作品的評論，如光緒 28 年（1902）《新民叢報》的「文苑」欄，戊戌政變後，文學與報刊，逐漸形成密不可分的關係。

一、詩界革命主要發表園地

丘逢甲當然感受到報刊傳播的趨勢與威力，在未內渡前，他便喜歡閱讀報刊，也希望其門生多閱讀報刊，內渡後他可以藉著報刊採用他的詩作展現自己的文學實力，並獲得特定知識團體的接納與認同，所以他便展開寄投的行動，尤其當時銷售量較好的報刊，幾乎都是維新派人士主辦，例如《時務報》、《知新報》、《清議報》、《新民叢報》、《新小說》……等，行銷量往往超過一萬份，甚至遠在新加坡華僑界的《天南新報》，也都是維新派人士兼丘逢甲好友丘煒萲所辦的。

本節擬將丘逢甲寄投於詩界革命三個主要發表園地《清議報》〔註11〕、《新民叢報》〔註12〕、《新小說》〔註13〕，集中起來對照，並進行分析與討論。另外，《新民叢報》文苑欄的〈詩界潮音集〉、《新小說》的〈雜歌謠〉欄，本來抱著高度希望去追查，全部查完後發現，丘逢甲竟沒有任何詩作被刊登出來，只有在《新民叢報》文苑欄的〈飲冰室詩話〉被提到 2 則而已。丘逢甲熟知的筆名有倉海君、蟄庵、南武山人、華嚴子、痛哭生、自強不息齋主人、海東遺民……等，除非他另有不為熟知的筆名，否則，《新民叢報》、《新小說》應該沒有刊登過任何丘逢甲的詩作。

其中的原因，下文將會有推論，此處先起個頭。可能性之一是，隨著光緒29 年（1903）以後丘逢甲逐漸與黃遵憲疏於唱和，或和革命派有所接觸，而慢慢被詩界革命發表園地封殺。可能性之二是，丘逢甲的詩作大抵上是符合詩界革命要求的，但仍然太注重藝術性，典故用的含蓄和口語化的程度也不夠，實用性不那麼強，所以《新民叢報》、《新小說》便不再錄用他的作品。

〔註11〕　梁啓超《清議報》第 12 冊，臺北：成文出版社，1967。
〔註12〕　梁啓超《新民叢報》第 17 冊，臺北：藝文印書館，1966。
〔註13〕　趙毓林、梁啓超《新小說》第 6 冊，上海：上海書店，1980.12。

所以，真正比較集中刊登丘逢甲詩作的只剩《清議報》，所以本節只好以丘逢甲被刊登在《清議報》的詩作，做為主要討論對象。

二、發表於《清議報》的詩作

丘逢甲發表於《清議報》之〈詩文辭隨錄〉的詩作，內容全文如【附錄三】丘逢甲發表於《清議報》詩作彙錄與異文，茲摘選其目錄如下表：

【表六】丘逢甲發表於《清議報》詩作目錄

題次	《清議報》號次	出刊時間	丘逢甲署名	見於《清議報》的詩題	體裁與數量	《丘逢甲集》的位置與詩題
1	12	光緒25年3月11日	倉海君	〈題酸道人風月琴尊圖〉	七言古體68句	光緒24年（卷4），頁302詩題為〈題風月琴尊圖為菽園作〉
2	23	光緒25年7月1日	倉海君	〈雜詩〉三首選一	五言古體24句	光緒22年（卷2），頁184詩題同
3	27	光緒25年8月11日	痛哭生	〈秋感前八首〉戊戌稿	七律8首	＊《丘逢甲集》未收錄此詩作
4	28	光緒25年8月21日	倉海君	〈苦雨行〉	七言古體32句	光緒22年（卷2），頁187詩題同
5	30	光緒25年9月11日	痛哭生	〈秋感後八首〉戊戌稿	七律8首	＊《丘逢甲集》未收錄此詩作
6	32	光緒25年11月11日	倉海君	〈題星洲寓公看雲圖〉	七言古體40句	光緒25年（卷6），頁410詩題同
7	32	光緒25年11月11日	倉海君	〈題無懼居士獨立圖〉	七　律	光緒25年（卷6），頁387詩題為〈題蘭史獨立圖〉
8	33	光緒25年11月21日	倉海君	〈殺鴉行〉	七言古體16句	光緒24年（卷4），頁267詩題同
9	33	光緒25年11月21日	倉海君	〈聞海客談澎湖事〉	七律2首	光緒24年（卷4），頁268詩題同
10	35	光緒26年1月11日	倉海君	〈東山感秋詩六絕句次汀州康步崖中翰詠癸巳題壁〉八月六日作	七絕6首	光緒25年（卷6），頁405詩題為〈東山感秋詞次康步崖中翰題壁韻〉
11	35	光緒26年1月11日	倉海君	〈和獨立山人論詩韻〉二律	七律2首	光緒25年（卷6），頁389詩題為〈次韻和蘭史論詩〉

12	38	光緒 26 年 2 月 11 日	倉海君	〈再疊龕字韻五首奉寄星洲香海〉	七律 2 首	光緒 25 年（卷 6），頁 409 詩題爲〈寄蘭史曉滄菽園用小滄韻〉
13	40	光緒 26 年 3 月 11 日	倉海君	〈與平山近藤二君及同志諸子飲香江酒樓兼寄大隈伯相犬養先生（春官日本東京）〉	五　律	光緒 25 年（卷 7），頁 457 詩題爲〈與平山近藤二君及同志諸子飲香江酒樓兼寄大隈伯相犬養春官日本東京〉
14	40	光緒 26 年 3 月 11 日	倉海君	〈歐冶子歌贈伊广主人〉	七言古體 30 句	光緒 25 年（卷 7），頁 456 詩題爲〈歐冶子歌〉
15	43	光緒 26 年 3 月 11 日	南武山人	〈星洲贈姜君西行〉	五律 3 首	光緒 26 年（卷 7），頁 463 詩題爲〈星洲喜晤容純甫副使（閩）即送西行〉
16	43	光緒 26 年 3 月 11 日	痛哭生	〈題駱賓王集〉	五絕 2 首	光緒 26 年（卷 7），頁 457 詩題同
17	43	光緒 26 年 3 月 11 日	痛哭生	〈紀事〉	五絕 2 首	光緒 26 年（卷 7），頁 458 詩題同

以上共刊登 17 題 45 首丘逢甲的詩作，其中五古 1 首 24 句，七古 5 首 186 句，五律 4 首 32 句，七律 25 首 200 句，五絕 4 首 16 句，七絕 6 首 24 句。明顯地，丘逢甲詩作見報率集中在光緒 25、26 年，且七律被接受度最高，丘煒萲認爲丘逢甲的專長應該是七律，這一點前文（本章第一節）已提過，從被《清議報》刊登的接受度和丘煒萲對詩的評價來看，七律是丘逢甲的強項，當他跟朋友們以詩歌唱和往來時，也多用七律（見上一節【表三】《嶺雲海日樓詩鈔》唱和對象的排行與統計），尤其當他跟詩界革命的大將黃遵憲唱和往來時，他絕大多數使用七律（見第二章第三節【表一】丘逢甲與黃遵憲詩文往來目錄），而較少使用黃遵憲的強項長篇古體詩來唱和〔註14〕，這似乎也說明黃遵憲與丘逢甲的頻繁唱和，黃遵憲方面應該沒有較勁或爭雄的意圖，因爲常理而言，假如他們兩人真的有要較勁或爭雄的話，應該會選擇自己的強項來比賽，但黃遵憲顯然沒有這樣做，由於唱和時絕大多數使用七律

〔註14〕　參考魏仲佑《黃遵憲與清末「詩界革命」》第四章第三節〈詩的取法、詩的形式以及其他〉，臺北：國立編譯館，1994.12，頁 194～196。此處詳細論證了黃遵憲詩作的專長在於長篇古體詩的形式上。

的關係，而七律又是丘逢甲的強項，所以真有比賽的話，其條件對丘逢甲比較有利。

　　另外，對照該詩作被刊出的年份和《丘逢甲集》中收錄的年份會發現，丘逢甲多半是拿舊作去寄投，例如〈雜詩〉、〈苦雨行〉作於光緒22年《嶺雲海日樓詩鈔》卷2，但《清議報》是在光緒25年刊出；〈殺鴉行〉、〈題酸道人風月琴尊圖〉、〈聞海客談澎湖事〉等詩，實際作於光緒24年，被刊出的時間卻是光緒25年；〈東山感秋詞次康步崖中翰題壁韻〉、〈和獨立山人論詩韻二律〉、〈再疊龕字韻五首奉寄星洲香海〉、〈與平山近藤二君及同志諸子飲香江酒樓兼寄大隈伯相犬養先生〉、〈歐冶子歌贈伊广主人〉等詩，實際作於光緒25年，被刊出的時間卻是光緒26年。可見，丘逢甲對於寄投報刊一事，態度很謹慎，而不是馬上寫馬上投，或為了寄投而寫詩那一型的詩匠。

三、發表詩作與《丘逢甲集》的異文

　　為了討論方便起見，將丘逢甲寄投於《清議報》之〈詩文辭隨錄〉的詩作內容全文，與《丘逢甲集》詩作內容對照，得到的異文如【附錄三】丘逢甲發表於《清議報》詩作彙錄與異文。異文的比對中，比較特殊的如下表：（　　）內的字是《丘逢甲集》的版本。V.S 前的年代是該詩作見報的年代，V.S 後的年代是該詩作收錄於《丘逢甲集》的年代。

【表七】丘逢甲發表於《清議報》詩作與《丘逢甲集》的異文簡表

	刊登字句（《全集》異文）	刊登字句（《全集》異文）
第1首 光緒25年 V.S 光緒24年	眼中（前）突兀大九洲	席地幕天知許字（事）
第2首 光緒25年 V.S 光緒22年	甚（其）辱甯為榮	憑月（日）復有烏
	容位（使）終古橫	
第6首 光緒25年 V.S 光緒25年	茫茫雲（四）海誰寫眞	化（寫）入一氣相氳氤
	極目（眼見）閉塞將成多	雲分雖起將（當）誰從
第8首 光緒25年 V.S 光緒24年	微（徵）凶（凶）召眚聲嗚嗚	
第10首 光緒26年 V.S 光緒25年	舳稜（棱）夢落楚（練）江天	袍笏空教（山）拜杜鵑
	後堂那有殘（閒）絲竹	老（萬）樹秋聲撼睡童
	五雲樓閣是（失）蓬萊	

第 12 首 光緒 26 年 V.S 光緒 25 年	更遣王庭渡幕（漠）南	更無兵奧（許）牧之談
	天漿傾漏（倒）帝沈酣	看（尋）山久已迷靈鷲
	曾（終）見堯封暨朔南	單（置）身敢在中賢下
第 14 首 光緒 26 年 V.S 光緒 25 年	飛啄凡（群）龍龍不（半）死	時日蝕團黃月魄（華）紫
	山（陸）斬虎獅海（水）劃兕	祥金晨躍（躍出）洪鑪裏
	群魔待（乞）命等羊豕	璧合兩輪（二儀）珠五緯

異文比對呈顯出來的特殊之處在於：

1. 語氣的強度有變化，但意思沒有改變，例如第 2 首「甚（其）辱甯為榮」，第 6 首「極目（眼見）閉塞將成冬」，第 8 首「微（徵）凶召眚聲嗚嗚」，第 10 首「後堂那有殘（閒）絲竹」、「老（萬）樹秋聲撼睡童」，第 12 首「曾（終）見堯封暨朔南」、「天漿傾漏（倒）帝沈酣」、「看（尋）山久已迷靈鷲」、「單（置）身敢在中賢下」……等。發表詩作詩句語氣的強度，比《丘逢甲集》收錄的語句強度，感覺上來的激動、悲觀一些。

2. 異文使意義受到影響，例如第 2 首「憑月（日）復有烏」，第 10 首「後堂那有殘（閒）絲竹」、「五雲樓閣是（失）蓬萊」，第 12 首「曾（終）見堯封暨朔南」、第 14 首「飛啄凡（群）龍龍不（半）死」、「群魔待（乞）命等羊豕」……等詩句。在維新派的用語習慣中，「日」的意象通常用來暗喻「光緒皇帝」，「月」的意象則用來暗喻「西太后」，若有混淆，則詩的意義會受到影響。另外，「龍不死」代表願望可以實現，「龍半死」則有希望落空之感，「曾見」感覺上悲觀，「終見」則比較樂觀，「群魔待命」意謂形勢非常不利於我，「群魔乞命」則有事在人為的轉圜餘地。

　　由於公開刊登在報刊上的詩作，刊出前都接受過主編的選擇，為了能在眾多稿件中脫穎而出，則必須考慮到詩句語氣的強度是否可以感染讀者，內容題材是否與時事結合，有沒有具備話題性，是否符合該報的政治立場，中選的詩作一旦刊出後，必然會受到社會上眾多讀者的評比，作者勢必會再三斟酌才寄出。假如當初《清議報》的校稿工作做的夠確實的話，那麼從異文比對中，可以感受到丘逢甲對於寄投刊登一事是很重視的，他除了拿以前寫好的詩作加以修改後才寄投，不輕易隨寫隨投之外，表現在字句的琢磨上，

也有一番苦心，希望發表的詩作加強語氣，可以引起注意，達到渲染的藝術效果。

四、發表詩作的內容

　　丘逢甲被刊登在《清議報》的 17 題 45 首詩作（全文見【附錄三】丘逢甲發表於《清議報》詩作彙錄與異文），按照題材與內容大致分類，約有 4 項內容，即：

　　（一）諷刺性高的作品，諷刺的對象為以西太后為代表的守舊朝廷，但詩中也對光緒帝之掌實政寄予高度的期待，似乎西太后一旦還權於光緒帝，光緒帝必將如日本明治天皇般，帶領中國邁向維新富強之路，領先西方強國。例如〈苦雨行〉（頁 187）、〈秋感前八首〉（未收錄）、〈雜詩〉（頁 183）、〈紀事〉（頁 458）、〈殺鴉行〉（頁 267）……等。以〈苦雨行〉為例，全詩主要諷刺西太后過分干涉朝政，致使光緒皇帝無法施展抱負，「稚陽欲茁老陰遏，乃張母權侵厥子」、「雄雷噤齡鳴雌雷，百蟲胸縮戶不開」；西太后專權的結果導致禍國殃民，「竟無一片乾淨土，著足大地成泥爛」、「幾疑世將入混沌，待起盤古塚中骨」；詩末規勸光緒皇帝要自主，也希望西太后引退，「欲書綠章上青帝，請收政權屏陰翳。膏雨和風各聽令，萬方重紀歲華麗。」只有讓皇上像皇上，太后像太后，清朝的國運才能正常運作，中國才有美好的明天。

　　（二）議論時事並憂傷時局的作品，這些涉及時事的詩作，其抒情意義更大，主要藉由議論時事來抒發感懷，目的不在完整敘述事件發生的始末，而是要把對事情片斷或部分的感觸與心得說出來。例如〈聞海客談澎湖事〉（頁 268）、〈東山感秋詩〉（頁 405）、〈秋感後八首〉（未收錄）……等。以〈聞海客談澎湖事〉七律二首為例，從詩中讀者並無法全面得知「海客」究竟如何談論澎湖，但從詩句「絕島周星兩受兵，可憐蠻觸逐紛爭」、「斗絕勢成孤注立，交爭禍每彈丸招」來推論，應與澎湖特殊的戰略地位有關，而丘逢甲聽完後做此詩時心情顯得很悲傷，「不堪重話平臺事，西嶼殘霞愴客情」、「我為遺民重痛哭，東風吹淚溢春潮」，為自己與澎湖的命運乖舛而哭。筆者對照丘逢甲〈澎湖賦〉[註15]找到一些疑似關於「海客」談論澎湖的內容。丘逢

────────────

〔註15〕　《丘逢甲集》未收錄〈澎湖賦〉，其被收錄於廖漢臣編纂《臺灣省通志稿》卷6〈學藝志〉文學篇，南投：臺灣省文獻委員會，1959.6，頁 280～282。根據

甲〈澎湖賦〉的提問人「談瀛客」說：

> 有談瀛客問於湖山主人曰：夫地以川藪爲珍奇，國以農桑爲根基。
> 乃者凡指臺員，棹停彭蠡。泉鮮漱珠，山非聚米。雲貼水而瘴生，
> 風揚沙而目眯。而自隨代舟通，勝朝宇啓。染蜑戶同居之習，腥風
> 尚覺難親；讀〈裸人叢笑〉之編，陋俗未能盡洗。

> 而何以地而視若雄藩，而何以官而設乎式尹，而何以運艘不惜其遙
> 通，而何以設科亦動其汲引。豈不毛之地，要害攸關；豈足魚之
> 民，古風未泯；豈建牙於海島，利也實多；豈投網於珊林，取之無
> 盡？〔註16〕

賦中「談瀛客」感到疑惑，澎湖自古腥風陋俗，難以親近，加上土地貧瘠，
物產不豐，爲何需要設官治理？其存在對國家的邊防又有何重要性？顯然「談
瀛客」對澎湖的理解是片面的，是缺乏遠見的，卻也代表一般人對於島國的
發展性看法不樂觀，視其爲邊陲、附屬、次要的。丘逢甲應該是將澎湖島替
代爲故鄉臺灣島，因爲且當光緒22、23年之交，日本人因爲無法有效杜絕臺
灣人的武力反抗，便有意要滿清贖回臺灣，可是清廷當時正在爲遼東半島的
贖款發愁，所以李鴻章才說臺灣「得之不能守，形勢緊要不比遼東，議不可，
罷。」〔註17〕於是臺灣人再度喪失重回祖國懷抱的機會。看到清廷對臺灣人

王嘉弘《清代臺灣賦的發展》第五章第四節（臺中：私立東海大學中國文學
系碩士班，碩士論文，2005.5，頁93）說，「丘逢甲〈澎湖賦〉：『蓋臺爲七省
之襟帶，澎實兩郡之津梁。則當分區建省之初，規模大備』這段話可以推斷，
且有提到中法戰爭『至若交人肇釁，法寇茲張』之事，推斷此篇作於光緒13
年左右。」此推論雖不無道理，但筆者以爲更精確的說法應該是「至少作於
光緒13年以後」，因爲丘逢甲也可以是以回顧澎湖歷史的立場，來與賦中的
「談瀛客」展開對話與討論，進而說服「談瀛客」拋棄成見和淺見，並接受
與重視澎湖在地理位置上的重要性。如果眞要斷定〈澎湖賦〉的寫作年代，
筆者以爲對照丘逢甲於光緒24年〈聞海客談澎湖事〉七律二首來看，詩題明
確指出這組詩是聽到「海客」談論澎湖的話題而作，兩者都同時談到澎湖媽
祖廟的師泉井水，當年曾經救了施琅萬名大軍性命的事蹟，詩題的「海客」
是否就是賦中的「談瀛客」未敢絕對肯定，但在此一合理的範圍內是可以接
受的。因此將丘逢甲〈澎湖賦〉的寫作年份斷定爲光緒24年，應會比斷定爲
光緒13年還合理一些，最保守的說法還是斷定爲光緒13年以後。

〔註16〕王嘉弘《清代臺灣賦的發展》附錄，臺中：私立東海大學中國文學系碩士班，
碩士論文，2005.5，頁42。
〔註17〕洪棄生《瀛海偕亡記》卷下（臺北：臺灣銀行經濟研究室，《臺灣文獻叢刊》
第59種，1959，頁39～40）說：「越明年丁酉（光緒二十三年）春，日軍益

的薄情寡義，又聽聞所謂的「海客」或「瀛海客」昧於事理，丘逢甲在賦中當然要對其曉以大義〔註18〕，在詩中當然痛心感慨。

（三）勉勵維新事業並開創新局的作品，詩中表達支持維新變法的意向，且樂觀其成，維新中國是一條正確的路線。例如〈題酸道人風月琴尊圖〉（頁302）、〈題星洲寓公看雲圖〉（頁410）、〈與平山近藤二君及同志諸子飲香江酒樓兼寄大隈伯相犬養先生（春官日本東京）〉（頁457）、〈歐冶子歌〉（頁456）……等。以〈與平山近藤二君及同志諸子飲香江酒樓兼寄大隈伯相犬養先生（春官日本東京）〉為例，雖然跟丘逢甲一起喝酒的日人是平山周和近藤廉平二人，但此詩真正用意是要寫給日本內閣首相大隈重信和內閣文部大臣犬養毅二人看的，這兩位日本高官主張「東亞保全論」，比較同情亞洲民族主義運動，所以丘逢甲詩中說「願呼兄弟國，同抑虎狼秦」，希望中國與日本團結起來，共同對抗歐美強權。又說「支那少年在，且晚要維新」，中國很快地會像日明治維新一樣，成為亞洲新興的強國。

（四）宣揚新觀念、新事物或舊典新用的詩作，詩中將現代文明的觀念適當地鎔鑄成詩句，使閱讀詩作變成吸收新知的一種途徑。例如〈題無懼居士獨立圖〉（頁387）、〈和獨立山人論詩韻〉（頁389）、〈星洲贈姜君西行〉（頁463）、〈題駱賓王集〉（頁457）……等。以〈題無懼居士獨立圖〉為例，這是

復經營山中，為持久計。操畚負楎，樹柵築路，山上夷險增隘，儲糗糧，益戍兵，或架板屋而居。守備隊、憲兵部、警察署分三處為犄角，如備大敵。當丙申、丁酉之交，萑苻伏莽斬木揭竿而起者，處處皆是。日軍到輒散，去輒聚，勦殺則不懼，招誘則不信，治之無術，日本政府遂有退還臺灣之意。清廷方拮据籌償遼東，無力更贖臺灣。臺灣富紳林維源，清時頻助軍需，賜部郎，後兼授幫辦大臣，避地居廈門。清舉人施菼字悅秋，有文譽，聲氣廣，前此以清丈田畝拂彰化縣令意，適施九段聚眾抗官，坐株連，為劉巡撫奏革廩生通緝，乃改今名，納國子監，登癸巳賢書。時避地在晉江，遂往說林維源，則許捐資四百萬，按諸全臺富室，又可得數百萬，清廷費幣不過千餘萬，由英總領事居間，總理各國衙門聞於朝。清廷詢於兩廣總督李鴻章，鴻章謂得之不能守，形勢緊要不比遼東，議不可，罷。於是日本仍一意治臺灣。頗重視臺灣人街長莊長，以招徠土匪，稍稍收效矣。而大坪民則以日屢殺降，不受羈縻，抗如故。」

〔註18〕 丘逢甲〈臺灣賦〉中的「湖山主人」答道：「而豈知輔車之勢，當按輿圖，犄角之行，當通兵法。」從兵法的角度來看，澎湖在戰略位置上十分重要，接著說舉凡鄭成功收臺、施琅攻臺、藍廷珍平定朱一貴事件、中法戰爭……等臺灣歷史上的大事，澎湖皆扮演了重要的戰略位置，所以「臺為七省之襟帶，澎實兩郡之津梁。」澎湖對臺灣和大陸而言，具備了戰略位置的特殊性。

一首題畫詩，對象是潘飛聲的畫作「獨立圖」，筆者並沒有看過這幅畫，但梁啟超說：「蘭史『獨立圖』，一時名士題詠殆遍。」〔註 19〕可見潘飛聲的畫作在當時非常受到重視。從丘逢甲詩作內容來構圖，「舉國睡中呼不起」，再參照黃遵憲〈香港訪潘蘭史題其獨立圖〉的內容：「四億萬人黃種貴，二千餘歲黑甜濃；可堪獨立山人側，多少他人臥榻容？」〔註 20〕來想像畫作的內容，可能是一幅眾人皆睡我獨醒的畫面，但丘逢甲詩的內容說「黃人尚昧合群理，詩界差存自主權」，意謂東方人實在不如西方人團結，也跟不上世界潮流的腳步，中國尤其如此，今天才落得如此下場，中國人在政治上固守傳統，已經喪失國格和尊嚴，大家都無能為力了，但在中國傳統詩的國度中，詩人們仍掌握著改革的權利，可以自己決定要不要在詩界推行維新改革，破除守舊詩法，讓傳統詩真正承載時代與人民的面貌。丘逢甲藉著題畫的機會，宣揚「詩界革命」的時代意義。

　　這些詩作中第 1、2 類有相通之處，基本上是諷刺詩範圍（精確一點說是諷諭詩）的性質，第 3、4 類也有異曲同工之妙，基本上是新題材詩（舊瓶裝新酒）的性質。即使 4 類全部一起合觀，也都屬於向政府表達不滿，提出抗議並期許開創新局一類的內容。

　　而《清議報》（1898～1901），旬刊，共出 100 期，其「詩文辭隨錄」〔註21〕一欄發表了 100 多位作者的 800 多首詩，屬於維新派人士及其同情者的詩作發表園地。張永芳分析《清議報》詩作表達的抗議與開創精神，說到：

> 《清議報》時期，主要是鼓吹變法維新，揭露中國空前危機的局勢，痛斥清朝政府的酷虐專制和腐敗賣國，發抒甘願為維新事業流血犧牲的獻身精神。……作者筆名，也表現出憂時救國的內容特色，如「痛哭生」、「鐵血子」、「拏雲劍客」、「鐵血頭陀」、「怒目金剛」、「天南俠子」……等。詩題則多為〈感懷〉、〈感事〉、〈書憤〉、〈刺時〉、〈痛哭〉、〈憂國〉、〈傷時事〉、〈喚國魂〉之類。〔註22〕

〔註 19〕梁啟超《飲冰室詩話》，張品興編《梁啟超全集》第 9 冊第 18 卷，北京：北京出版社，1999，頁 5312。

〔註 20〕黃遵憲著，吳振清、徐勇、王家祥編校《黃遵憲集》上冊，天津：天津人民出版社，2003.10，頁 344。

〔註 21〕1898 年《清議報》創刊時此欄原名「詩文辭隨錄」，後出版《清議報全編》時，改名為「詩界潮音集」，以與《新民叢報》的欄名一致。

〔註 22〕張永芳《晚清詩界革命論》，廣西：漓江出版社，1991.5，頁 45～46。

由於《清議報》詩作涵蓋了表達不滿與抗議的諷刺詩，以及期許維新局面的新題材詩，所以丘逢甲發表於《清議報》的 4 類詩作，不管合觀還是分觀，大致上符合詩界革命於《清議報》階段的文學任務，才會被刊登。

五、梁啓超《飲冰室詩話》的正面評價

　　丘逢甲發表於《清議報》的詩作中，以〈題無懼居士獨立圖〉、〈秋感前八首〉、〈秋感後八首〉、〈東山感秋詩〉等詩，最受到梁啓超〈飲冰室詩話〉的肯定，光緒 28 年（1902）9 月 15 日《新民叢報》第 18 號「文苑」欄的〈飲冰室詩話〉刊載了 2 則跟丘逢甲詩作有關的批評：

1. 蘭史又寄公度詩三章。其第一章已錄報中，不再錄。其第二章題為〈香港訪潘蘭史題其獨立圖〉，詩云：「四億萬人黃種貴，二千餘歲黑甜濃；可堪獨立山人側，多少他人臥榻容？」其第三章題為〈夜泊〉，詩云：「一行歸雁影零丁，相倚雙鳧睡未醒；人語沉沉篷悄悄，沙光淡淡竹冥冥。近家鄉夢心尤亟，拍枕濤聲耳厭聽；急趁天明催櫓發，開門斜日帶殘星。」案蘭史《獨立圖》，一時名士題詠殆遍。余記邱倉海一聯云：「黃人尚昧合群理，詩界差存自主權。」意境新闢，余亟賞之。

   （此則於光緒 26 年 1 月 11 日《清議報》第 35 冊的「詩文辭隨錄」欄，由梁啓超所撰〈汗漫錄〉即已說到：「邱倉海〈題無懼居士獨立圖〉云：『黃人尚昧合群理，詩界差爭自主權』。對句可謂三長兼備。」三長即是新意境、新語句、以古人之風格入之。）

2. 吾嘗推公度、穗卿、觀雲為近世詩家三傑，此言其理想之深遠閎遠也。若以詩人之詩論，則邱倉海（逢甲）其亦天下健者矣。嘗記其〈己亥秋感八首〉之一云：「遺偈爭談黃蘗禪，荒唐說餅更青田。戴鰲豈應邊都兆？逐鹿休訛厄運年。心痛上陽眞畫地，眼驚太白果經天。只愁讖緯非盧語，落日西風意惘然。」蓋以民間流行最俗最不經之語入詩，而能雅馴溫厚乃爾，得不謂詩界革命一鉅子耶？倉海詩行於世者極多，余於前後〈秋感〉各八首外，酷愛其〈東山感秋詩〉六首，詩云：「痛哭秋風又一年，舳艫夢落楚江天。拾遺冷作諸侯客，袍笏空教拜杜鵑。」「天涯心逐白雲飛，瑟瑟秋蘆點客衣。回首大宛山上月，更無緘札問當歸。」「斜日江

聲走急灘，殘棋別墅局方難。後堂那有殘絲竹？陶寫東山老謝
安。」「寒蛟海上趁人來，漠漠秋塵掃不開。滿目桑田清淺水，五
雲樓閣是蓬萊。」「冷落山齋運覽身，天門八翼夢無因。西風吹起
神州恨，塵尾清談大有人。」「老樹秋聲撼睡童，讀書情趣遜歐公。
挑燈自寫紉蘭句，一卷《離騷》當國風。」〔註23〕

梁啓超認爲，丘逢甲被刊登之詩雖然以俗事俗語入詩，如「遺偈爭談黃蘗禪，
荒唐說餅更青田」，也在詩中宣揚新觀念、描寫新事物，開出新的意境，如「黃
人尙昧合群理，詩界差爭自主權」，但傳統詩的韻味仍保持的很好，符合詩界
革命的最高理想「三長」：新意境、新語句、以古人之風格入之，可說是不可
多得的專業的詩人之詩。而「詩界革命一鉅子」的封號，便成爲丘逢甲在詩
界革命整個文學活動中的成績代表，具有一定的公信力與說服力。

六、丘逢甲發表於報刊詩作的發展侷限

　　細細品味上述梁啓超《飲冰室詩話》評論丘逢甲詩作的言外之意是，丘
逢甲的詩作，理論上合乎詩界革命「三長」的要求，尤其他的詩是專業的「詩
人之詩」，顯然具備較高的藝術價值，但是，詩界革命畢竟是帶有強烈政治目
的與實用性的文學主張，丘逢甲詩作的藝術性高，相對地在政治實用性上不
那麼高，對於宣揚維新運動理念方面，沒有非登不可的必要性，也難怪到了
《新民叢報》文苑欄、《新小說》雜歌謠欄，就沒有再看到丘逢甲的詩作被刊
登出來。尤其詩界革命到了《新民叢報》階段，其文學任務又與《清議報》
的抗議精神有別，張永芳《晚清詩界革命論》說：

　　《新民叢報》時期，由於直接的政治鬥爭漸次退居次要位置，對變
　　法失敗的憤恨也不那麼急切了，詩作的題材範圍變得比較寬廣，相
　　互酬唱和紀行寫景之作也開始在刊物發表，那些富於政治色彩的作
　　品，也由主要鼓吹變法維新，變爲主要進行資產階級民主思想的啓
　　蒙宣傳。如「醒獅」（蔣智由）的〈題黑奴籲天錄後〉、「觀雲」（蔣
　　智由）的〈盧騷〉……等。〔註24〕

《新民叢報》的文學任務已經全面進入思想啓蒙的階段，最需要的是實用價
值高的作品，所以通俗性的寫法比藝術性的寫法來的迫切，如果丘逢甲沒有

〔註23〕梁啓超《飲冰室詩話》，張品興編《梁啓超全集》第 9 冊第 18 卷，北京：北
　　　　京出版社，1999，頁 5312～5313。
〔註24〕張永芳《晚清詩界革命論》，廣西：漓江出版社，1991.5，頁 46。

為此調整寫作策略，其詩作被發表的機率就可能會降低。張永芳《晚清詩界革命論》說：

> 從詩風來看，丘逢甲詩的面目是凌厲酣暢、神采豪邁，幾乎完全承襲了一脈相沿的舊詩傳統，不僅與「新詩」格調不同，連「新派詩」的拓新勇氣也不如。他的通俗化努力，也並未闢出新境，只是寫了〈臺灣竹枝詞〉、〈澳門雜詩〉、〈檳榔嶼雜詩〉等民歌體詩而已。單從這點看，似可將丘逢甲劃入「守舊的行列」。但就主觀願望講，丘逢甲是主張詩壇變革的。〔註25〕

魏仲佑〈論晚清之諷刺詩〉中談到〈異議媒體的諷刺詩歌〉說：

> 北京的〈中外公報〉，上海的〈時務報〉，湖南的〈湘學新報〉，這些媒體登載許多倡議改革的文字，不過這些媒體的基本立場並不對抗執政當局，而是向當局提出新建議。可是戊戌政變後，……梁啟超在日本主持的《清議報》、《新民叢報》，便充滿抨擊保守朝廷的文字，其抗議與對立的立場表現得非常明顯。雖然維新派人士基本上不攻擊「帝制」，但對於朝廷由慈禧太后以下的當權者無不盡其口誅筆伐之能事。……單就諷刺人物的詩歌而言，連當時王朝的最高領導者慈禧太后都難逃斥責，不過，一般來看，對慈禧的指責儘管嚴厲，卻不敢出以諧謔和嘲笑，如丘逢甲的〈苦雨行〉之類。……晚清異議媒體的諷刺詩，自然有少數出於詩工深厚之作者，修辭、章法都很講究，如丘逢甲、蔣智由都是《清議報》、《新民叢報》的經常寄投者，他們投寄的詩稿都有政治諷刺的義涵，文學上也是可以傳世的作品。〔註26〕

以上引文說明丘逢甲詩作主要特色是以文學藝術性取勝，與黃遵憲素有「善變矜奇之作」以滿足傳統詩解構過程的各種嘗試與多重風貌，可說是兩種完全不同的詩人類型。既然丘逢甲的詩作側重藝術性，具有專業水準和傳世的可能，而在功能性和實用性上打了折扣，不太適合大量刊登在《新民叢報》上，因為《新民叢報》階段的新派詩已經全面進入啟蒙與新民的任務，丘逢甲的詩作便顯得不適合刊登出來。當然後來《新小說》階段，黃遵憲在信中

〔註25〕 張永芳《晚清詩界革命論》，廣西：漓江出版社，1991.5，頁163～164。
〔註26〕 魏仲佑《晚清詩研究》第一章〈論晚清之諷刺詩〉，臺北：文津出版社，1995.12，頁46～56。

主動向梁啓超推薦丘逢甲的詩，請梁啓超刊登在《新小說》的「雜歌謠」欄時，而丘逢甲也確實將詩寄去給在日本的梁啓超了，這個推薦卻沒有被接納。光緒28年（1902）黃遵憲〈致梁啓超書〉云：

> 徵詩必有佳作，吾代徵之倉海君，即忻然諾，我聞已有〈新樂府〉
> 二三十寄去。事徵之十年以來，體略仿十七字詩云，收到否？此公
> 又以〈汨羅沉〉四篇附寄，乞察存。〔註27〕

由此推論，丘逢甲雖然常有詩作被刊登在《清議報》上，這些詩作也都符合詩界革命初期推動時的階段性任務之要求，內容題材也很有代表性，但丘逢甲應該也有一部分的詩作是拿去寄投，但卻沒有被刊登的，這個部分會在下一節討論，這也說明了丘逢甲投入詩界革命，個人方面比較主動積極的一面，他在〈論詩次鐵廬韻〉說到「邇來詩界唱革命，誰果獨尊吾未逢。流盡元黃筆頭血，茫茫詞海戰群龍。」表達自己參與詩界革命懷抱高度的期許與自信，但由實際情況來看，他並沒有達到自己預設的標準，呈現了丘逢甲在詩界革命中相應的位置及其特色與侷限。

第三節　丘逢甲詩作「求新」的藝術實踐

　　詩界革命整體的發展過程中，各個階段皆有其階段性任務，先不論早期黃遵憲「我手寫我口」和譚嗣同「新名詞詩」所扮演的角色，就光緒24年（1898）梁啓超公然號召詩界革命開始來看，首先《清議報》（1898.12.23～1901.12）時期的階段性任務，主要是議論時事和諷刺朝政，特別是抨擊慈禧太后和守舊派勢力，新派詩在此時主要的寫作任務即在此，若有機會則利用傳統詩的形式，順便介紹一些新觀念新事物，讓讀者利用讀詩的機會，來吸收新知識，此時傳統詩的齊言形式與溫柔敦厚詩教，若要大量容納諷刺性的內容題材，寫作上必然會產生綁手綁腳、施展不開的困境，但這個階段的困境才剛展露出來，還不算太嚴重，詩人們仍可忍受，並且做到詩句能盡量散文化就盡量散文化，以達到批評政府，形成輿論力量的功效。

　　其次《新民叢報》（1902.2.8～1907.11.20）階段，任務之一除了繼續承接文學諷刺社會的實用性之外，其主要任務已經變成全面嘗試新的創作題材，

〔註27〕黃遵憲著，吳振清、徐勇、王家祥編校《黃遵憲集》上下2冊，天津：天津人民出版社，2003.10，頁500。

介紹新事物新觀念，確實達成新民的目的，這時上述的寫作困境已經非常明顯，多數詩人爲了要更露骨地批判政治，並傳達進步的思想觀念，不斷嘗試創作新時代的內容題材，使得傳統詩齊言規矩的形式受到質疑與檢討，以文爲詩仍然無法滿足文學實用性的目的，必須思考解放詩體與白話文的可行性，因此從文言到白話的改變和詩體形式上的解放，儼然成爲未來趨勢，雖然已經有不少人在嘗試新的文體和白話文寫作，但仍然屬於嘗試性質。

　　最後《新小說》（1902.11～1906.1）階段，形式上的變革和白話文的寫作，其時機已經成熟，傳統詩只要願意跟著變革，仍有活路，於是有詩界革命的指標黃遵憲便建議梁啓超開闢「雜歌謠」專欄的構想，光緒28年（1902）黃遵憲〈與梁啓超書〉云：

> 報中有韻之文，自不可少。然吾以爲不必仿白香山之〈新樂府〉、尤西堂之〈明史樂府〉。當斟酌於彈詞粵謳之間，或三、或九、或七、或五，或長短句，或壯如隴上陳安，或麗如河中莫愁，或濃至如焦仲卿妻，或古如〈成相篇〉，或俳如俳枝詞。易樂府之名而曰「雜歌謠」，棄史籍而采近事。至其題目，如梁園客之得官，京兆尹之禁報，大宰相之求婚，奄人子之納職，候選道之貢物，皆絕好題也。此固非僕之所能爲，公試與能者商之。吾意海內名流，必有迭起而投稿者矣。〔註28〕

黃遵憲建議的「雜歌謠」以自由的句式和通俗的題材爲主要特徵，在某個程度上仍保留傳統詩的韻味，意義上以傳統詩的轉型，代替傳統詩的被消滅，雖然實質上傳統詩仍是消失了，但至少讓爲數眾多的傳統詩人群，不至於在新潮流中適應不良，而完成了詩界革命最終階段的任務。

　　經過前兩節的討論與分析，丘逢甲的社交圈以光緒25、26年，爲接觸維新運動的高峰，又他在整個詩界革命進行的過程中，應該是位於《清議報》階段，不過從黃遵憲寫給梁啓超的信中發現，丘逢甲積極參與詩界革命的行動，應不僅限於《清議報》上被公開刊登出來的詩作。本節就丘逢甲《嶺雲海日樓詩鈔》中很明顯有求新意味的詩作，例如新名詞的使用、以文爲詩、歌詠古人從未寫到詩中的新事物、新觀念和新意境，更能論證丘逢甲投入詩界革命的積極行動與藝術實踐。

〔註28〕黃遵憲著，吳振清、徐勇、王家祥編校《黃遵憲集》下冊，天津：天津人民出版社，2003.10，頁 494。

一、使用新名詞

　　新名詞包括新潮的書面語（即翻譯的語詞）、宗教用語、神話語、俗諺語、童謠語……等，這些都是古人作詩時不主張寫入詩中的語詞，但在詩界革命的初期，即光緒 22、23 年夏曾佑、譚嗣同是大力提倡的。新名詞的頻繁使用，很能讓人一下子就區別出這就是詩界革命的詩。

　　根據羅秀美〈丘逢甲的白話書寫──以詩界革命爲觀察視域〉〔註 29〕研究顯示，丘逢甲引流俗語（即新潮的書面語）入詩的情況，加上筆者閱讀過程所發現的新名詞，並一併配合上時間和頁數做成下表：

【表八】《嶺雲海日樓詩鈔》使用新名詞簡表（上）

寫作時間	《丘逢甲集》的頁數	新名詞	新名詞	寫作時間	《丘逢甲集》的頁數	新名詞	新名詞
1898	270	東半球		1900	446	天主堂	新教
	272	互市	五洲			歐西	
	287	地球			452	維多利亞	
	305	巨毋霸	阿得脂		457	支那	維新
	307	鐵路			459	熱帶	西半球
1899	325	五洲			462	墨雨	歐風
	327	世界				拿破崙	
	328	全球	五洲		463	爹亞	歐美
	342	歐奧非	五洲			亞洲	五洲
		地球	全球		467	打毬場	
	348	英皇	俄帝		482	耶回	
	354	世界	黃人	1901～1902	491	高倫布	卓耳基
	374	火輪船	互市			紐約	
		郵筒	飛機		506	東半球	西半球
	386	機械	西歐			華盛頓	自由
		五洲				亞洲	

〔註29〕羅秀美〈丘逢甲的白話書寫──以詩界革命爲觀察視域〉，「紀念丘逢甲誕辰140 周年學術研討會」，廣州：廣東丘逢甲研究會主辦，2004.12.23～24。

	387	合群理	詩界
		自主權	
	428	世界	
1900	436	五洲	全球
	444	地球	赤道
		維新	主權
	445	大西洋	波斯
	446	亞當	夏娃
		安息日	天主堂

508	互市	俄德法英日美
	義奧比	
510	海關	關稅
	出口	入口
	領事權	洋輪
	公使	
518	天演	
520	革命	米雨歐風
520	革命	米雨歐風

丘逢甲引用流俗語以「地球」、「全球」、「東、西半球」等詞最爲頻繁，共出現 11 次，其次「五洲」、「亞洲」等詞，共出現 9 次。「世界」一詞出現 3 次，「世界」雖源自於佛家用語，但在近代詩人的用語習慣中，是把它當成新潮的書面語使用，其涵義已與原始解釋不相同。另外，丘逢甲其他新名詞的使用尚有：

【表九】《嶺雲海日樓詩鈔》使用新名詞簡表（下）

寫作時間	《丘逢甲集》的頁數	詩　　題	新名詞	使　用　詞　句
1895	168	〈燃燈歌〉	宗教語	華鬘、本命、苦海、菩薩……等。
1895	170	〈興福寺〉	宗教語	達摩、蓮宗、頓漸、北宗、南宗、禪宗、天竺、瞿曇……等。
1898	244	〈日蝕詩〉	神話語	六螭、天龍八部、羅睺、南贍、古天竺、共工、太皞……等。
1899	399	〈聞童謠作〉	童謠語	柑花開，吳王來。柑結子，吳王死。
1901	497	〈游薑畬題山人壁〉	童謠語	月光光，好種薑。
1901	497	〈游薑畬題山人壁〉	俗諺語	畜羊、種薑，利息難當。 蟾蜍落塘，宜下穀種。

從上表來看，丘逢甲使用新名詞比較集中在 1899 年和 1900 年，種類也多半是普通用語，沒什麼標新立異的字眼，放在詩中讀起來很通順，關於這點，張永芳〈丘逢甲與詩界革命〉說：

　　丘逢甲雖不喜「新名詞」，但因時代變化了，新的語彙不斷輸入，詩
作要想完全迴避「新名詞」已辦不到，丘逢甲的詩，也適應形勢發
展，採用了不少外來翻譯詞語，但丘詩所用「新名詞」，多爲不得不
用的人名、地名或專門術語，很少有西洋典故，更從未採用自造的
生僻隱語，故讀來尚無窒礙，並未傷及傳統詩格。有意思的是他在
兩首寫男女情愛的詩中，談及西洋女子，「新名詞」用得最明顯。……
這在當時的「新派詩」中，也可謂別具一格。〔註30〕

由於新名詞的使用，並非丘逢甲帶給詩界革命多麼了不起的成就，此處僅聊
備一格，故不再深論。

二、以文爲詩

　　詩界革命中素有「以文爲詩」的特色，大概有兩種意思，一種是第二章
第一節說過的「散文化」語法，或者「白話」口語。傳統詩強調鍊字，要以
文學想像性的語言，做爲詩的語言，如果寫的太白話，則容易被譏笑爲淺
露，但詩界革命爲達到教育、實用的目的，主張創造新語句，追求白話易懂
的詩句，是一大革命性的特色。另一種「以文爲詩」是指詩的佈局必須取徑
於古文的謀篇與結構，曾國藩湘鄉詩派與同光詩也強調這種寫法，詩界革命
的梁啓超在〈飲冰室詩話〉中沒有明確講到這種意義的「以文爲詩」，但黃
遵憲明確主張「用古文家伸縮離合之法以入詩」，與此同樣意思，這是指長篇
古體詩的結構佈局方面，丘逢甲也有這方面的寫法，徐肇誠《丘逢甲嶺雲海
日樓詩鈔研究》已經說的完備，例如〈芷谷居士畫大幅水墨雲山、瀑布二
圖，并題句見贈，長句賦謝〉、〈波羅謁南海神廟〉、〈前詩多見和者，所懷未
盡，復次前韻〉、〈枚伯以長句題羅浮游草，次韻答之〉、〈與客談羅浮之樂，
並言居山之利，因成長句〉、〈汕頭海關歌寄伯瑤〉、〈二高行贈劍父、奇峰
兄弟〉……等，有很明顯學習黃遵憲「用古文家伸縮離合之法以入詩」，的意
味〔註31〕。

〔註30〕張永芳〈丘逢甲與詩界革命〉：《中國古代近代文學研究》，1990 年第 9 期，北
　　　　京：中國人民大學書報資料中心，頁 276～277。
〔註31〕徐肇誠《丘逢甲嶺雲海日樓詩鈔研究》第三章第一節〈散文化的章法與筆法〉，
　　　　碩士論文，成功大學歷史所，1993.6，頁 84～92。此種章法及筆法上的技巧，
　　　　在古體詩上特別易於施展，一則可以從各角度反覆論說，層層推闡，使詩人
　　　　之意見態度及感慨均可一一表達，一則由於語調節奏富於變化，更可增加其
　　　　說服或感動人心的力量。

　　由於第二種「以文爲詩」也見於其他非詩界革命詩派的主張中，例如同光詩主要特色就是「以議論入詩」（即「以文爲詩」）的主張，再說梁啓超似乎沒有特別提倡「以議論入詩」的「以文爲詩」的傾向，較顯現不出詩界革命的特色，所以這裡需要補充的「以文爲詩」針對的是第一種意思，即詩句語言比較不經過藝術提煉，就像是散文口語，可等同於白話書寫，另外也指詩句的句式不遵守「上四下三」或「上二下三」的傳統規則。在丘逢甲《嶺雲海日樓詩鈔》詩作中，詩句比較口語化，以及不遵守「上四下三」或「上二下三」的傳統規則的情形，例如下表：

【表十】《嶺雲海日樓詩鈔》使用散文句法簡表

《丘逢甲集》的頁數	詩　句	《丘逢甲集》的頁數	詩　句	《丘逢甲集》的頁數	詩　句
174	止隔明亡十二年（口語化）	578	仙不在昌蒲瞷（口語化）	592	東村有荔枝（口語化）
287	四萬八千戶（口語化）	578	佛不在風幡堂（口語化）	592	西村有荔枝（口語化）
327	可憐人枉說妖祥（上三下四）	579	筮亦不能短（口語化）	592	南村有荔枝（口語化）
384	得年四十七（口語化）	579	龜亦不能長（口語化）	592	北村有荔枝（口語化）
384	六百廿一歲（口語化）	579	北不盡幽營（口語化）		
502	還我堂堂地做人（口語化）	579	南不盡荊揚（口語化）		
518	手把英雄傳閒讀（口語化）	580	白雲鄉是溫柔鄉（口語化）		

第二種以文爲詩，顯示丘逢甲在詩的結構上的求新，以議論入詩，由於此種寫法黃遵憲早已嘗試過了，顯示出丘逢甲有追隨黃遵憲以文爲詩的用意。第一種以文爲詩，代表丘逢甲詩作在通俗性上做過努力，但數量畢竟不夠可觀，很難以此在詩界革命中另張旗幟，其詩作主要特色還是要回歸到梁啓超對他「雅馴溫厚」的評價上，但卻因此突顯丘逢甲在主要寫作習慣之餘刻意爲之、迎合運動需要的情形，說明他盡力去嘗試詩界革命的要求。

三、新意境

新意境指的是以古人詩中未詠之事物，或源自西方的新事物（統稱為新觀念）為詩材，其詩作所帶來的全新感受。

丘逢甲詩作介紹新觀念的部分，有以下詩作：〈家芝田（漱秀）市菊數盆見贈，時已多十月矣，感其晚芳，摘我鬱抱，聊賦拙什以質芝田〉（頁 234）、〈千秋曲〉（頁 253）、〈送潮州諸孝廉公車北上〉（頁 256）、〈牡丹詩〉（頁 325）、〈拜大忠祠回詠木棉花〉（頁 340）、〈題地球畫扇〉（頁 342）、〈謝林雪齋（豐年）惠畫〉（頁 348）、〈送季平之澳門兼定來約〉（頁 374）、〈題蘭史獨立圖〉（頁 387）、〈海中觀日出歌由汕頭抵香港作〉（頁 444）、〈與平山近藤二君及同志諸子飲香江酒樓兼寄大隈伯相犬養春官日本東京〉（頁 457）、〈七洲洋看月放歌〉（頁 458）、〈自題南洋行教圖〉（頁 470）、〈舟泊吉隆〉（頁 471）、〈贈羅叔羹領事〉（頁 472）、〈鍾文南太守寶熙自美洲回里賦贈〉（頁 491）、〈有客自美洲歸，作仗劍東歸圖，為題卷端〉（頁 506）、〈題陳擷芬女士女學報〉（頁 523）、〈送長樂學生入陸軍學校〉（頁 537）、〈紀興寧婦女改妝事與劉生松齡〉（頁 522）……等 17 首詩。

按照所詠新觀念來分類，約有以下 4 類：

（一）自然科學知識：地球繞太陽運行〈海中觀日出歌由汕頭抵香港作〉，月球繞地球運轉〈七洲洋看月放歌〉，地球有五大洲〈題地球畫扇〉、〈鍾文南太守寶熙自美洲回里賦贈〉。例如〈七洲洋看月放歌〉「地球繞日日一週，日光出地月所收。此時月光照不到，尚有大地西半球」（頁 458），已經是用科學的角度去理解太陽、月球與地球之間的相對位置。

（二）自由平等觀念：合群自主的需要〈題蘭史獨立圖〉，追求自由平等〈有客自美洲歸，作仗劍東歸圖，為題卷端〉，男女平權〈題陳擷芬女士女學報〉、〈紀興寧婦女改妝事與劉生松齡〉，兄弟友邦〈與平山近藤二君及同志諸子飲香江酒樓兼寄大隈伯相犬養春官日本東京〉。例如〈有客自美洲歸，作仗劍東歸圖，為題卷端〉「西半球歸東半球，儼然有國臥亞洲。逢人莫說華盛頓，屬禁方懸民自由」（頁 506），表達亞洲國家將會迎頭趕上歐美民主自由的腳步，並與其平起平坐。

（三）舊瓶裝新酒（賦予舊有的事物，全新的感受與詮釋）：鞦韆戲可以救國〈千秋曲〉，牡丹足以傾國〈牡丹詩〉，現代人的離別和相思〈送季平之澳門兼定來約〉，海外移民的心情〈贈羅叔羹領事〉，文武並重發展〈送長樂

學生入陸軍學校）。例如〈送季平之澳門兼定來約〉「別我向何處？臨歧殊悵然。群夷濠鏡宅，千里火輪船。互市開明代，飛機近百年。茫茫眾憂集，竟在有生前。」、「預計重逢日，歸途六月中。山川仍古越，人物幾英雄。把酒酌江月，卸帆談海風。行期早吾告，慎勿惜郵筒。」（頁 374）古人的送別由於再見甚難，多半難分難捨，生離與死別無異，故詩作著重在離情、相思情緒的描寫，而丘逢甲的朋友將要前往的地方澳門，是一個「群夷濠鏡宅，千里火輪船。互市開明代，飛機近百年。」變動快速且文明進步的租界地，是中國人看到世界文明的窗口，想必是一趟會增廣見聞的知性之旅，丘逢甲在詩中樂觀其成這次的離別，因此不見古人送別時的悲傷和絕望。

　　（四）新文明的便利性：學說得以傳播海外〈自題南洋行教圖〉，交通便利快速〈舟泊吉隆〉、〈送潮州諸孝廉公車北上〉。例如〈自題南洋行教圖〉「莽莽群山海氣青，華風遠被到南溟。萬人圍坐齊傾耳，椰子林中說聖經（四月朔日在閑眞別墅衍說，聞者以爲得未曾有）。」「二千五百餘年後，浮海居然道可行。獨倚斗南樓上望，春風迴處紫瀾生。」（頁 470）新式交通工具使丘逢甲可以出國，雖說名義上是要考察華僑生活情況，但拜演講集會的型態之賜，可以大力宣揚建立孔教以維新國運的理想，而獲得立竿見影的效果，孔子應該萬萬想不到自己的學說也可以傳播到海外。

　　就丘逢甲所詠新題材詩而言，其頻率和深度仍不及黃遵憲，張永芳〈丘逢甲與詩界革命〉說：

> 就新派詩而論，黃遵憲既是先行者，作品數量又多，丘逢甲是有所不逮的。但是，丘逢甲久居國內，對國內情狀的了解勝過黃遵憲，他描寫國內局勢的詩，也反映出帝國主義列強入侵帶來的社會變動，頗有可讀之作。……以內地的變化來反映門戶的開放，似比直接描寫海外風物，更能令人眞切地感受到海通以來時局的演變。
> 〔註32〕

說明詩人對異域閱歷的豐富與否，會影響他在開創新題材方面的表現。丘逢甲之所以在這方面比較遜色的原因，主要就是他的國外閱歷較爲不夠，只有短暫（1900 年爲期 4 個月）到過南洋的經驗。不過，也因此讓丘逢甲可以專心寫作國內的觀感，且專注於自己特殊際遇的描述上，這又剛好是黃遵憲不

〔註32〕　張永芳〈丘逢甲與詩界革命〉：《中國古代近代文學研究》，1990 年第 9 期，北京：中國人民大學書報資料中心，頁 277。

及丘逢甲的地方。至於丘逢甲與黃遵憲的相關比較，第四章會有討論。

另外，詩界革命的新題材詩除了以上所述的類型外，還有「新題詩」也是一大特色，夏曉虹〈新題詩鈎沉〉說：

> 「新題詩」的說法借自日本，指的是以來自西方的新事物為歌詠對象的詩作。……在中國，這類詩歌的命題仍與明治前期的日本不同，更多出自舊義翻新。而在「相思」、「無題」、「游仙」等傳統詩題前冠以「新」字，仍明白地顯示出晚清詩人的求新意識。多半用來表現物質文明的「新題詩」，既展示了西方文化對古老中國的衝擊，也隨著其與國人日常生活的交融而失去新奇感。〔註33〕

夏曉虹簡單扼要地將新題詩在晚清詩壇上曇花一現的原因交代清楚，但不可否認的，新題詩確實曾是晚清詩界革命詩人為表現新意和創意，而大量傳寫的一種詩作。丘逢甲《嶺雲海日樓詩鈔》從詩題命名來看未見任何「新題詩」，不過仔細從內容上去找，卻發現他寫了不少類似的「新遊仙」詩，例如〈日蝕詩〉（頁 244）、〈說劍堂集題詞為獨立山人作〉（頁 300）、〈東山松石歌和鄭生〉（頁 369）、〈題裴伯謙大令睫闇詩鈔〉（頁 403）、〈寄蘭史曉滄菽園用曉滄韻〉（頁 409）、〈歐冶子歌〉（頁 456）、〈七洲洋看月放歌〉（頁 458）……等借游仙寫時事之作，夏曉虹評論新遊仙詩的特徵說道：

> 由於諷諭時事之心太切，使得這些遊仙詩作者與傳統游仙詩人有明顯區別：他們並沒有哪怕是暫時神遊太虛幻境的經歷，而是始終寸步未離人間現實。可以想知，這種游仙詩不會給作者本人帶來解脫形骸、縱浪天地的愉悅。這些詩對於傳統游仙詩來說，可以稱之為出新，更準確地說，則是一種變體。〔註34〕

雖然丘逢甲的新游仙詩也有以上特徵，但是真正令丘逢甲以仙人、仙境等超現實經驗，來滿足自己精神上的勝利的主要癥結，還是如前所說的乙未割臺事件對丘逢甲個人造成的遺憾。徐肖南〈丘逢甲：迴環的歷史主題與個人生命情懷〉說到：

> 收復故土臺灣一直是丘逢甲詩最突出的主題，將光復臺灣作為自己終生的生命理想和目標，使這種對於歷史和民族的情懷變成了不同

〔註33〕夏曉虹《晚清社會與文化》第六章〈新題詩鈎沉〉，武漢：湖北教育出版社，2001.3，頁 151。
〔註34〕同前註，頁 165。

的具體生命表現，在丘逢甲的不同詩歌中表現出來，有時隱迴曲折，

有時高亢明麗，就是他初回大陸時所寫的那些談禪論道的仙緣詩，

也表現出力圖躲避悲憤而產生的生命迷茫之感。〔註35〕

因此，丘逢甲游仙詩中到達仙境後不是暢遊太虛，而是設法斬妖除魔，替仙境除害，有時正義伸張，有時無功而返，丘逢甲的新遊仙詩實質上是一種歷史創傷的消解。此點下一章第三節會再談論，此處僅點到為止。

　　綜合以上所論，就《清議報》的階段性任務和梁啓超〈飲冰室詩話〉的評價來看，他的諷刺詩雖然符合異議媒體抨擊朝廷的功能性，但從詩界革命創作群的諷刺詩尺度來說，丘逢甲是屬於比較溫和那一型的，仍然較含蓄。雖然也儘可能以文為詩，使用新名詞，創造新意境，要突顯他的求新意識，卻也流露出他追步黃遵憲的影子，而丘逢甲詩的求新意識，因為才剛處於詩界革命的起步階段，新題材詩還沒有成為主流，加上當時他個人的異地異國閱歷有限，受到西方文明等新題材的衝擊力道，沒有黃遵憲等具有國外經驗的詩人來的強烈，所以丘逢甲詩中開發的新觀念、新事物、新語詞，其數量和面向也會受到限制。不過丘逢甲的新題材詩畢竟還是盡到了介紹新知識的實用性目的，這與保守擬古派的同光詩派、王闓運詩派、張之洞詩派將新題材視為點綴效果的創作態度來比較，又會覺得丘逢甲還是稱職地實踐了詩界革命的主張。

　　持平而論，梁啓超〈飲冰室詩話〉是以「詩人之詩」的角度，來評論丘逢甲「詩界革命一鉅子」的典範地位，並不是從「理想性」、「實用性」的角度來評價丘逢甲。所以，丘逢甲於詩界革命新派詩的特色和價值，應該不在上述幾種刻意求新的藝術實踐上，但是為了照顧到丘逢甲詩作積極實踐於詩界革命中的各種面向，仍有必要將這些求新的作品分析評述一番。

〔註35〕徐肖南〈丘逢甲：迴環的歷史主題與個人生命情懷〉，《走向世界的客家文學》，廣州：華南理工大學出版社，2001.11，頁26。

第四章　丘逢甲、黃遵憲二家新派詩之比較

　　黃遵憲和丘逢甲並稱為「黃丘」或「丘黃」，不管是當事人本身，還是後來的評論家都表示認同。例如光緒 28 年（1902）黃遵憲〈致梁啟超書〉云：

> 此君（丘逢甲）詩眞天下健者，渠（丘逢甲）自負曰：「二十世紀中，必有刻黃、邱合稿者。」又曰：「十年之後，與公代興。」論其才調，可達此境，應不誣也。〔註1〕

又如錢仲聯〈論近代詩四十家〉之〈丘逢甲〉說：

> 詩界談革命，壓倒光宣壇。鯤洋創新國，回風生紫瀾。黃丘當合稿，斯語知非謾。〔註2〕

而彰化鹿港著名詩人兼書畫家施梅樵（天鶴、可白）於昭和 17 年（1942）11月 29 日編輯《邱黃二先生遺稿合刊》，由鴻文印刷合資會社承印，臺南黃拱五校正。可見丘逢甲與黃遵憲被並稱為「黃丘」或「丘黃」，不只是因爲他們同爲嶺東人士，也不只是因爲他們私交不錯，更由於他們在詩界革命新派詩的創作實踐上，同樣具有數一數二的創作實力，不管是各自對自己文學上的期許，還是別人對他們文學表現分別的評價，大抵都在伯仲之間。

　　然而，詩界革命既然以黃遵憲爲指標人物，傳統詩的藝術性和實用性都在黃遵憲的詩中獲得體現，那麼丘逢甲在詩界革命中，以什麼樣的本事和特

〔註 1〕　黃遵憲著，吳振清、徐勇、王家祥編校《黃遵憲集》下冊，天津：天津人民出版社，2003.10，頁 502。

〔註 2〕　錢仲聯《清詩紀事》（十九）光緒宣統朝，江蘇：江蘇古籍出版社，1989.7，1版 1 刷，頁 13330～13331。

色，能夠產生和黃遵憲並稱爲「黃丘」或「丘黃」的讚譽？簡言之，丘逢甲和黃遵憲的傳統詩，有什麼同、異之處？

　　本章將丘逢甲與黃遵憲的詩作一番比較，除了分析他們的相異之處外，更希望透過比較，能更精準地抓住丘逢甲詩界革命詩作的眞正特色，同時也可以看到丘逢甲對詩界革命的苦心經營。以下分成「詩史」的比較，「諷刺詩」的比較，和「新題詩」的比較來討論丘逢甲和黃遵憲的不同。

第一節　「詩史」之比較

　　丘逢甲和黃遵憲都是有心以詩歌寫作歷史的詩人，也就是所謂詩史，同時《嶺雲海日樓詩鈔》和《人境廬詩草》的編輯，都是以明確的時間先後爲分卷標準，這種以時間先後順序來分詩集卷數的編輯方式，在歷代詩人詩集中和當時詩人詩集中，都是較少見到的，顯然丘逢甲、黃遵憲對自己的詩集有著詩史般的自我期許，而黃遵憲《人境廬詩草》於 1900 年自己編訂，丘逢甲《嶺雲海日樓詩鈔》於 1911 年自己編訂，又因爲兩人曾經走得很近，黃遵憲編訂的時間比丘逢甲來的早，感覺上丘逢甲有模仿黃遵憲的可能。

一、梁啓超《飲冰室詩話》的「詩史」主張

　　詩史是詩界革命的文學主張之一，梁啓超《飲冰室詩話》有諸多討論詩史的文學批評，茲引 6 例爲證：

1. （錫蘭島臥佛）若在震旦，吾敢謂有詩以來所未有也。以文名名之，吾欲題爲〈印度近史〉，欲題爲〈佛教小史〉，欲題爲〈地球宗教論〉，欲題爲〈宗教政治關係說〉；然是固詩也，非文也。有詩如此，中國文學界足以豪矣。（第 8 則）

2. 吳季清先生一家之死難，實我生朋友中最痛怛之事，而戊戌北京、庚子漢口諸烈以外一大悲慘之紀念也。久欲爲一詩紀哀，至今未成，引爲疚焉。前曾見黃公度所作〈三哀詩〉中數語，今復得其全篇；我心中所欲言，殆盡于是，我其亦可以無作矣。……敘述吳公死事事實頗詳，並錄之以備後之作史者參考焉。（第 51 則）

3. 近日時局可驚可怛可哭可笑之事，層見疊出；若得《西涯樂府》之筆寫出，眞一絕好詩史也。頃從各報中見數章，謔而不虐，婉

而多諷，佳構也，錄之。〈黃花謠四章〉……〈辰州教案新樂府四章〉……（第 58 則）

4. 公度之詩，詩史也。頃檢其舊集，有〈朝鮮歎〉七解，蓋癸未所作，距今二十有一年矣。朝鮮迄今猶擁虛號，當亦作者當時所不及料也。（第 79 則）

5. 鄉人懺餘生，以使事駐美洲之古巴。頃以〈紀古巴亂事有感〉十律見寄，……此真有心人之言，不能徒以詩目之。即以詩論，杜陵詩史，亦不是過矣。（第 190 則）

6. 騰越李根源（字印泉），以學軍留東在聯隊，志士也。以其同里楊發銳（字貢誠），所輯關於騰越之詩歌若干首見寄。或足供種俗之調查，或足補歷史之殘缺，皆瑰寶也。乃錄入詩話以廣其傳，且志搜討之勤。（第 194 則）〔註3〕

由上面 6 例可知，梁啓超的詩史意涵主要是針對詩作本身的記事性質而言，詩的題材與內容是否為重要或珍貴的時事留下完整的紀錄，造成一種比客觀歷史文字記錄更有渲染力量的效果，即為詩史。而傳統意義的詩史主要針對的是詩人本身的創作意識而言，詩人是否以史家超然公正的態度來從事文學創作，如果符合，其創作皆可視為詩史〔註4〕，而不是以題材或內容是否具有即時性來判定，所以，梁啓超的詩史與傳統意涵的詩史，偏重的對象不太一樣，梁啓超詩史指的是詩作的內容與題材，傳統詩史指的是詩人是否像史家。另外，梁啓超詩史的題材範圍包含廣泛，除了重大政治外交事件，連外國史事、地方故實都可以視為詩史，不管是已經發生過的事，正在發生的事，還是即將發生的事，都可以成為詩史的題材。項念東〈梁啓超的「詩史」觀——《飲冰室詩話》的若干詩學思想分析〉指出：

> 梁啓超的「詩史」觀，有兩重向度：其一，因詩以知史。《飲冰室詩

〔註3〕 梁啓超《飲冰室詩話》，張品興編《梁啓超全集》第 9 冊第 18 卷，北京：北京出版社，1999，第 8 則頁 5279，第 51 則頁 5319，第 58 則頁 5324，第 79 則頁 5335，第 190 則頁 5393，第 194 則頁 5396。

〔註4〕 龔鵬程《詩史本色與妙悟》（臺北：臺灣學生書局，1986.4，頁 24～25）說，詩史乃是以敘事的藝術手法，記錄事件，而又能透顯歷史的意義和批判的一種尊稱。……例如杜甫詩被稱為詩史，梅村詩也被稱為詩史，二人藝術面貌既不相同，詩體亦未必相類，而論者稱其為詩史，更不僅就二人某詩體立論，而綜括其一生創作的宗旨與表現的精神，認為他們含有上述「史」的意義和價值，才賜予「詩史」之名。

話》相比近代其他乃至過往詩話著作而言，一個顯著的特色就是以收錄同時代詩人時代氣息極強的詩作為主。梁啓超就是借收錄詩友及時人此類詩作，以保存維新變革時代一段活的歷史，以及新詩學發展道路上的一段史實，以詩存史，再現新詩學萌生期的時代氛圍和思想背景。其二，因史以論詩。沿引「知人論世」的詩學批評傳統，抉發新詩人的創作意圖和思想內涵，強調「新理想」的樹立對於建構新詩學、塑造「新民」的重要意義，從而將中國古典詩學「詩史」說的思想傳統，接續到中國近代以「改造國民性」、重塑新精神為主旨的啓蒙思潮。所以，如果說以倡導「三長兼備」，力促「詩界革命」為梁啓超詩學理論宣言的話，那麼深層的「詩史觀」，便可視為其詩學的思想內核了。〔註5〕

然而，詩史一向不是中國典雅的傳統詩主流，但一直是一股強勢的伏流，詩界革命何以重視詩史，讓這股伏流成為他們的主流？魏仲佑《黃遵憲與清末「詩界革命」》說到《飲冰室詩話》的詩學主張之一「文學實用論」與「詩史」文體特色的關係：

（詩史）這類作品就詩人而言，代表詩人對社會的關心與責任感；而就讀者而言，可由作品的是非之褒貶而得到歷史之教訓，所以「詩史」無疑是較具實用性的詩體，梁氏之重視「詩史」，相信是看中這種作品具有的時代批評及歷史的反省。〔註6〕

可見，詩界革命是基於政治實用性和文學實用性的考量，才將詩史的地位提升到一個比傳統抒情言志的主流詩還要高的地位。

二、黃遵憲詩作表現於政治外交方面的「詩史」

梁啓超《飲冰室詩話》所標舉的詩史相關詩作，多半以黃遵憲詩作為主，例如〈錫蘭島臥佛〉、〈罷美國留學生感賦〉、〈琉球歌〉、〈越南篇〉、〈臺灣行〉……等等，黃遵憲本人也有自覺意識要寫作清末「詩史」，被後來研究者所公認確實是繼杜甫、元好問、吳偉業一脈相承的詩史，例如袁光祖《綠天香雪簃詩話》、錢仲聯《夢苕盦詩話》、劉大杰《中國文學發達史》、梁容若

〔註5〕 項念東〈梁啓超的「詩史」觀──《飲冰室詩話》的若干詩學思想分析〉，《安徽師範大學學報》（人文社會科學版），第31卷第4期，2003.7，頁465～466。
〔註6〕 魏仲佑《黃遵憲與清末「詩界革命」》，臺北：國立編譯館，1994.12，頁278。

《文學十家傳》……等〔註7〕。

　　而黃遵憲的詩史是如何寫法和內容呢？根據魏仲佑《黃遵憲與清末「詩界革命」》的研究，黃遵憲的詩史的寫法是屬於嚴格意義的詩史：

> 以較嚴格的定義來解釋「詩史」，傳統稱為「詩史」的作品，都以描寫時代的病相為主，並以冷靜而不帶情緒的敘事筆法，作者以呈現事實為主要任務，並讓事實本身去說明歷史的功罪，來達到褒貶之目的。杜甫、張籍、白居易、元稹的諷諭詩屬之。這樣的作品在杜甫、白居易的時代多以古風或樂府的形式寫成；而到了清代晚期也漸漸看到以近體詩聯章描寫的作品，如鄭珍寫西南苗亂的〈圍城八首〉、黃遵憲寫庚子之亂的〈述聞八首〉、〈天津記亂十二首〉之類，這些作品不管用什麼形式寫成，主要精神在呈現事實真相，讓真相本身去說明歷史的是非功過，這便是真正的所謂詩史。〔註8〕

可見，黃遵憲詩史在作法、內容方面，謹守傳統精神，而在形式上有所創新，基本上屬於杜甫系列的詩史，足以成為詩界革命的指標。魏仲佑《黃遵憲與清末「詩界革命」》列舉〈黃遵憲詩與清末之重大事件〉〔註9〕，茲將其製成表格與標註上時間、篇幅、位於錢仲聯《人境廬詩草箋註》的頁數……等相關資料：

【表十一】《人境廬詩草》敘述清末重大時事的詩作目錄

事件	詩　　題	體裁和數量	寫作時間和卷數	位於《人境廬詩草箋註》〔註10〕的頁數
內亂	〈乙丑十一月避亂大埔三河虛〉	七律 4 首共 28 句	1864～1873（卷1）	13～17
	〈拔自賊中所聞〉	五言樂府 4 首共 16 句	1864～1873（卷1）	18～19
	〈潮州行〉	五言樂府 46 句	1864～1873（卷1）	19
	〈喜聞恪靖伯左公至官軍收復嘉應賊盡滅〉	七律 2 首共 16 句	1864～1873（卷1）	21～23

〔註7〕　吳天任《黃公度先生傳稿》第八章第四節〈一代詩史〉，香港：香港中文大學，1972，頁 437～440。

〔註8〕　魏仲佑《晚清詩研究》，臺北：文津出版社，1995.12，頁 125～126。

〔註9〕　同前註，頁 228～229。

〔註10〕　錢仲聯《人境廬詩草箋注》上下 2 冊，臺北：源流文化事業公司，1983.4。

	〈亂後歸家〉	五律 4 首共 32 句	1864～1873（卷 1）	24～26
割地與喪權	〈香港感懷〉	五律 10 首共 80 句	1864～1873（卷 1）	63～74
	〈羊城感賦〉	七律 6 首共 48 句	1864～1873（卷 1）	104～112
藩屬失落	〈琉球歌〉	七言樂府 3 首共 76 句	1877～1881（卷 3）	322～331
	〈朝鮮歎〉	七言樂府 49 句	集外詩輯	
	〈越南篇〉	五言樂府 247 句	集外詩輯	
中法戰爭	〈馮將軍歌〉	七言樂府 50 句	1882～1885（卷 4）	379
	〈題黃佐廷贈尉遺像〉	七絕 3 首共 12 句	1894～1897（卷 8）	714～715
中外關係	〈大獄四首〉	五律 4 首共 32 句	1873～1877（卷 2）	189～194
	〈罷美國留學生感賦〉	五言古體 4 首共 184 句	1877～1881（卷 3）	304～318
	〈逐客篇〉	五言樂府 5 首共 140 句	1882～1885（卷 4）	350～362
	〈以蓮菊桃供一瓶作歌〉	七言雜言樂府 3 首共 82 句	1891～1894（卷 7）	599～605
	〈番客篇〉	五言樂府 6 首共 408 句	1891～1894（卷 7）	608～633
甲午戰爭	〈悲平壤〉	七言古體 20 句	1894～1897（卷 8）	647
	〈東溝行〉	七言樂府 27 句	1894～1897（卷 8）	649～650
	〈哀旅順〉	七言古體 16 句	1894～1897（卷 8）	653
	〈哭威海〉	三言古體 102 句	1894～1897（卷 8）	655～656
	〈馬關紀事〉	五律 5 首共 40 句	1894～1897（卷 8）	676～681
	〈降將軍歌〉	七言樂府 41 句	1894～1897（卷 8）	682～683
	〈臺灣行〉	七言樂府 4 首共 68 句	1894～1897（卷 8）	687～693
	〈度遼將軍歌〉	七言樂府 4 首共 62 句	1894～1897（卷 8）	694～701
湖南新政	〈上黃鶴樓〉	七律	1894～1897（卷 8）	763
	〈上岳陽樓〉	七律	1894～1897（卷 8）	764～765
	〈長沙弔賈誼宅〉	七律	1894～1897（卷 8）	766
戊戌政變	〈書憤〉	五律 5 首共 40 句	1894～1897（卷 8）	767～772
	〈支離〉	五律	1894～1897（卷 8）	773
	〈紀事〉	七律	1898～1899（卷 9）	775
	〈放歸〉	七律	1898～1899（卷 9）	776
	〈九月朔日啓程由上海歸舟中作〉	七律	1898～1899（卷 9）	777

	〈到家〉	七律	1898～1899（卷9）	778
	〈感事〉	七律 8 首共 64 句	1898～1899（卷9）	779～793
	〈仰天〉	七律	1898～1899（卷9）	797
	〈雁〉	五律	1898～1899（卷9）	798
	〈臘月二十四日詔立皇嗣感賦〉	七律 4 首共 32 句	1898～1899（卷9）	866～871
	〈庚子元旦〉	七律 2 首共 16 句	1900（卷 10）	873～874
	〈杜鵑〉	七律	1900（卷 10）	876
拳亂與外侮	〈初聞京師義和團感賦〉	七律 3 首共 24 句	1900（卷 10）	877～881
	〈述聞〉	七律 8 首共 64 句	1900（卷 10）	888～896
	〈五禽言〉	雜言 5 首共 57 句	1900（卷 10）	928～932
	〈再述〉	七律 5 首共 40 句	1900（卷 10）	932～938
	〈七月二十一日外國聯軍入犯京師〉	七律	1900（卷 10）	939
	〈聞車駕西狩感賦〉	七律	1900（卷 10）	941
	〈有以守社稷爲言者口號示之〉	七律	1900（卷 10）	942
	〈中秋夜月〉	七律	1900（卷 10）	943
	〈讀七月二十五日行在所發罪己詔泣賦〉	七律	1900（卷 10）	944
	〈論剿義和團感賦〉	七律	1900（卷 10）	945
	〈聞駐蹕太原〉	七律	1900（卷 10）	946
	〈聞車駕又幸西安〉	七律	1900（卷 10）	948
	〈久旱雨霽丘仲閼過訪人境廬仲閼有詩兼慨近事依韻和之〉	七律 16 首共 128 句	1900（卷 10）	950～971
	〈天津紀亂〉	五律 12 首共 96 句	1900（卷 10）	973～985
	〈京亂補述〉	五律 6 首共 48 句	1900（卷 10）	986～991
	〈京師〉	七律	1900（卷 10）	992
	〈三哀詩〉	五言樂府 3 首共 108 句	1900（卷 10）	993～1000
	〈聶將軍歌〉	雜言七言樂府 4 首共 132 句	1901～1904（卷 11）	1035～1045

	〈群公〉	七律 4 首共 32 句	1901～1904（卷 11）	1047～1035
	〈奉諭改於八月廿四日回鑾感賦〉	七律	1901～1904（卷 11）	1053
	〈和議成誌感〉	七律	1901～1904（卷 11）	1054
	〈啟鑾喜賦〉	七律	1901～1904（卷 11）	1055
	〈車駕駐開封府〉	七律	1901～1904（卷 11）	1056
時代人物	〈馮將軍歌〉（馮子才）	七言樂府 50 句	1882～1885（卷 4）	379
	〈九姓漁船曲〉（寶廷）	七言樂府 52 句	1882～1885（卷 4）	384～385
	〈降將軍歌〉（丁汝昌）	七言樂府 41 句	1894～1897（卷 8）	682～683
	〈度遼將軍歌〉（吳大澂）	七言樂府 4 首共 62 句	1894～1897（卷 8）	694～701
	〈五禽言〉（德宗）	雜言 5 首共 57 句	1900（卷 10）	928～932
	〈三哀詩〉（袁昶、吳德瀟、唐才常）	五言樂府 3 首共 108 句	1900（卷 10）	993～1000
	〈聶將軍歌〉（聶士成）	雜言七言樂府 4 首共 132 句	1901～1904（卷 11）	1035～1045
	〈李肅毅侯挽詩四首〉（李鴻章）	七律 4 首共 32 句	1901～1904（卷 11）	1058～1062

從內容和題材上來看，晚清政治史上的重大內政外交事件，黃遵憲的詩都反映到了，而且是以客觀敘事的筆法來寫作，詩的末尾抒發議論，在傳統詩史的基礎上，注入強烈的諷刺色彩，特別是甲午戰爭和義和團之亂晚清兩大重要事件，其反映的程度與面向最為完整與詳盡。

　　以甲午戰爭為例，黃遵憲共有 8 題 18 首 386 句的篇幅在描寫此一事件，其中〈悲平壤〉、〈東溝行〉、〈哀旅順〉、〈哭威海〉4 首樂府詩描寫清日海戰場面的狀況，清軍不堪一擊，證明數十年洋務運動的失敗，只知道西洋船艦和大炮很有威力，卻不知要培養真正會使用船艦大炮的軍事專業人才，導致新式武器全部拱手資敵。〈降將軍歌〉、〈度遼將軍歌〉分別寫出實際上戰場的當事人中，兩種完全不同典型的悲劇性人物，前者是英雄式的悲劇人物，後者是狗熊式的悲劇人物。〈馬關紀事〉、〈臺灣行〉描寫戰爭的後續效應和代價，李鴻章是整個事件的罪人，而國家的無能和失策最後由無辜的臺灣人買單，可惜黃遵憲〈臺灣行〉筆下的臺灣人，末章「汝全臺，昨何忠勇今何怯，萬

事反覆隨轉睫。平時戰守無豫備，曰忠曰義何所恃？」〔註11〕其效忠立場反覆不定，顯然不符合歷史事實，因為當時臺灣人反抗日軍的殖民，抗爭行動一直是持續進行著。然而，黃遵憲〈臺灣行〉的寫作時間是在戊戌（1898 年）回鄉以後才補作的，並不是乙未（1895 年）事發當時的即時之作，而 1898 年丘逢甲首度主動造訪黃遵憲「人境廬」，丘逢甲因此有〈感事〉20 首，內容對變法維新運動有比較深刻的瞭解與同情，想必丘逢甲應該是從黃遵憲這邊去進一步認識維新運動的情況。相對地，黃遵憲在與丘逢甲接觸後，由於丘逢甲是乙未保臺抗日事件的當事人，而黃遵憲對當年臺灣人民抗日經過的部分誤解，是否與丘逢甲所傳達的訊息有關？就不得而知了。不過，黃遵憲這一系列描寫甲午戰爭的詩作，確實是照顧到歷史的各種面向，鉅細靡遺，可與杜甫描寫安史之亂的系列詩作並稱。

　　另外，就黃遵憲詩史寫作詩的形式而言，按照上表再進一步分類歸納如下表：

【表十二】《人境廬詩草》敘述時事的詩作體裁之統計

形　式	詩　體	句　式	一題一詩	總　句　數	一題組詩	總　句　數
古體詩	樂府	五言	3	701	3	264
		七言	4	167	3	206
		雜言	0	0	3	271
	古詩	五言	0	0	1	184
		七言	2	36	0	0
		三言	0	0	0	184
近體詩	律詩	五言	2	16	7	368
		七言	22	176	12	524
	絕句	五言	0	0	0	0
		七言	0	0	1	12

由上表可知，黃遵憲的詩史在詩的形式上，以題數來看，最常用七言律詩的形式，其次是七言律詩組詩的形式，但若以創作總句數的多寡來代表篇幅大

〔註11〕錢仲聯《人境廬詩草箋注》下冊，臺北：源流文化事業公司，1983.4，頁693。

小這一角度來看，顯然樂府詩的篇幅遠遠凌駕於其他形式的篇幅，其次才是律詩的篇幅。而在總句數的觀察比較中，又以七言律詩組詩的形式最常被黃遵憲寫作詩史時使用。他在詩史形式的選擇上，除了原本就廣被使用的古體長篇外，他也試圖作一新的嘗試，以律詩組詩的形式，爲詩史寫作開闢新詩界，律詩組詩雖以篇幅較短的近體詩爲基本敘事單位，但總體合起來看，仍然是長篇鉅製，所以不管是就詩的整體敘事效果來說，或是整本《人境廬詩草》中詩史寫作最爲優秀的作品來看，長篇鉅製才是黃遵憲的強項。

綜合以上所述，如果以黃遵憲的詩史寫作來代表詩界革命的詩史標準，大致有幾個特色：（一）詩的形式以古體長篇或律詩組詩的形式爲主。（二）詩的寫法必須以客觀敘事爲主，雖然也可議論，但議論成分不得掩蓋敘事成分的光采。（三）詩的語氣可以大膽而露骨，不必太客氣或保留，不用遵守溫柔敦厚的詩教。（四）詩的題材必須是針對晚清重大內政外交事件，或是能夠啓迪民眾智識的題材而寫作。

三、丘逢甲詩作表現於地方史志方面的「詩史」

（一）丘逢甲的政治外交詩的表現特色

若用上述的幾個標準來檢驗丘逢甲的詩作，可以發現符合黃遵憲「詩史」的詩作很少，就題材方面來看，丘逢甲《嶺雲海日樓詩鈔》涉及時事的比例比較高的詩作，可參考【附錄四】《嶺雲海日樓詩鈔》比較涉及時事的詩作目錄。丘逢甲的詩作正確的說是有談到或涉及政治外交上的重大事件，但並沒有像黃遵憲一樣針對事件本身的各種角度做描寫，而著重在抒發自己對此事件的感想和看法，本質上應可大致歸類爲抒情的詩作。【附錄四】列舉的詩作數量好像頗多，其實專門以敘事筆法和客觀寫實來寫作的詩很少，比較明顯的只有〈述哀答伯瑤〉、〈汕頭海關歌寄伯瑤〉、〈戊申廣州五月五日作〉3首古體詩。〈述哀答伯瑤〉全文如下：

> 四千年中中國史，咄咄怪事寧有此？與君不見一年耳，去年此時事
> 方始。謂之曰戰仍互市，曰和而既攻其使。同一國民民教異，昨日
> 義民今日匪。同一國臣南北異，或而矯旨或抗旨。惟俄、德、法、
> 英、日、美，其軍更聯意、奧、比。以其槍礮禦弓矢，民間尚自傳
> 勝仗，豈料神兵竟難恃！守城何人無張、許，收京何人無郭、李。
> 此時中國論人才，但得秦檜亦可喜。拒割地議反賴商，定保皇罪乃

殺士。紛紛攗黨互生死，言新言舊徒爲爾。西來日月猶雙懸，北去山河枉萬里。儀鸞殿卓諸國旗，博物院陳歷朝璽。留都扈蹕方爭功，遷都返蹕相謷訾。伺人怒喜爲怒喜，不知國讎況國恥。素衣豆粥哀痛詔，可惜人心呼不起。嗟哉臣民四萬萬，誰竟一心奉天子。晏坐東南望西北，九廟尚在煙塵裏。韓江東走大海水，江頭一老哀未已。昨寄我詩淚滿紙，止一年耳事且然，眼中況復流年駛？安得同作上界仙，下視群雄如螻蟻。任他爭戰數千年，洞中一局棋未已。（頁508）

〈汕頭海關歌寄伯瑤〉全文如下：

風雷驅鼉出海地，通商口開遠人至。黃沙幻作錦繡場，白日騰上金銀氣。峨峨新舊兩海關，舊關尚屬旗官治。先生在關非關吏，我欲從之問關事。新關主者伊何人？短衣戴笠胡羊鼻。新關稅贏舊關絀，關吏持籌歲能記。新關稅入餘百萬，中朝取之償國債。日日洋輪出入口，紅頭舊船十九廢。土貨稅重洋貨輕，此法已難相抵制。況持歲價兩相較，出口貨惟十之二。入口歲贏二千萬，曷怪民財日窮匱。惟潮出口糖大宗，頗聞近亦鮮溢利。西人嗜糖嗜其白，賤賣赤砂改機製。年來仿製土貨多，各口華商商務墜。如何我不製洋貨，老生抵死讎機器。或言官實掣商肘，機廠欲開預防累。此語或眞吾不信，祇怪華商少雄志。坐令洋貨日報關，萬巧千奇無不備。以其貨來以人往，大艙迫窄不能位。歲十萬人出此關，僂指來歸十無四。十萬人中人虺半，載往作工仰喂飼。可憐生死落人手，不信造物人爲貴。中朝屢詔言保商，惜無人陳保工議。我工我商皆可憐，強弱豈非隨國勢？不然十丈黃龍旗，何嘗我國無公使？彼來待以至優禮，我往竟成反比例。且看西人領事權，雷屬風行來照會。大官小吏咸胸縮，左華右洋日張示。華商半懸他國旗，報關但用橫行字。其中大駔尤狡獪，播弄高權遶橫恣。商誇洋籍民洋教，時事年來多怪異。先生在關雖見慣，思之應下哀時淚。閩粵中間此片土，商務蒸蒸歲逾歲。瓜分之圖日見報，定有旁人思攘臂。關前關後十萬家，利窟沉酣如夢寐。先王古訓言先醒，可能呼起通國睡。出門芬芬多風塵，無奈天公亦沉醉。（頁510）

〈戊申廣州五月五日作〉全文如下：

南風吹沙何烈烈！搏搏大地瓦解裂。如山火雲勢歸戲，欲雨不雨天
益熱。照眼榴花作午節，江上水嬉武可閱，打鼓鳴鉦角優劣。使船
如馬馬化龍，飛龍回頭笑跛鼈，百里橫江渡繞瞥。嗟爾健兒好身手，
慎勿思起為梟桀。年來民窮盜益多，群盜如毛不可櫛。小猶鄉落事
攻剽，大且據城謀篡竊。此方告平彼旋起，一歲之間四五發。東南
已無乾淨土，半壁江山半腥血。民言官苛迫民變，官言革命黨為孽。
彼哉革命黨葛言，下言政酷上種別。假大復仇作藥楬，橫從海外灌
海內，已似洪流不可絕。益之民窮變易煽，魚帛狐篝競潛結。事敗
黨人輒跳免，東鄰西鄰相窟穴。可憐惟爾愚民愚，身罹兵誅家立滅。
年來招兵兵益多，東征西防未容撤。飢困兵言月餉少，羅掘官言庫
儲絀。嗟哉民變猶可說，祗憂兵變不可說，此事邇來已芽蘗。民猶
可煽況煽兵，龐勛之徒何代蔑？尤難言者東西鄰，公庇群兇喉內醫，
鷹瞵狼眈謀我缺。彼謀我者原多途，既山取金路敷鐵。更乘內亂肆
厥毒，坐恐吾民靡有孑。我今內治方無人，何力能俾外謀折？官惟
露布誇賊平，功狀張皇某某列。愁來且進菖蒲觴，有荔如丹藕如雪。
龍舟歸去夜微雨，仰視江天黯空闊。（頁 589）

仔細閱讀後會發現，這 3 首詩其實敘事的成分也不夠高，事件的發展經過很
難因為讀了詩而有初步的了解，讀者絕對需要自己去找史料來印證，才能知
道作者對該事件的看法和感受如何。丘逢甲被號稱為詩史的詩作，內容的表
現手法還是以議論和抒情為主，客觀的事實終究淹沒於主觀的感受之中。大
抵丘逢甲的詩多半牽涉到時事，但詩的寫法基本上是抒情的，他的目的主要
是表達自己的感受，不在於客觀呈現事情發生經過，【附錄四】中丘逢甲的詩
作所牽涉到的時事，雖然沒有黃遵憲「詩史」面面俱到，但也大致都有提到
重大事件，像他以表現自己的尊王思想，彰顯西太后的專權和地方軍閥的坐
大，和庚子拳亂、帝國的瓜分……等內容，都是當時知識分子必定討論的議
題，嚴格說起來，丘逢甲的詩史寫法對黃遵憲的詩史正統地位，應該不會構
成威脅。所以，梁啓超〈飲冰室詩話〉稱黃遵憲的詩是「詩史」，而稱丘逢甲
的詩是「詩人之詩」。

（二）丘逢甲詩作的最高關懷

仔細觀察丘逢甲的詩作中對晚清重大時事的關懷，可以發現他是基於臺
灣被割讓的悲劇，使自己流離失所，轉而很積極主動地去批評時局，目的在

關心臺灣有沒有收復的希望，《嶺雲海日樓詩鈔》中丘逢甲直接而正面地抒發他對臺灣故鄉人事物的關心的詩作很多，寫的也很感人，但這還不足以突顯他的終極關懷，反而他在某些詩中，明明整首詩幾乎在議論一件重大政治事件，但結尾處又突然轉到臺灣問題上，流露出自己因爲臺灣被割讓的事情遭受委屈，這樣的詩作才更顯示丘逢甲內心深處的臺灣情結或陰影，例如〈論詩次鐵廬韻〉七絕組詩 10 首，前 7 首都在討論自己對詩界革命的看法，第 8～10 首便很清楚地講自己因爲臺灣民主國事件而遭受委屈的處境，尤其第 9首：「展卷重吟民主篇，海山東望獨悽然。英雄成敗憑人論，贏得詩中自紀年。（來詩有民主謠）」（頁 521）更讓人覺得他最高、最後的關懷是放在要證明自己的清白給臺灣人民看。魏仲佑根據許長安的分析引申說到：

> 詩人時代的國家重大事故都進入作品之中，但基本上都與乙未臺灣
> 抗日失敗有關，換言之，由於臺灣淪入外人之手，使他痛定思痛，
> 去關心整個國家的問題，而使他寫作心態上充滿對清政府的指責與
> 批判，尤其對慈禧太后當政提出極強烈的譴責。〔註12〕

所以他特別把中國未來的希望和臺灣光復的渴望，都寄託在自認爲的聖主光緒皇帝身上，而用諸多詩作表達自己的尊王思想，他的詩作除了特別不滿西太后的專權外，也顯得特別不滿李鴻章，因爲李鴻章是將臺灣割讓給日本的罪人，例如以下 8 首：

> 〈離臺詩〉、〈有感書贈義軍舊書記〉：「宰相」有權能割地，孤臣無
> 　力可回天。（頁 145、428）
> 〈海軍衙門歌同溫慕柳同年作〉：「衙門主者」伊何人？萬死何辭對
> 　天子！（頁 228）
> 〈感事〉：和戎仍「宰相」，仰屋自司農。（頁 308）
> 〈虞笙寄和予和平里詩次韻答之〉：「相公」長腳工割地，此禍竟種
> 　中興朝。（頁 344）
> 〈柳汀贈詩述及臺事，疊韻答之〉：「相公」款關奉盟語，玉斧一揮
> 　恨終古。（頁 355）
> 〈紀事〉：「相公」南下紆籌策，報國居然仗博徒。（頁 458）
> 〈少瀛以詩貽自壽詩索和走筆書此〉：上書「宰相」毀奇約，此議已
> 　比昌黎尊。（頁 632）

〔註12〕 同前註，頁 127。

以上 8 首詩部分詩句的語氣，皆很明顯地、不客氣地批判李鴻章，相較於《嶺雲海日樓詩鈔》中絕大多數意氣激憤、指涉卻較爲含糊、欲言又止的詩作而言，這 8 首詩顯然比較露骨而正義凜然，不然丘逢甲的詩作中很少有針對某一特定的時代人物作批判的。所以眞要全面統計丘逢甲最關心的時事，或他關心時事的背後眞正動機，相信臺灣被割讓的痛苦及義軍失敗的遺憾，絕對是丘逢甲《嶺雲海日樓詩鈔》最頻繁、重複的時事。

（三）丘逢甲對「詩史」概念的思考

　　若照黃遵憲寫作詩史的標準看來，丘逢甲在詩史的部份，很難跟黃遵憲相提並論，只能說丘逢甲的詩史是廣義的詩史，如魏仲佑所說：

> 所謂「詩史」，籠統言之，即是以韻文形式寫出一個時代變動之全貌；析而言之，「詩史」既採韻文之形式，其用語、句法、聲律亦必須合於韻文之特質，而其內容雖不必然是事實，但至少要能反映時代之眞象；另外這種作品必須直接而顯露的表達，或隱微而含蓄的寄託歷史的批判。〔註13〕

又如魏仲佑〈丘逢甲及臺灣割讓的悲歌〉說：

> 以較嚴格的定義來解釋「詩史」，傳統稱爲「詩史」的作品，都以描寫時代的病相爲主，並以冷靜而不帶情緒的敘事筆法，作者以呈現事實爲主要任務，並讓事實本身去說明歷史的功罪，來達到褒貶之目的。……以此尺度來看，丘逢甲詩歌便不相符，他的全集我們沒有看到歷史寫實的作品。誠然，丘逢甲的詩絕大部分反映了時事，但他完全用以時事寄託個人感慨的方法寫成的，換言之，他確實反映了時事，但作品本質上是抒情的，這樣的詩恐怕就是他自認有歷史意義的作品，所以才會自稱爲「詩史」（指〈論詩次鐵廬韻〉「重開詩史作雄談」之語）。……但梁啟超稱他爲「詩界一健者」，卻不稱他「詩史」，而稱黃公度爲「一代詩史」，可見梁啟超與丘逢甲對所謂「詩史」的瞭解上有很大的落差。〔註14〕

那麼，到底丘逢甲對自己詩史的自信和認定，表現在哪些方面呢？從本書第二章第三節得知，丘逢甲與黃遵憲的來往很密切，其中光緒 24 年（1899）到

〔註13〕 同前註，頁 227〜228。
〔註14〕 魏仲佑〈丘逢甲及臺灣割讓的悲歌〉，《晚清詩研究》，臺北：文津出版社，1995.12，頁 125〜126。

光緒 26 年（1900）之間互動最頻繁，不僅丘逢甲兩度主動造訪黃遵憲，兩人唱和詩也多達 50 首，1900 年底黃遵憲邀丘逢甲替《人境廬詩草》寫跋，丘逢甲最慢在 1900 年底將《人境廬詩草》全面讀過，因為丘逢甲有意要寫作詩史，也有意想跟黃遵憲齊名，而眼見黃遵憲的詩史已經是傳統詩史意義的最高發揮，丘逢甲他自己的國外經驗也不多，也沒有專業外交官的國際觀，晚清的重大涉外事件給他的感受固然強烈，但可能僅限於情緒上的翻騰，很難在激情之餘寫出客觀紀錄的詩作，也很難在詩作中用理性觀照的態度，對事件的全面性發展和後續效應，做出整體的勾勒，而這些丘逢甲做不到的事，剛好都是黃遵憲的專長，所以丘逢甲應該不會再以同質性的詩史去挑戰黃遵憲的詩史地位。

　　而就丘逢甲個人獨特的經歷和專長來看，丘逢甲由於在臺灣成長並出名，清代臺灣詩壇一向重視采風的風氣，加上他曾經擔任過臺灣通志採訪局採訪師，年輕時也寫過〈臺灣竹枝詞〉百首和客觀記錄臺灣風土民情的詩作，所以丘逢甲極有可能會以地方故實來做為詩史的主要內容，況且前引梁啓超《飲冰室詩話》第 194 則李根源、楊發銳所輯關於騰越邊疆少數民族之詩歌，說到「或足供種俗之調查，或足補歷史之殘缺」的價值，所以地方故實儼然也是詩史的重要內容之一，只是在《飲冰室詩話》中輯錄此類的作品並不多見，仍是一塊可以開發的詩界。照這樣的思考下來，如果黃遵憲的詩史是政治外交史，那丘逢甲的詩史就是地方風土史，兩人的詩史合起來，就會成為一部最完整的晚清全記錄。

（四）丘逢甲「詩史」的真正指涉

　　梁啓超《飲冰室詩話》之所以譽丘逢甲為「詩界革命一鉅子」的原因，是他以民間最俗最不經之語入詩，而能保持傳統詩溫馴之舊風格，也是以民間文學的特質，來稱讚丘逢甲的詩。被盛讚的詩作〈己亥秋感八首〉之一，內容如下：

> 遺偈爭談黃蘗禪，荒唐說餅更青田。戴鰲豈應遷都兆？逐鹿休訛厄運年。心痛上陽真畫地，眼驚太白果經天。只愁讖緯非虛語，落日西風意惘然。（見《飲冰室詩話》）

郭則澐《十朝詩乘》注釋說：「入關之始，國綱如荼，讖緯諸書，悉懸厲禁。近代文法浸疏，于是李淳風、袁天罡之〈推背圖〉始傳播于是，而青田之歌，黃蘗之詩，同時并出。詮證近事，輒有徵驗。邱滄海〈己亥秋感〉詩云云。」

〔註15〕古代民間流傳下來不少關於預言未來的詩歌，例如李淳風、袁天罡〈推背圖歌〉、黃蘗禪師〈黃蘗禪師預言詩〉、諸葛亮〈馬前課〉、姜子牙〈乾坤萬年歌〉、李淳風〈藏頭詩〉、步虛大師〈步虛大師預言詩〉、劉伯溫〈燒餅歌〉……等，預言的用意就是希望他不要發生，以危言聳聽的方式，達到警告提醒的目的，所以預言詩絕不見容於官方，但卻會在民間流傳著，尤其是國家已經到了危急存亡之秋。

　　丘逢甲〈己亥秋感〉提到〈黃蘗禪師預言詩〉，黃蘗禪師是唐朝人，但其詩卻預言著大約是清朝以後的國運，〈黃蘗禪師預言詩〉共有 14 首，分別是：

> 日月落時江湖閉，青猿相遇判興亡。
> 八牛運向滇黔盡，二九丹成金谷藏。
>
> 黑虎當頭運際康，四方戡定靜垂裳。
> 唐虞以後無斯盛，五五還兼六六長。
>
> 有一真人出雍州，鶺鴒原上使人愁。
> 須知深刻非常法，白虎嗟逢歲一週。
>
> 乾坤占來景運隆，一般六甲祖孫同。
> 外攘初度籌邊策，內禪無慚太古風。
>
> 赤龍受寵事堪嘉，那怕蓮池開白花。
> 二十五絃彈亦盡，龍來龍去又逢蛇。
>
> 白蛇當道漫騰光，宵旰勤勞一世忙。
> 不幸英雄來海上，望洋從此歎茫茫。
>
> 亥豕無訛二卦開，三三兩兩總堪哀。
> 東南萬里紅巾擾，西北千群白帽來。
>
> 同心佐治運中興，南北烽煙一掃平。
> 一紀剛周陽一復，寒冰空自惕兢兢。
>
> 光芒閃閃見災星，統緒旁延信有憑。
> 秦晉一家仍鼎足，黃猿運兀力難勝。

〔註15〕錢仲聯《清詩紀事》第 19 冊「光宣朝卷」，江蘇：江蘇古籍出版社，1989.7，1 版 1 刷，頁 13378。

用武時當白虎年，四方各自起烽煙。

九州又見三分定，七載仍留一線延。

紅雞啼後鬼生愁，寶位紛爭半壁休。

幸有金鰲能載主，旗分八面下秦州。

中興事業付麟兒，豕後牛前耀德儀。

繼統偏安三十六，坐看境外血如泥。

赤鼠時同運不同，中原好景不爲功。

西方再見南軍至，剛到金蛇運已終。

日月推遷似輪轉，嗟予出世更無因。

老僧從此休饒舌，後是還須問後人。〔註16〕

14 首預言詩的第 6 首中提到的「不幸英雄來海上，望洋從此歎茫茫」，想必讓內渡後的丘逢甲更覺得預言成眞的感覺。

　　另外，巧合的是「黃蘗禪師」雖是唐朝人，但在臺灣也有供奉他的寺廟，其典故出自於清代臺南「黃蘗寺」僧侶反清復明的革命事件，被視爲是清代臺灣革命運動的開始，也是著名反清團體「天地會」的前身〔註 17〕，算得上是當時社會的大事件，理論上文學作品應該會大大地描寫才是，但清代臺灣方志的藝文志收錄的詩作中，由於「黃蘗寺」議題太敏感，且作品內容不盡然合乎官方期待，幾乎不收錄涉及黃蘗寺內容的詩作。雖然這首詩仍然是抒情的，但珍貴的是丘逢甲用詩留存了一段幾乎要被遺忘的民間典故，這個典故在官方正式的文獻紀錄中不可能見到，只有深入民間，具有民間意識，和對民間革命有特殊情感的在地人士，才能深刻體會，並化作文字給予永恆的藝術形象。

　　再說丘逢甲創作時也常透露要彌補地方志紀錄的不足這一強烈創作意向，以下茲舉三例，例如丘逢甲自序〈和平里行〉前言云：

　　　和平里三字碑，爲文丞相書，潮中志乘罕有載者。……惟志以爲景
　　　炎三年十月則誤。應從史作祥興元年。是年五月已改元，十月不得
　　　復繫景炎。志蓋誤以明年方改元也。……志云十二月二十日，與通

〔註16〕　參見「未來之書」網頁，網址是 http://home.kimo.com.tw/cowperc.tw/「中國預
　　　　　言」。

〔註17〕　綠珊盦〈臺南黃蘗寺僧與天地會八卦教〉，《臺南文化》（舊刊）第 3 卷第 2 期，
　　　　　1953.9，頁 29～32（總頁數 465～468）。

鑑云閏十一月者不合，然事較詳。……謹按公駐潮陽於雙忠祠蓮花峰外事蹟，則在和平里為多。里中今有文忠過化坊，即為公作者。其先後駐此當較久，宜其得為里人作此書。縣志則永樂、景泰、成化、宏治四志均佚，今志則云里舊名蠔墩，公始易今名，碑未載。又云：公在軍，常不寐，至此，始安寢。信宿，以地氣和平，故名之。則父老傳聞，恐非公當時意。此與里人所云：鑴公書於碑，樹之里門，蠔遂徙去者，意皆非事實。蟲介舊有今無者，亦事之常。蠔非鱷比，徙何為者？但里人以此增重公書，與韓公文作比例，意亦良厚，可姑存其說耳。書法厚重奇偉，非公不能作，審為真蹟。碑連龜趺，約高九尺許。大字三，曰「和平里」。每字高二尺許。小字九，曰「宋廬陵文山文天祥題」，每字二寸許。碑陰亦有字，漫滅不可辨。光緒己亥春二月，逢甲來潮陽過斯里，得拜觀焉。謹賦長句傳之，以告後人之憑弔忠節與志潮中金石者。（頁322～323，卷5，1899年）

又如自序〈南漢敬州修慧寺千佛鐵塔歌〉前言云：

庚子秋，游梅口鎮，溫柳介同年示以黃公度京卿所寄南漢敬州修慧寺千佛鐵塔銘搨本，矜為創獲。及冬，抵州謁京卿，得見塔殘鐵，其第七層一方即銘文，三方缺，故不知鑄者、銘者姓名。四層及六、七層之半俱佛像，以所得約之，知塔有千佛。惜缺者無從覓，不能見其全矣。塔蓋南漢劉鋹時，州民募建以祝福者。與光孝寺東西鐵塔奉敕造者先後同時，計大寶八年乙丑歲建而始毀於同治四年乙丑，閱歲乙丑者已十有五。銘文詞近爾雅，書亦具體顏平原。州中之金，此為最古，惜省志、州志俱未載。吳石華先生南漢金石志搜羅甚廣，亦失之眉睫，致久鬱而不顯，浸至殘毀無過問者。今京卿得焉，不可謂非此塔、此鐵之遭也。塔址在一小山上，梅江繞其下，去人境廬不半里，登璇樓可望見。惟修慧寺今不知何所。或云康熙間塔自齊州寺移建今址，然無可考證，亦第故老相傳云爾。京卿已屬柳介載入今州志，復作歌屬予和焉。弔古慨今，遂有斯作。

（頁481，卷7，1900年）

再如自序〈南巖均慶寺詩〉前言云：

……寺舊名均慶，見萬曆二十五年僧正名碑。吾丘氏自閩遷粵，在

宋、元間。據家乘：四世祖曾禱南巖，而五世祖生，乃以寺名名之。
是爲元至正十六年。非萬歷碑存，無知此寺舊名者矣。巖後鐫「人
世蓬壺」四字。父老相傳爲乾隆親筆。據萬歷間武平令成敦睦詩，
碑四字乃成書也。寺所有以至治碑及延祐間所鑄鐘爲最古。今皆存
巖中。寺有何仙姑祠，俗傳仙姑與尊者爭此巖，指巖巔石上仙足跡
爲證。然考諸碑，無此語。知好事者爲之也。庚子冬十月遊此，賦
四詩紀之。(頁 493～494，卷 7，1900 年)

上引三文證明丘逢甲的寫詩動機，是要以該詩作爲地方故實留下珍貴的記
錄，而且其時間點就在丘逢甲與黃遵憲交往最密切的期間內，從第 2 條資料
〈南漢敬州修慧寺千佛鐵塔歌〉自序來看，黃遵憲也鼓勵丘逢甲爲地方上特
別有意義的古蹟留下詩作，所以丘逢甲對地方文物的歷史沿革與時代色彩，
有著極大的興趣，也是他自認爲能夠與黃遵憲並列爲晚清詩史的原因。

　　茲檢驗《嶺雲海日樓詩鈔》中以地方故實和民生百態爲主要內容與題材
的詩作，如下表：＊號代表敘事性較強的詩作

【表十三】《嶺雲海日樓詩鈔》描述地方掌故的詩作目錄

敘事性稍強的詩作	詩　　題	體裁與數量	寫作時間	《丘逢甲集》的頁數
＊	〈重九日游長潭〉	五言 6 首共 110 句	1895（卷 1）	155
＊	〈燃燈歌〉	七言 85 句	1895（卷 1）	169
＊	〈興福寺〉	五言古體 70 句	1895（卷 1）	170
	〈尋鎮山樓故址因登城四眺越日遂遊城北諸山〉	七絕 12 首	1895（卷 1）	174
	〈烈婦墩行〉	七言 16 句	1897（卷 3）	228
	〈烈婦篇爲廣東候補從九品馮景螯繼室方孺人作〉	七言 24 句	1897（卷 3）	229
＊	〈廣濟橋〉	七律 4 首	1898（卷 4）	246
	〈王姑庵絕句〉	七絕 16 首有序	1898（卷 4）	249
＊	〈千秋曲〉	五言 54 句	1898（卷 4）	253
＊	〈黃田山行〉	七言雜言 27 句	1898（卷 4）	254
＊	〈說潮〉	五古 20 首共 484 句	1898（卷 4）	258

	〈春日遊別峰寺〉	五律 4 首	1898（卷 4）	266
	〈喜雨詞〉	七言 40 句	1898（卷 4）	269
	〈潮州春思〉	七絕 6 首	1898（卷 4）	274
	〈鳳凰臺放歌〉	七言 44 句	1898（卷 4）	293
	〈意溪訪陸處士故居〉	七絕 4 首	1898（卷 4）	309
	〈蓮花山吟〉	七言 76 句	1898（卷 4）	310
	〈歲暮與曉滄遊西湖作〉	七絕 6 首	1898（卷 4）	312
	〈小除日與曉滄遊開元寺遂西過叩齒庵傍城根園池抵南門登樓晚眺作〉	七絕 4 首	1898（卷 4）	313
	〈遊東津〉	五言 30 句	1899（卷 5～6）	318
＊	〈和平里行〉	七言古體 84 句並序	1899（卷 5～6）	322
＊	〈和曉滄買犢〉	五言古體 4 首共 76 句	1899（卷 5～6）	330
＊	〈曉滄惠香米，兼以詩貺，賦此爲謝，並送之汀州〉	五言古體 66 句	1899（卷 5～6）	331
	〈東山木棉花盛開坐對成詠〉	七律 3 首	1899（卷 5～6）	339
	〈風雨中與季平游東山，謁雙忠、大忠祠，兼尋水簾亭、紫雲巖諸勝，疊與伯瑤夜話韻〉	七言 12 句 2 首	1899（卷 5～6）	353
＊	〈韓祠歌同夏季平作〉	七言 55 句	1899（卷 5～6）	365
	〈棉雪歌〉	七言 24 句	1899（卷 5～6）	368
＊	〈己亥五月二日東山大忠祠祝文信國公生日〉	五言古體 5 首共 188 句	1899（卷 5～6）	383
	〈謁饒平始遷祖樞密公祠墓作示族人〉	七言 48 句	1899（卷 5～6）	393
＊	〈饒平雜詩〉	七絕 16 首	1899（卷 5～6）	394
	〈神龜祠〉	五言 30 句	1899（卷 5～6）	398
＊	〈三饒述懷〉	五言 40 句	1899（卷 5～6）	399
	〈聞童謠作〉	七言三言 12 句	1899（卷 5～6）	399
	〈新池石闕篇〉	雜言 31 句	1899（卷 5～6）	421
	〈游靈山護國禪院作〉	七絕 10 首	1899（卷 5～6）	423

	〈紀黃五娘事〉	七絕 3 首	1899（卷 5～6）	427
	〈憶臺雜詠〉	七絕 2 首	1899（卷 5～6）	428
	〈蘭溪烈婦篇為上杭族人德祥妻廖氏作〉	雜言 28 句	1900（卷 7）	435
	〈崧里烈婦篇為門下士大埔何壽慈妻蕭氏作〉	雜言 22 句	1900（卷 7）	436
＊	〈澳門雜詩〉	七絕 15 首	1900（卷 7）	444
	〈西貢雜詩〉	七絕 10 首	1900（卷 7）	460
	〈舟過麻六甲〉	七絕 3 首	1900（卷 7）	465
	〈比叱雜詩〉	七絕 2 首	1900（卷 7）	466
	〈檳榔嶼雜詩〉	七絕 5 首	1900（卷 7）	467
	〈道君巖〉	七律 2 首	1900（卷 7）	468
	〈南道院〉	七律 2 首	1900（卷 7）	469
	〈陰那山行〉	七言 31 句	1900（卷 7）	475
	〈靈光寺晚眺〉	七絕 4 首	1900（卷 7）	476
＊	〈王壽山詩〉	七絕 10 首	1900（卷 7）	476
＊	〈古大夫宅下馬石歌〉	雜言七言古體 27 句並序	1900（卷 7）	480
＊	〈南漢敬州修慧寺千佛鐵塔歌〉	七言古體 76 句並序	1900（卷 7）	481
	〈燕子巖〉	五言 44 句	1900（卷 7）	491
＊	〈南巖均慶寺詩〉	五言 4 首共 70 句並序	1900（卷 7）	493
	〈游薑畬題山人壁〉	七絕 2 首	1901～1902（卷 8）	497
	〈雨宿新步次韻答子華〉	七絕 3 首	1901～1902（卷 8）	497
	〈東山謁韓祠畢得子華長句次韻寄答〉	七言 28 句	1901～1902（卷 8）	500
	〈苦旱〉	七絕 2 首	1901～1902（卷 8）	517
	〈紀興寧婦女改妝事與劉生松齡〉	七絕 2 首	1901～1902（卷 8）	522
	〈送長樂學生入陸軍軍校〉	七絕 2 首	1905～1907（卷 10）	537
	〈嶺南春詞〉	七絕 8 首	1905～1907（卷 10）	563
	〈前詩于彭及樓事殊略為五六疊韻申其意焉〉	七律 2 首	1908（卷 11）	581

	〈歸粵十四年矣愛其風土人物將長爲鄉人詩以志之十五十六十七疊韻〉	七律 3 首	1908（卷 11）	585
	〈十九疊韻仍前居粵之感也〉	七律	1908（卷 11）	586
	〈二十二疊韻哀粵中之窮也〉	七律	1908（卷 11）	587
	〈答人問澹定村〉	七律	1908（卷 11）	588
＊	〈戊申廣州五月五日作〉	七言 57 句	1908（卷 11）	589
	〈李湘文（啓隆）邀同雪澄、實甫、陶陽二子上涌村啖荔枝作〉	雜言 58 句	1908（卷 11）	592
	〈荔枝〉	七絕 4 首	1908（卷 11）	593
	〈述災〉	五言 26 句	1908（卷 11）	594
	〈新樂府〉	雜言 4 首共 77 句	1908（卷 11）	599
	〈蟲豸詩〉	五絕 8 首	1908（卷 11）	601
	〈白馬鄉有懷明義士賴若夫先生〉	雜言 13 句並序	1908（卷 11）	610
	〈南園感事詩〉	七絕 5 首並序	1909～1911（卷 12）	613
	〈憶上杭舊游〉	七絕 15 首	1909～1911（卷 12）	615
	〈以攝影法成澹定村心太平草廬圖，張六士爲題長句，次其韻〉	雜言 80 句	1909～1911（卷 12）	617
	〈以攝影心太平草廬圖移寫紙本〉	五古 6 首共 112 句	1909～1911（卷 12）	619
	〈疊韻再題心太平草廬圖，並答溫丹銘〉	七言 76 句	1909～1911（卷 12）	621
＊	〈寶漢茶寮歌〉	七言 20 句	1909～1911（卷 12）	625
	〈題張生所編東莞英雄遺集〉	七言 38 句	1909～1911（卷 12）	626
	〈古銅兵器歌〉	七言 20 句	1909～1911（卷 12）	627
	〈越王臺〉	七律 2 首	1909～1911（卷 12）	631
	〈清明日游白雲山〉	七律 2 首	1909～1911（卷 12）	636
	〈題東坡三洲巖題名石刻〉	五律	1909～1911（卷 12）	640

＊	〈游羅浮〉	五言 20 首共 418 句	1909～1911（卷 12）	644
	〈沖虛觀〉	七絕 3 首	1909～1911（卷 12）	651
	〈華首臺〉	七絕 3 首	1909～1911（卷 12）	655
	〈羅浮山下人家〉	七絕 5 首	1909～1911（卷 12）	657
	〈自羅浮至惠州遊西湖泛月放歌〉	雜言 37 句	1909～1911（卷 12）	658
	〈西湖弔朝雲墓〉	七絕 4 首	1909～1911（卷 12）	659
	〈白鶴峰訪東坡故居〉	雜言 34 句	1909～1911（卷 12）	660
	〈惠州西湖雜詩〉	七絕 20 首	1909～1911（卷 12）	661
	〈與客談羅浮之樂並言居山之利因成長句〉	七言 27 句	1909～1911（卷 12）	664
	〈遊西樵山〉	五言 6 首共 98 句	1909～1911（卷 12）	671
	〈題粵中遺蹟畫〉	七絕 4 首	1909～1911（卷 12）	673
	〈波羅謁南海神廟〉	五言 2 首共 208 句	1909～1911（卷 12）	674
	〈思三友行〉	雜言 40 句	1909～1911（卷 12）	677
	〈謁明孝陵〉	七絕 4 首	1909～1911（卷 12）	679
	〈登掃葉樓〉	七律 2 首	1909～1911（卷 12）	680
	〈雪中遊莫愁湖〉	七絕 4 首	1909～1911（卷 12）	680

從上表來看，顯然丘逢甲在地方故實的題材上，出現了大量的長篇古體和近體組詩，筆法上的敘事成分很多，以記事爲主的詩作也大量出現，例如〈燃燈歌〉、〈興福寺〉、〈和平里行〉、〈韓祠歌同夏季平作〉、〈說潮〉、〈游羅浮〉、〈古大夫宅下馬石歌〉……等 20 餘首，其中卷 5、6 有一波敘事詩高峰，卷 7 有一波敘事詩高峰，卷 12 也有敘事詩高峰，就數量來說，卷 12 最多，但它橫跨 3 年，平均下來便不多，以單一年的數量來看，量多集中在卷 5、6、7，也就是 1899～1900，剛好也吻合丘逢甲與黃遵憲交往最密切的時期。可見丘逢甲的詩史特色確實是表現在地方史志的詩史，並且寫作最密集的時期也是與黃遵憲來往最頻繁的時期，有另外開闢黃遵憲政治外交詩史之外的一條蹊徑之用意。

（五）丘逢甲珍貴的地方史志詩

由於丘逢甲將詩史的觀念放在地方史志的方面，所以他用詩去紀錄珍貴地方文物，變成了他的詩史特色。舉〈寶漢茶寮歌〉爲例：

青山不幸近城郭，萬墳鱗葬成病瘡。安知近郭無完墳，前者已掘後者藏。每遭兵燹尤不幸，攻城築壘多夷傷。拋殘萬骨沒秋草，壙磚墓石墙營房。君不見五羊城外山上墳，明碑已少況宋唐！千年忽出買地碣，玉骨久化黃塵揚。土花洗出南漢字，傳之好事珍琳瑯。當時邑里籍考證，其奈書劣文佅張！清明風吹花草香，出門拜山車馬忙。茶寮雜坐半傖父，誰弔扶風廿四娘？（頁 625）

丘逢甲在 1906 年《丙午日記片斷》8 月 15 日這一天寫到：「未刻，與李達叔往遊白雲山。出小北門，到寶漢茶寮小憩，觀南漢馬二十四娘地券。寮門有臨桂倪雲衢舊聯；倪曾遊臺，在唐維卿幕中識其人。」（頁 901）說明了丘逢甲寫此詩是經過田野調查才寫的，而且這首詩的取材結合日常生活經驗與歷史的考察。寶漢茶寮原址在廣州小北門外下塘的村道旁，創設人是晚清人士李承宗（月樵），廣東著名學者曾釗的外孫。每年當清明掃墓、重九登高的時節，成爲行人落腳休息的重要據點，平時也是文人雅士酒會的場所，寶漢茶寮的料理以「一雞三味」著名，是近代園林雅座的鼻祖。咸豐年間，在此挖出一塊石碣，上面內容標題爲「南漢馬氏二十四娘賣地券」，時間爲南漢（唐到宋間的五代十國）大寶 5 年（962），馬氏二十四娘的原籍在扶風郡（陝西），距離丘逢甲的年代已將近 950 年，是廣東出土文物中較珍貴的文物之一，寶漢茶寮由此得名，此石刻也成爲招徠生意的法寶〔註 18〕，至今仍是廣州老一輩的人士的共同記憶。若不是丘逢甲特地以此爲詩，恐怕這一段珍貴史跡將會銷聲匿跡，官方即使有所紀錄，可能只是片段式的紀錄，因爲這段史跡對官方而言不具備任何治理政績的意義，但對民間鄉野人士而言，卻是別具生活與文化意義的事件，透過文學藝術手法，讓這段史跡的形象在人們的記憶中獲得了永恆的存在。

由此可知，丘逢甲的詩史和黃遵憲的詩史取材、用意和寫法皆不同，黃遵憲有政治實務的操作，閱歷多有國外經驗，自然對政治外交、國際局勢的觀察較爲敏感，所以詩史取材自然是傾向於內政涉外的大事件，丘逢甲一向是在籍京官的在野身分，國外經驗僅限於南洋，且爲時不長，由臺灣內渡回粵籍後，自然要重新適應當地的風土人情，故取材特別著重在具有地方史志特殊價值的文物和掌故上，目的在用詩作保存地方珍貴文物的價值，並記錄地方生活面貌的歷史意義，以彌補正史紀錄的不足，丘逢甲詩史寫作筆法並

〔註 18〕徐續《嶺南古今錄》，廣東：廣東人民出版社，1992.10，頁 462。

不特別以客觀敘事取勝，融入懷古、詠史的成分，以抒情、議論為主，跟黃遵憲詩史的特色完全不一樣。所以，陳平原〈鄉土情懷與民間意識──丘逢甲在晚清思想文化史上的意義〉才會認為丘逢甲的詩作和教育理念最具特色是他在野身分的思考上。張永芳〈丘逢甲與詩界革命〉也說丘逢甲在外國題材上雖不及黃遵憲，但對本土鄉野的觀察與留意，絕對勝過黃遵憲。

第二節　「諷刺詩」之比較

　　從詩史的社會寫實功能看下來，便會延伸到諷刺詩的領域。諷刺詩是中國《詩經》時代便已經產生的一項傳統，但由於中國禮教上決不容許以下犯上，後代只好將諷刺詩轉型成諷諭詩，以建立符合君臣尊卑秩序的溫柔敦厚詩教。魏仲佑《晚清詩研究》比較「諷刺詩」和「諷諭詩」兩者的差別，說到：

> 在本質上，二者都具有社會實用目的，換言之，「諷刺詩」與「諷諭詩」的作者都同樣想要透過社會問題的反映，來達到規過補缺的目的。然而表現方式上，「諷諭詩」講究溫婉含蓄的勸告；「諷刺詩」則是從激烈的怒斥、點慧的挖苦、戲謔、嘲笑，乃至於優雅的反諷，斯文的規勸均無不宜。所以「諷諭詩」儘管不完全等於「諷刺詩」，但廣義的「諷刺詩」可包含「諷諭詩」在內。〔註19〕

另外，朱我芯《詩歌諷諭傳統與唐代新樂府研究》定義「諷刺詩」和「諷諭詩」說：

> 「諷諭」意同於「諷諫」、「譎諫」、「諷刺」，指根據道德、禮法的尺度，衡量諷諭對象的言行，進而以委婉的方式進行勸戒。諷諭的對象以政治時事的主導者──君主、朝臣為主。但今所謂「諷刺」的意涵已稍有擴大，約當英文 Satire 的概念，所諷對象從個人以至國家，從容貌、舉止，以至禮俗、制度等，與「諷諭」之專指政治、社會的指涉範圍有別。也就是說，以今日的概念而言，諷諭詩屬於諷刺詩的一種，但不等於諷刺詩。〔註20〕

嚴格說起來，諷諭詩所諷的內容以政治、社會問題為主，所論的對象以君

〔註19〕 魏仲佑《晚清詩研究》，臺北：文津出版社，1995.12，頁 65。
〔註20〕 朱我芯《詩歌諷諭傳統與唐代新樂府研究》，臺中：私立東海大學中國文學系博士班，博士論文，2004.6，頁 63～64。

主、朝臣爲主，所採的方式仍屬於中國溫柔敦厚的詩教內。而狹義的諷刺詩（Satire）常見於西洋文學〔註21〕，所諷的內容從容貌、舉止，以至禮俗、制度等均可，所刺的對象從個人以至國家不等，所採的方式則已經超出中國溫柔敦厚的傳統詩教，帶有攻擊性的寫作意圖。所以，根據中國社會寫實詩作的內容和表現手法來看，中國絕大多數的社會寫實詩作是「諷諭詩」，而不屬於西方文學諷刺詩（Satire）的範疇，但因爲一般是以廣義的諷刺詩涵蓋諷諭詩與狹義的諷刺詩（Satire），本節所論黃遵憲的諷刺詩是以狹義的諷刺詩（Satire）的內容和表現手法來評論之，而丘逢甲由於沒有狹義諷刺詩的詩作，但有數量豐富的諷諭詩，而諷諭詩又屬於廣義的諷刺詩之一環，所以本節標題仍以大範圍的、廣義的「諷刺詩」來統稱，而實際上黃遵憲的詩作特色是屬於狹義的諷刺詩一環，丘逢甲詩作特色是屬於諷諭詩一環。

　　而晚清是基於何種條件，足以成爲諷刺詩的黃金時代呢？魏仲佑〈論晚清之諷刺詩〉說到：「清代晚期中國在內外交迫下國家逐漸步入衰敗，國家之衰敗，外力固然是主要因素，但本身政治措施的錯誤，官僚的腐化，社會道德之渙散，都是重要因素，這些因素便是諷刺詩人的好材料。又當時由於西方文明的輸入，過去封建式社會底下，見怪不怪的社會現象，或社會制度，乃至於人事物，卻漸漸覺得荒謬可笑，也就成爲當時諷刺詩的內容。單是諷刺詩的內容來看，晚清的諷刺詩較之傳統，已覺得非常特殊。」〔註22〕晚清由於遭受前所未有之大變局，不樂觀的時局和黑暗的政治現狀，都壞到讓人難以忍受，因此「諷諭詩」已經很難滿足詩人們的胃口，勢必會成爲「諷刺詩」大行其道的黃金時代，黃遵憲就是典型的代表之一。

一、黃遵憲的諷刺詩（狹義）

　　由於中國的諷刺詩樣式不多，但西方文學的諷刺手法卻很多樣，根據《大英百科全書》的說法，認爲諷刺手法可以分成直斥（invest）、戲謔（burlesque）、

〔註21〕　諷刺詩（verse satire）是西洋文學中雖小，但卻相當特出的一種文類。它有兩千年的創作歷史，自西元前第二世紀始，至西元後第十八世紀式微。在傳承上，古典羅馬時期和十八世紀的英國，是兩大盛世。……諷刺詩是衛道詩，志在獎善懲惡，用以匡正世俗，它的道德使命的成敗，便繫乎它的修辭技巧。……諷刺詩中最常見的修辭技巧有二：語調（tone）的控制，和說話人（the speaker）的造型。（宋美華《十八世紀英國文學──諷刺詩與小說》，臺北：東大圖書公司，1995.7，頁15～16）

〔註22〕　魏仲佑《晚清詩研究》，臺北：文津出版社，1995.12，頁3。

反諷（irony）、逗樂（raillery）、歪改被刺者的語言及詩文（parody）、誇大被刺者乖謬的言行（exaggerate）……等 6 種，其中直斥（invest）、反諷（irony）也常被中國的諷諭詩使用。諷刺詩簡單的定義就是，常用誇張手法、幽默的口吻，塑造諷刺形象，語言口語通俗，鮮明犀利，較不強調意境和含蓄，卻能迅速反應現實生活，揭示社會的矛盾，剖析反面事物的本質。黃遵憲的諷刺詩主要批判對象是晚清的腐朽官僚，表現於詩中，並不直接指責其缺失，也不是以比興隱喻之法做藝術性概括，而是用明快有力的措詞，出以嘲笑、挖苦之筆，〈九姓漁船歌〉、〈度遼將軍歌〉二首是十分具有代表性與典型意義的詩作。

以〈度遼將軍歌〉為例，詩裏先誇大描寫吳大澂無知的狂妄與自大，如「聞雞夜半投袂起，檄告東人我來矣。……人言骨相應封侯，恨不遇時逢一戰」，其次寫與敵軍接觸潰不成軍，四處奔逃，如「會逢天幸遽貪功，它它籍籍來赴死。……兩軍相接戰甫交，紛紛鳥散空營逃。棄冠脫劍無人惜，只幸腰間印未失」；接著，寫吳氏對金石之執迷，雖因「度遼將軍印」而遭致羞辱，亦遭致平生之挫敗，然竟不悟，還想以平生所得「值千萬」之金石，來彌補戰敗賠款之損失，如「幕僚步卒皆雲散，將軍歸來猶善飯。平章古玉圖鼎鐘，搜篋價猶值千萬。聞道銅山東向傾，願以區區當芹獻，藉充歲幣少補償，毀家報國臣所願」。這首詩可以說極盡挖苦與嘲笑之能事，而又不免顯得太過刻深而失之厚道；然而，當國家面臨如此之危局，身為高官者猶如此顢頇，而朝廷竟又以如此官吏去抵禦外侮，在在均使人痛心。〈九姓漁船歌〉以幽默俏皮之筆述說整個事件之過程，其中並有寶廷似是而非、令人噴飯的自辯，加上船娘之自述其心情，一個無知、可笑而又膽大妄為的官吏便歷歷在目，如此一位官吏及其所為荒唐之事，若放在當時岌岌可危的國家局勢來看，更覺得可惡而不可原諒。

此外，如〈感懷〉、〈雜感〉、〈罷美國留學生感賦〉、〈臺灣行〉……等詩，也將諷刺的手法發揮的很精采，參見魏仲佑《黃遵憲與清末「詩界革命」》〔註23〕。綜合來說，黃遵憲的諷刺詩放在中國詩溫柔敦厚的傳統來看，尺度大膽絕對有失厚道，但從西方諷刺文學的審美觀來看，他所使用的諷刺手法既豐富多元，又照顧到藝術效果，給讀者一種啼笑皆非又自我警惕的感受，

〔註23〕魏仲佑《黃遵憲與清末「詩界革命」》第四章第四節，臺北：國立編譯館，1994.12，頁 220～226。

深具藝術性和實用性，與西方諷刺文學豐富多元的表現手法相同，在中國的諷刺詩中與詩界革命中，深具典範意義。

二、丘逢甲的諷諭詩

如果以黃遵憲狹義的諷刺詩標準，來看丘逢甲的狹義諷刺詩發現，丘逢甲的諷刺詩與黃遵憲諷刺詩有所不同，黃遵憲的諷刺詩多以嘲笑、挖苦爲筆法，直斥缺失的現象不那樣頻繁。丘逢甲的諷刺詩剛好相反，直斥缺失的情形普遍，而嘲笑、挖苦的情形很少。例如〈感事〉20首之9、10：

> 厚薄分南北，胡元祚易微。本朝無異視，四海久同歸。

> 廟略因誰變？民心失所依。一言邦可喪，但計滿人肥。

> 長頌仁皇聖，千秋賦不加。誰持兩軍柄？全付五侯家。

> 餉急惟搜刮，民窮益怨嗟。可憐稱報效，妙計諫官誇。（頁 306）

又如〈澳門雜詩〉15首之14：

> 銀牌高署市門東，百萬居然一擲中。

> 誰向風塵勞物色？博徒從古有英雄。

> （澳中賭館最盛，門皆署銀牌以招客）（頁 447）

再如〈紀事〉2首之2：

> 何止誅求在市租，上供祇道急軍需。

> 相公南下紆籌策，報國居然仗博徒。（頁 458）

晚清從道光咸豐朝以後爲應付國庫空虛，戰事賠款不斷，便有以賭籌餉的政策，咸豐 10 年廣州士紳請准官廳公開辦理賭「闈姓」，即以猜中闈場考試被錄取的士子姓氏多少爲輸贏，光緒元年清朝一度禁賭，賭商便流竄到澳門繼續經營，翰林出身的劉學詢棄官從賭，富可敵國，光緒 26 年李鴻章以首相身分，總督於兩廣，准許公開招商設賭，賭闈姓改成較爲簡單的賭「番攤」，即今天的擲骰子，所得名爲海防經費，年餉 200 萬兩，由李世桂承辦，澳門有句俗諺「文有劉學詢，武有李世桂」，指的是澳門、廣州一帶棄官從賭、一夕致富的兩大賭商。丘逢甲於宣統 2 年擔任廣東咨議局副議長，討論禁賭案時，卻敗在賭商議員蘇秉樞的手上〔註 24〕，廣東的賭風便一直沒有消歇，澳門的賭風至今仍盛。丘逢甲的詩突顯晚清病急亂投醫的情形，反而加速滅亡的作法。國家需要的錢多少是籌到了一部分，但卻也直接培植了一股新興的惡勢

〔註24〕 徐續《嶺南古今錄》，廣東：廣東人民出版社，1992.10，頁 464～465。

力，無疑是雪上加霜的情形，但卻沒有任何正義之士出來剷奸除惡，唯一的希望就是奇蹟出現。可見，丘逢甲的諷刺詩多半直斥缺失，但又無力改變現狀，因此對現實的不滿和無力感，只好再尋求另外一個超現實的想像空間去發揮，以平衡一下自己的無能為力。

綜合來說，丘逢甲的詩作基本上以抒情功能為主，實用功能為輔，所以真正屬於狹義諷刺詩的數量其實很少見，詩中局部的諷刺手法儘管有，但諷刺手法比較單調，只有直斥（invest）一種稍為常見，其他如戲謔（burlesque）、反諷（irony）、逗樂（raillery）、歪改被刺者的語言及詩文（parody）、誇大被刺者乖謬的言行（exaggerate）等精采的諷刺手法，便罕見於丘逢甲詩作中。所以丘逢甲的諷刺詩與黃遵憲諷刺詩相比，其表現手法比較單調保守，而且較不帶有攻擊性。

若不從狹義的諷刺詩來看，而從諷諭詩著手，那麼丘逢甲的諷諭詩與中國傳統諷諭詩傳統相較之下，有什麼繼承與開創之處呢？中國諷諭詩開始於《詩經》，包含頌美和刺惡兩種寫作目的，漢代儒者將諷諭的理論架構定型化，形成中國傳統諷諭詩的論述，其所諷的內容以政治、社會問題為主，所諭的對象以君主、朝臣為主，所採的方式仍屬於中國溫柔敦厚的詩教內，諷諭手法可分為樂府和古詩兩大系統。朱我芯說：

> 古詩一系，主要是比興寄諷的手法，假借對事物的形容，寄寓規諫
> 之意，《屈騷》可為代表。詠物寓言、詠史述懷等詩歌類型，也都從
> 比興發展而出。樂府一系，主要為即事起敘的手法，多藉民間景況
> 中單一事件的鋪敘，以反映現實中普遍的現象，漢樂府為其代表。
> 古詩與樂府兩大諷諭系統皆源於《詩經》，之後分流發展。〔註25〕

到了唐代諷諭詩獲得全面的發展，尤其是盛唐與中唐，內容描寫呈現了三種趨勢：(1)亂象反映多元化。(2)時局寫照細節化。(3)人事指刺具體化。最突出的表現在「刺上」方面的諷諭詩，古詩與樂府兩大諷諭系統到了杜甫的手上，分別得到了各自的意義，朱我芯說：

> 杜甫的古、近體諷諭，多以總論問題的高度及廣度，以第一人稱視
> 角議論抒感；即使是敘事，亦突顯主觀視角，以彰顯忠臣文儒的發
> 音主體。而新樂府，則多以民間為場景，表現深入民間的寫實觀察，

〔註25〕朱我芯《詩歌諷諭傳統與唐代新樂府研究》，臺中：私立東海大學中國文學系博士班，博士論文，2004.6，頁305～306。

並藉由具有概括性的單一事件鋪敘，以反映一種普遍的現象。敘事
視角多為第三人稱，代表民間社會的發音，詩人主體隱而不顯；即
使是詩人以第一人稱出現，也謹守旁觀見證者的距離。可以說杜甫
是以古、近體發表其個人「論述」，而以新樂府作為客觀的「實例舉
證」。杜甫這種以古體「表現」主體精神世界，而以新樂府「再現」
客體生活現實的區隔策略，充分體現了杜詩的開創性價值，後為中
唐諷諭詩人大體沿用。〔註26〕

其實杜甫的諷諭手法不只影響當時代，也成為宋元明清詩人的典範。回到
【附錄四】《嶺雲海日樓詩鈔》語涉晚清時事的詩作目錄，以〈北望〉2 首為
例，說明丘逢甲的古、近體詩系統的諷諭手法：

北望胡塵淚眼枯，六龍西幸未還都。

可憐門外白袍客，但問科場今有無？

中原不信無豪傑，養士九朝恩已深。

豆粥素衣哀痛詔，可能呼起國民心？（頁 499）

這兩首詩的背景是庚子拳亂後所引發的八國聯軍之役，導致北京失陷，皇室
和大臣以西狩為理由而離京，其實是落荒而逃不敢明講。等到辛丑和約談
成，聯軍收兵之後，西太后為平息眾怒，以光緒皇帝的名義下「罪己詔」，期
望重拾民心。丘逢甲詩名為〈北望〉，就是以自己所處的位置來看待這件事，
地理位置上他處於南方，不在權力中心，所以是代表權力邊陲的看法，也是
代表多數人民的心聲。無辜的百姓因為執政者錯誤的政策，連基本的生活追
求都被犧牲掉，執政者總是要到最後一刻，才會發現事態嚴重，做些無濟於
事的彌補，為時已晚。丘逢甲〈北望〉諷諭政府的無能，以第一人稱視角議
論抒感，但並沒有如杜甫一樣彰顯忠臣文儒的發音主體，杜甫忠君愛國那一
套，到了丘逢甲身上成了沉重的包袱，理論上他受到朝廷的恩惠，不可以背
棄皇上，他也知道皇上身不由己，朝政無法自主，可是國家已經失去尊嚴，
國民成了殉葬品，即使處於邊陲位置的丘逢甲，也不能視若無睹。而當丘逢
甲越是以詩諷諭政府，越是把當時知識分子內心普遍的矛盾和交戰暴露出
來，也就越與杜甫諷諭傳統的基礎，即忠君愛國說，漸行漸遠。這就是將丘
逢甲諷諭詩放在中國諷諭詩傳統中，透顯出來的特殊意義。所以到了〈述哀
答伯瑤〉長篇樂府詩時，「四千年中中國史，咄咄怪事寧有此？與君不見一年

〔註26〕 同前註，頁 306。

耳，去年此時事方始。謂之曰戰仍互市，曰和而既攻其使。同一國民民教異，昨日義民今日匪。同一國臣南北異，或而矯旨或抗旨。惟俄、德、法、英、日、美，其軍更聯意、奧、比。以其槍礮禦弓矢，民間尚自傳勝仗，豈料神兵竟難恃！守城何人無張、許，收京何人無郭、李。此時中國論人才，但得秦檜亦可喜。拒割地議反賴商，定保皇罪乃殺士。紛紛搆黨互生死，言新言舊徒為爾。西來日月猶雙懸，北去山河枉萬里。儀鸞殿卓諸國旗，博物院陳歷朝璽。留都扈蹕方爭功，遷都返蹕相警訾。伺人怒喜為怒喜，不知國讎況國恥。素衣豆粥哀痛詔，可惜人心呼不起。嗟哉臣民四萬萬，誰竟一心奉天子。晏坐東南望西北，九廟尚在煙塵裏。韓江東走大海水，江頭一老哀未已。昨寄我詩淚滿紙，止一年耳事且然，眼中況復流年駛？安得同作上界仙，下視群雄如螻蟻。任他爭戰數千年，洞中一局棋未已。」（頁508）就再也顧不得君臣之義，火力全開，結果身為當朝知識份子的主體，面對歷史時也變得無地自容了。

第三節　「新題詩」之比較

　　新題詩有兩個解釋，一指以西方新事物為詩的題材，一指在「相思」、「無題」、「遊仙」等傳統詩的主題意識下，進行求新求變的寫作。由於第一種的新題詩，與詩人的國外閱歷有很大的關聯，詩人如果擁有越多外國經驗，理論上會認識較多的異國事物，寫作此類新題詩的內容會比較豐富，也比較有說服力。黃遵憲的國外閱歷十分完整，有日本、歐洲各國、美國、新加坡……等地，同時也有《日本雜事詩》200首問世，將此類新題詩的範疇大致上都涵蓋到了。相對地，丘逢甲久居國內，只有短暫的南洋經驗，所接觸到的西方新事物較為有限，詩中西方新事物的題材，也就比較不那麼豐富。所以，第一種的新題詩數量相差懸殊，不做細部的比較，本節所要比較的「新題詩」是屬於後者，黃遵憲以〈今別離〉奠定他在詩界革命的宗主地位，丘逢甲則以新遊仙承載個人情志和歷史使命。

一、黃遵憲〈今別離〉開風氣之先

　　魏仲佑〈新派詩的指標——「今別離」〉一文指出，黃遵憲〈今離別〉第一章「別腸轉如輪，一刻既萬周。眼見雙輪馳，益增中心憂。古亦有山川，古亦有車舟。車舟載離別，行止猶自由。今日舟與車，並力生離愁。明知

須臾景，不許稍綢繆。鐘聲一及時，頃刻不少留。雖有萬鈞柁，動如繞指柔。豈無打頭風，亦不畏石尤。送者未及返，君在天盡頭。望影倏不見，煙波杳悠悠。去矣一何速，歸定留滯不，所願君歸時，快乘輕氣球。」〔註 27〕透過車、船離去之速，來表達別離時心中的劇痛，二、三、四章分別透過電報傳書、寄送相片、東西半球日夜顛倒，來表達魂縈夢牽的思念情懷，四章的意思是連貫的，不能分開成為獨立的詩作。〈今別離〉對比「古別離」離別前、中、後的不同表現方式，突顯現代的別離的時代性，大約有三點結論：

> 其一，此詩在寫妻子思念遠遊的丈夫，這一點與「古別離」或其他同類的樂府詩是相同的；其二，此詩寫現代人的思念之情。思念之情，本質上無古今之別，但生活條件改變了，表達思念的方式，也有所改變；其三，思念之情是無法加以安慰的，儘管現代人已有了快速的通訊技術、照相器材，仍然無法安慰相思之情。〔註 28〕

黃遵憲〈今別離〉為詩界革命「新題詩」的寫作，不僅提供了範本，也開啟寫作熱潮，所以梁啓超《飲冰室詩話》以此標準衡量他人的作品：

> 有自署「楚北迷新子」者，以〈新遊仙〉8 首見寄，理想可比公度之〈今別離〉，非直游戲之作而已，錄之。（第 163 則）

> 蔣萬里以〈新遊仙〉二章見寄，風格理想，幾追人境廬之〈今別離〉，亦杰構也，錄之。（第 168 則）〔註 29〕

模仿黃遵憲〈今別離〉舊題新作的寫作模式，形成「新題詩」寫作風氣者尚有：

> （一）「相思」舊題的新作：曹昌麟〈今別離〉、劉大白〈新相思〉、……等。

> （二）「無題」、「艷情」舊題的新作：雪如〈新無題〉、周瘦鵑〈咖啡瑣話〉、毛元徵〈新艷詩〉、王葆楨〈子夜歌海上樓外樓作〉、譚澤闓〈擬子夜歌〉……等。

〔註 27〕錢仲聯《人境廬詩草箋注》上冊，臺北：源流文化事業公司，1983.4，頁 516。

〔註 28〕魏仲佑《黃遵憲與清末「詩界革命」》，臺北：國立編譯館，1994.12，頁 161 ～172。

〔註 29〕梁啓超《飲冰室詩話》，張品興編《梁啓超全集》第 9 冊第 18 卷，北京：北京出版社，1999，第 163 則頁 5376，第 168 則頁 5380。

（三）「遊仙」舊題的新作：胡先驌〈遊仙廿絕〉、張鴻〈遊仙〉、孔昭
綬〈東遊仙詩留別邦人諸友〉、高燮〈新遊仙詩〉、王德鍾〈新遊
仙詩〉……等。

其中部份舊題新作的詩並沒有在詩題上註明是〈新……〉或〈今……〉，
甚至也有直接沿用舊題的情況，但其內容確實在傳統主題上營造新意境，例
如周瘦鵑〈咖啡瑣話〉、王葆楨〈子夜歌海上樓外樓作〉、譚澤闓〈擬子夜歌〉……
等，便可歸納到「新無題」或「新艷詩」一類。除了相思、無題等傳統主題
的翻作，顯然〈新遊仙〉也成為當時詩人常寫的新題詩之一。

中國遊仙詩的起源很早，秦朝某博士有〈仙真人詩〉，漢樂府中也有類似
作品，建安、正始年間不斷有人繼續寫作，永嘉、東晉時期以郭璞〈遊仙詩〉
14 首為代表。《中國文學史初稿》第三編說到中國遊仙詩的兩種型態：

> 一是正格，專寫想像中的仙山靈域，追蹤赤松子、王子喬等神仙雲
> 遊方外，不食人間煙火，如李善所說：「凡遊仙之篇，皆所以滓穢塵
> 網，錙銖纓紱，參霞倒景，餌玉玄都。」（文選注）一是變格，借遊
> 仙以表示對現實的不滿與反抗，如曹植、阮籍的某些作品。郭璞的
> 〈遊仙詩〉，這兩種傾向都有。一些名為遊仙而實屬詠懷的作品，的
> 確可以和阮籍〈詠懷〉、左思〈詠史〉同看。〔註30〕

夏曉虹〈「新題詩」鉤沉〉評論晚清新遊仙詩的特徵說道：

> 由於諷諭時事之心太切，使得這些遊仙詩作者與傳統遊仙詩人有明
> 顯區別：他們並沒有哪怕是暫時神遊太虛幻境的經歷，而是始終寸
> 步未離人間現實。可以想知，這種遊仙詩不會給作者本人帶來解脫
> 形骸、縱浪天地的愉悅。這些詩對於傳統遊仙詩來說，可以稱之為
> 出新，更準確地說，則是一種變體。〔註31〕

由上可知，晚清遊仙詩雖然在題材上仍遵循著中國傳統遊仙詩，但內容的表
達上顯然與中國傳統遊仙詩大異其趣。但這股舊題新作的風氣，卻是在詩界
革命黃遵憲的帶動下，才盛大展開的，所以，黃遵憲的新題詩與他的諷刺詩
同樣具有典範意義。

〔註30〕邱燮友、傅錫壬等8人《中國文學史初稿》，臺北：福記文化圖書公司，1995.1，
校訂4版，頁327。
〔註31〕夏曉虹〈「新題詩」鉤沉〉，《晚清社會與文化》，武漢：湖北教育出版社，2001.3，
頁157～171。

二、丘逢甲遊仙詩的心路歷程

　　丘逢甲由於早年就絕意仕進，對官場文化十分感冒，1895 年時他倡建臺灣民主國，還是不小心成爲眾矢之的，這讓他對於政治更加灰心，可是內心對政治的熱情仍然很激昂，他從內渡前就一直小心翼翼地表達他對政治的熱情，這股熱情有時轉化爲遊仙詩的文體，《柏莊詩草》有〈遊仙詞〉12 首。丘逢甲內渡後由於現實遭遇更加不順利，用遊仙詩承載詩人的失意與願望，變得更加頻繁。遊仙詩描寫想像中的仙境和神仙生活，表面上看似逃避現實，實則是詩人最感到受挫的事。王溢嘉《精神分析與文學》說到：

> 作家之所以提筆，是想藉作品爲其「受挫的慾望」找尋一種「替代性的滿足」，文學作品乃是「與現實相反的幻覺」，……文學作品的主要功能之一是當「麻醉劑」，它具有夢的特徵——佛氏稱之爲「內在自欺」的扭曲。……在本質上，藝術家乃是一個逃避現實的人，因爲他無法與本能滿足的受阻取得協議，於是他轉而進入幻想世界，……但他也發現一條由其幻想世界返回現實世界的道路——藉其特殊稟賦將幻想塑造成另一個「新現實」，而使人們認爲他的幻想產物乃是現實生活有意義的反映。……文學作品除了滿足自己外，亦能激起其他人的興趣、同情心與共鳴，而使他們潛意識裡相同的慾望本能獲得滿足。〔註32〕

丘逢甲內渡後就一直沒有再踏到臺灣故鄉這片土地上，《嶺雲海日樓詩鈔》多數詩作常常出現丘逢甲做夢回到臺灣，或是陷入回憶往事的夢境中，丘逢甲死前也叮嚀後代將他葬向臺灣的方向，丘逢甲對臺灣的用情之深是無庸置疑的。但是，被最愛的對象怨恨，卻也是最不堪的，丘逢甲《嶺雲海日樓詩鈔》中「憂讒畏譏」的心境十分常見，他自覺對臺灣人民的期待有所辜負，但局勢一天比一天壞，他實在很難有捲土重來的可能，不知該如何以對深愛的臺灣，於是逃避的心態就更加明顯，內渡後的部分臺灣士紳仍選擇回臺灣居住，例如謝道隆、王松、丘春第……等人，甚至連丘逢甲的哥哥也選擇回臺灣，對丘逢甲而言，實在情何以堪。於是他在想像的世界中將自己的命運重新改寫，要殺要剮的對象全部一次完成。

〔註32〕　王溢嘉《精神分析與文學》，臺北：野鵝出版社，1995.8，初版 10 刷，頁 30～32。

三、丘逢甲新遊仙詩的特色

丘逢甲的新遊仙詩並沒有以「遊仙」當做詩題，但內容皆符合晚清〈新遊仙〉的寫作。以內容來判斷，《嶺雲海日樓詩鈔》中內容屬於新遊仙詩的詩作約有 23 題 36 首，大部分是古體詩。如下表：

【表十四】《嶺雲海日樓詩鈔》新遊仙詩目錄

序號	詩　　題	體裁與數量	寫作時間	《丘逢甲集》的頁數
1	〈雜詩〉	五言 3 首共 74 句	1896（卷 2）	183
2	〈苦雨行〉	七言古體 32 句	1896（卷 2）	187
3	〈廬山謠答劉生芷庭〉	七言古體 152 句	1896（卷 2）	193
4	〈次韻仙官七言古詩〉	七言 26 句	1896（卷 2）	204
5	〈大風雨歌〉	七言 26 句	1896（卷 2）	208
6	〈紀夢詩〉	七絕 2 首	1897（卷 3）	238
7	〈歲暮雜感〉	七律 10 首	1897（卷 3）	238
8	〈日蝕詩〉	七言 106 句	1898（卷 4）	244
9	〈殺鴉行〉	七言古體 16 句	1898（卷 4）	267
10	〈疾風甚雨海山蒼茫遂有斯作〉	七律	1898（卷 4）	291
11	〈鳳凰臺放歌〉	七言 44 句	1898（卷 4）	293
12	〈說劍堂集題詞，爲獨立山人作〉	七言古體 52 句	1898（卷 4）	300
13	〈題風月琴尊圖，爲菽園作〉	七言古體 68 句	1898（卷 4）	302
14	〈答潘蘭史、丘菽園用王曉滄韻〉	七律	1898（卷 4）	347
15	〈疊韻答夏季平見贈〉	七言 12 句	1898（卷 4）	354
16	〈東山松石歌和鄭生〉	雜言 63 句	1899（卷 5～6）	369
17	〈東山酒樓放歌〉	七言 41 句	1899（卷 5～6）	386
18	〈題菽園看雲圖〉	七言 40 句	1899（卷 5～6）	410
19	〈東山謁韓祠畢得子華長句次韻寄答〉	七言 28 句	1901～1902（卷 8）	500
20	〈苦旱〉	七絕 2 首	1901～1902（卷 8）	517
21	〈題蘭史羅浮紀游圖〉	七言雜言 52 句	1901～1902（卷 8）	525

| 22 | 〈放歌次實甫將別嶺南韻〉 | 五七言古體 74 句 | 1908（卷 11） | 578 |
| 23 | 〈前詩多見和者，所懷未盡，復次前韻〉 | 五言 104 句 | 1909～1911（卷 12） | 676 |

丘逢甲遊仙詩出現的神話人物和情節很多，例如羲和、太白、王母、共工、女媧、精衛……等傳說中的人物，讓其新遊仙詩仍在傳統寫作的範疇之中，但其意象也很繁複，例如「劍」、「太陽」、「滄海」、「石」……等有特殊指涉的意象，最具特色的是「劍」的意象，持劍的人物便是「俠」，正義與邪惡往往經過一場驚天動地的大車拼，才見眞章，其結局有悲劇也有喜劇。

以長達 152 句的〈廬山謠答劉生芷庭〉（頁 193～195）爲例，「前身太華老道士，遊仙舊夢參希夷。誤信神山在海上，失足　佩人間嬉。」點明自己乃仙人下凡；「九十九峰發霞燄，手持芙蓉哦新詩。要令海國變風雅，開山初祖天人師。」下凡的任務要替臺灣島國開創新局；「東方狼星忽懸燄，天弧久弛無神威。扶桑島窄舊鳥足，香蕈洋淺張鯨鬐。黑風摧海水四立，陰雲慘淡臺山危。沙蟲百萬勢將化，末劫不救非慈悲。」突然間，東方出現的一股惡勢力，就是日本，將臺灣陷於萬劫不復之地；「生作愚公死精衛，謂海可塞山能移。開屯逐欲試神手，礮雷槍雨供驅馳。玉門第八金匱九，安知變故多參差。值天方醉剪鶉首，呵壁欲問寧非癡。豈有扶餘王劍俠？虯髯一傳詞尤支。不如歸去亦一策，山中血淚啼子規。」我已經使出全力與惡勢力對抗，但東方狼星的威力太大，我只好退回仙山重新修煉；「憶昨泉山小留滯，清源紫帽神摯維（在泉州時，清源紫帽山神皆曾入夢）。陰那老僧速歸駕，許我佳地當非欺（夢見慚愧祖師，亦在泉州時事）。夢中之境忽眞得，此事或亦神能司。」山神與祖師爺指引我回到適合我修鍊的棲地，我必須認眞修鍊；「仙橋俯瞰飛渡跡，天馬旁若凌風嘶。……鞭雲策霞互吐納，沐日浴月相蔽虧。」我必須先拋開之前的敗績，在修鍊期間提升自己，才能重新再出發。綜觀全詩，看到一個落入凡間的仙人，在人間遭受惡勢力的挑戰，最後揮別人間，回到修鍊的仙山中，雖然以仙言仙語敘述，但仍然是一首充滿人間味與人格化的遊仙詩，而且還直接影射詩人自己的身世與遭遇。

可見，丘逢甲的遊仙詩內容不像傳統遊仙詩著重在神仙生活的嚮往，而是將神仙人格化，平凡化，神仙有分好壞善惡，仙界有時昇平有時污濁，就好像人間的故事搬到仙界上演一般，連神仙都無能無力，其遊仙詩的入世精神比出世意義還強烈。

四、〈禽言詩〉之比較

在黃遵憲與丘逢甲的詩作中，屬於舊題新作的範疇的詩題，還有〈禽言詩〉。禽言詩屬於詠物詩的一環，古代詠物詩基本上以客觀描摹爲主，原本純爲生活情趣的抒發，是寫作對象引發作者對它進行描摹，但後來漸漸加入作者主觀的情志在內，由於作者本身先有一種特定的感受，試著尋求相符合的對象，把主觀感受加在寫作對象身上，其任何特性與外觀表現在詩作中，全部受制於作者主觀的解釋，已經不是純粹客觀描寫的詠物詩。

晚清是諷刺詩大行其道的年代，詠物詩已經無法維持傳統客觀描寫的內容，多半成爲作者用來隱喻、借代或象徵的方式，成爲廣義的諷刺詩的一環。中國歷史上寫禽言詩的有梅堯臣〈四禽言〉、蘇軾〈五禽言〉，他們的詩已經超出傳統詠物詩客觀描摹的寫作方式，但是基本上仍盡量不讓主觀意識將客觀特徵掩蓋過去，相較於晚清禽言詩來說，其諷刺的尺度還算保守，應該不容易被對號入座。但是黃遵憲〈五禽言〉所說杜鵑（不如歸去）、水鳥（姑惡）、竹雞（泥滑滑）、阿婆餅焦、鷓鴣（行不得也哥哥），根據錢仲聯的注釋，全部都是有意義的指涉，「不如歸去」暗指光緒帝欲變法卻受制於西太后一事，「姑惡」暗指西太后擅立溥儁爲大阿哥一事，「泥滑滑」暗指珍妃被西太后害死一事，「阿婆餅焦」暗指西太后發跡到顯赫的過程，「行不得也哥哥」暗指政變後光緒帝被西太后囚禁一事，儼然就是晚清皇族權力鬥爭的寫照，也是晚清王朝宮中秘密檔案。

〈蟲豸詩〉是唐代新題樂府的一種，元稹有〈蟲豸詩〉25 首，但其內容著重描寫蟲豸本身的整體性特徵，屬於傳統詠物詩的系列，沒有具備諷諭詩的功能[註33]。丘逢甲內渡前《柏莊詩草》有〈蟲豸詩〉50 首，序言即已經表達其詩是「閱世龜鑑」，並非一般「刻鏤物情」之詩（頁 103），可見丘逢甲早年就不把〈蟲豸詩〉當成傳統詠物詩在寫作，而是將它視爲世間各色各樣的人的寫照。內渡後丘逢甲於 1908 年《嶺雲海日樓詩鈔》卷 11 有〈禽言〉6首（頁 573），若用廣義的角度來看禽言系列詩，〈萬牲園〉（頁 600）、〈蟲豸詩〉8 首（頁 601）應該也可算在內。〈禽言〉6 首選擇較少見於中原的鳥類，例如兜兜、先顧、歸飛、都護，使用雜言歌行體的句式來寫作，序言點明這些鳥「異音震耳，以別常聞，爲宣厥臆，賦〈禽言〉。」可見，丘逢甲寫禽言

〔註33〕朱我芯《詩歌諷諭傳統與唐代新樂府研究》，臺中：私立東海大學中國文學系博士班，博士論文，2004.6，頁 371～372。

詩，是要藉由賦予這些鳥叫聲的時代意義，宣示政治的腐敗與民生的痛苦，除了第1、2首表明寫作旨趣外，其他4首的寫作佈局、結構和句式，與黃遵憲的禽言詩寫法差不多。〈萬牲園〉也是雜言歌行體，政治諷刺的意味很強，〈蟲豸詩〉8首與內渡前〈蟲豸詩〉的部分內容相似，是五言絕句，專詠吸人血肉的害蟲。

　　綜合來看，晚清〈禽言詩〉的寫作仍由黃遵憲帶頭開始，確立其寫作與傳統格局不同的成分，雖然題材仍屬於詠物詩的範疇，但內容已經成為廣義諷刺詩的一種了，丘逢甲追隨黃遵憲的腳步，也寫作禽言詩，丘逢甲的禽言詩有6首，比黃遵憲的〈五禽言〉還多一首，但內容上丘逢甲只有4首，前2首是宣示作用的意義，所詠的鳥類也有別於黃遵憲所詠的鳥類，但都帶有政治諷刺的意味，反而其〈蟲豸詩〉系列比較沒有黃遵憲的影子，屬於丘逢甲比較有原創性的詩作。

第五章 丘逢甲詩作的評價及其與日治時期臺灣傳統詩界的關係

　　晚清參與詩界革命的成員中，或多或少實際參與政治維新的有關活動，從保皇到立憲，甚至到帝制被推翻的前夕，都可以看到詩界革命跟政治活動緊密結合的情形。臺灣詩人丘逢甲參與詩界革命的積極行動中，雖然也與維新派人士有過密切的互動，但他的心思主要放在以大量的詩作投入詩界革命，儘管他在唐才常自立軍庚子勤王之時，本有機會參與維新派的實際政治行動，事前也大張旗鼓，但後來疑似與康有爲不和，而不了了之，所以丘逢甲可說是少數沒有實際參與維新派政治活動的詩人。

　　經由前幾章的討論得知，內渡後丘逢甲儘管自覺要「重開詩史作雄談」，也積極投入詩界革命的創作，甚至很有自信地想與黃遵憲一較詩界革命這個舞臺上之短長，以及獲得梁啓超的高度肯定，但也看到丘逢甲在詩界革命運動中被擺放的實際位置與侷限。丘逢甲的積極和自信，爲他個人的文學生命再造另一波高峰，儘管他在晚清詩界革命中，取得不錯的成績，但跟黃遵憲相比仍略遜一籌，在中國晚清詩史的論述上，因爲已經有了黃遵憲，相對地對於丘逢甲的詩作也多半是可談可不談的情況，民國初年汪國垣〈光宣詩壇點將錄〉說：

> （丘逢甲）援絕饟窮，君乃內渡，奉親居鎮平故鄉，不問世事，而以詩人老矣。（民國初元，君曾一至金陵，余猶及見之。軀幹修偉，虎虎有生氣。）仙根詩本負盛名，惟鮮與中原通聲氣，至有不能舉其名者。工力最深，出入太白、子美、東坡、遺山之間，又能自出

　　　機軸，不拘拘於繩尺間，固一時健者也。〔註1〕

可見在民國元年，也就是丘逢甲在世的最後一年，時人並沒有對丘逢甲的詩名特別有印象，以至於「有不能舉其名者」，對照黃遵憲在晚清詩史上，甚至是民國初年的白話文運動史上，被公認無可取代的地位來看，顯然與丘逢甲「重開詩史作雄談」的自我期許有落差。然而，本文研究丘逢甲參與詩界革命的意義和價值，到底最後該給予丘逢甲何種定位呢？到底丘逢甲的文學成就，在哪個範疇中是具有不可不談的地位呢？

　　本章首先將歷來文學評論中評價丘逢甲詩作的意見，做一番綜合整理，爬梳出優點和缺點，配合著詩界革命來看，將丘逢甲在詩界革命中的定位明確地、持平地評價出來。其次，丘逢甲在內渡前已經是臺灣文學中史上優秀的詩人，內渡後的他，特別是積極參與詩界革命的文學實踐，對日治時期臺灣傳統詩界的維新和改革，直接的或間接的方面起了什麼樣的作用？筆者希望如實地、客觀地全面論證丘逢甲《嶺雲海日樓詩鈔》的文學成就，雖然在晚清詩界革命中並沒有獲致如他個人所預期的崇高地位，但若是擺在日治時期臺灣傳統詩界的改良運動中來看，便會突顯丘逢甲特殊的重要性與積極意義。

第一節　丘逢甲詩作的評價

　　本節主要替丘逢甲《嶺雲海日樓詩鈔》在詩界革命整個運動中所扮演的角色，試著做出持平而確實的定位，以總結內渡後丘逢甲在晚清詩壇上的成就。由於清末報刊媒體蓬勃發達，或多或少改變了文人對待寫作的心態，投稿發表逐漸成為文人寫作中很關心的一件事情，傳統單純的寫作行為於是隱含著策略的運用。詩人從此意識到詩作經由媒體的傳播，可更迅速，更廣泛的流傳，因此，只要能多發表，取得發言權，便能快速建立自己文壇的聲譽，甚至贏得文學歷史上的地位。所以，從詩界革命的三個主要發表園地中（《清議報》、《新民叢報》、《新小說》），分析丘逢甲詩作被刊出的情形與梁啟超對丘逢甲的評價，即意謂著丘逢甲在詩界革命中被接納的程度，這個部份於第三章第二節、第三節已經有詳細的討論了，此處不再贅述。此外，當然還要

〔註1〕　汪國垣〈光宣詩壇點將錄〉，《汪辟疆文集》，上海：上海古籍出版社，1988.12，
　　　　頁 368～369。

再配合歷來眾多關於丘逢甲的詩評，才能客觀地評價出丘逢甲於詩界革命中的定位。

根據錢仲聯《清詩紀事》「丘逢甲」所載的眾家詩評〔註2〕，加上筆者自己收集到的詩評，製成【附錄五】丘逢甲詩評彙錄，共27家40則詩評。【附錄五】詩評中，多半評論對丘氏都持肯定的態度，以為其詩具雄直豪邁、蒼勁悲涼的特色，是嶺南（廣東）傳統詩風的高度發揚者，也肯定丘逢甲詩作以臺灣為悲歌對象，而有別於眾多嶺南詩人的大時代題材，兩者所對比出來的特殊性，例如贊同詩界革命的詩評者袁祖光、王恩翔、潘飛聲……等，以王恩翔《金城唱和集》序言為代表：

> 仲閼則身經離亂，其才又橫絕一世，而鬱鬱居此，悲壯蒼涼之聲流溢，而出楮墨之間，具有身世之感，一唱三歎，獨有千秋，余詩何足傳，仲閼詩則必可傳，且不僅以詩傳。然余得附仲閼詩以傳余詩，此固余不幸中之大幸也。〔註3〕

多數的詩評如同王恩翔一般，皆正面肯定丘逢甲《嶺雲海日樓詩鈔》詩作在晚清詩史上，呈現出來的臺灣詩史方面的特色，這正是內渡後丘逢甲在詩界革命中的獨特性。

另外，值得注意的是，曾經批評黃遵憲〈今別離〉有缺失的晚清「神韻派」詩評家吳芳吉，以及戰後來臺的李漁叔教授〔註4〕，卻對丘逢甲的部分詩作推崇倍至，以吳芳吉〈再論吾人眼中之新舊文學觀〉為代表：

> 茲再舉一例，以示用典之多而且合法者。丘倉海〈古別離行送謝頌臣回臺灣〉云云。此詩僅十三韻，凡用典八起，而無不適當，無不顯豁，無不自然，無不普遍，無不深有寄託。倘知丘公之身世者讀之，則其滋味以用典而益濃厚。是以典非不可以用，只看各人能不

〔註2〕錢仲聯《清詩紀事》第19冊「光宣朝卷」，江蘇：江蘇古籍出版社，1989.7，1版1刷，頁13325～13378。

〔註3〕丘逢甲、王曉滄（恩翔）《金城唱和集》，陳支平主編《臺灣文獻匯刊》第4輯第10冊，北京九州出版社與廈門大學出版社聯合出版，2004，頁419。

〔註4〕吳芳吉《四論吾人眼中之新舊文學觀》說：「黃公度〈今別離〉氣象薄俗，失之時髦。」見魏仲佑《黃遵憲與清末「詩界革命」》，臺北：國立編譯館，1994.12，頁162。李漁叔《魚千里齋隨筆》說：「『豈無打頭風』至『煙波去悠悠』六句，辭意凡冗，詩境稍深者即已不肯如此落想。至『今日舟與車』、『去矣一何速』二句下，似應有新意特出，以振起全篇，乃亦草草承接，意象皆盡，使人缺望之甚。」見李漁叔《魚千里齋隨筆》卷上〈論人境廬詩〉，臺北：中華詩苑，1958.12，頁104。

能用。〔註5〕

吳芳吉與李漁叔都是不欣賞黃遵憲詩作的詩評者，也對詩界革命詩作多不持
肯定的態度，但他們卻對丘逢甲部分詩作，以樂府舊題爲詩名，並謹守古人
樂府舊題原意的創作，用傳統詩的審美標準給予肯定，可見，丘逢甲雖然大
量創作符合詩界革命的詩，但仍有部分詩作是與詩界革命要求不盡相同的，
而獲得詩界革命敵對陣營的肯定，顯示丘逢甲詩作在詩界革命中，對於詩學
維新的尺度上的保守性，可以看出丘逢甲和黃遵憲對待詩界革命，態度與目
的上的眞正差別。

此外，也有認爲丘逢甲的詩勝過黃遵憲的詩的說法，例如柳亞子、洪棄
生、錢仲聯、費行簡……等，例如南社詩人柳亞子〈論詩六絕句〉說：

時流競說黃公度，英氣終輸倉海君。

戰血臺澎心未死，寒笳殘角海東雲。〔註6〕

又如錢仲聯〈近百年詩壇點將錄〉將丘逢甲比喻成「天罡星玉麒麟盧俊義」，
並說：

黃遵憲〈與梁啟超書〉推逢甲詩爲「眞天下健者」，謂「渠自負曰：
二十世紀中，必有刻黃、丘合稿者」。是亦詩界革命之魁矣。其〈論
詩次鐵盧韻〉云：「邇來詩界唱革命，誰果獨尊吾未逢。流盡元黃筆
頭血，茫茫詞海戰群龍。」、「新築詩中大舞臺，侏儒幾輩劇堪哀。
即今開幕推神手，要選人天絕代才。」可知其「恥居王後」之雄心。
《嶺雲海日樓詩鈔》，其深到之作，魄力雄厚，情思沉摯，《人境》
亦當縮手。〔註7〕

認爲丘逢甲勝過黃遵憲之處，在於丘逢甲詩寫出個人與時代的特殊遭遇，所
營造出來的悲壯氣勢和偉大的結構。

還有，具體指出丘逢甲美中不足之處的詩評，例如丘煒菱、屈向邦、汪
國垣、李漁叔、梁國冠、張永芳……等，以梁國冠〈臺灣詩人丘倉海評傳〉
爲代表：

其短處約有下列幾點：(1)粗直；(2)冗滑；(3)膚廓；(4)草率；(5)
以文爲詩。如〈日蝕詩〉後段：「大九州成大一統，萬法並滅宗素王。

〔註5〕 吳芳吉《吳芳吉集》，四川：巴蜀書社，1994.10，頁467～468。

〔註6〕 錢仲聯《清詩紀事》第19冊「光宣朝卷」，江蘇：江蘇古籍出版社，1989.7，
1版1刷，頁13333。

〔註7〕 同前註。

四天下皆共一日，永無薄蝕無災傷。不然測日有辯口，魔法復幻來
西方。直教天變不足畏，流禍且恐過焚坑。不惟兩兒困尼父，頑辯
如盂如探湯。彼乃有帝解造日，將惑黃種歸亞當。誰歟覺者解厥惑，
力拒魔說毋遺殃！」此類詩議論居半，有類散文，而偏重於寓意。
惟其過重寫意，故辭句有時欠修，詩料雜沓而欠剪裁，不免流於粗
直冗率。抑其詩（尤其七律）有時偏重格調，亦不免失之膚廓，有
明七子之弊。故其所作富情感，善諷諭，直抒胸臆，氣壯而志奮，
格嚴而聲正，不失為當代一名家也。〔註8〕

梁國冠指出來的缺失，也是詩界革命新派詩的共同缺失，例如李漁叔《魚千
里齋隨筆》談到黃遵憲的詩也說：「其言詩體之變革，亦大抵膚廓之詞也。」
「昨讀嘉應黃公度人境廬詩，病其浮濫。」「公度目光識力，尚不逮此，至
其詩筆粗率，不稱大篇，更無足深論矣。」〔註9〕如果沒有深入理解當時的
時代氛圍與僵化仿古的傳統詩壇，看到詩界革命新派詩，應該都會滿不以為
然的。

第二節　日治時期臺灣傳統詩界革新的傾向

　　臺灣學術界對日治時期臺灣文學的研究重心，一直放在新文學方面，認
為新文學高度展現了臺灣人民對日本殖民政權的抗議精神，足以成為臺灣文
學的主要代表，因而對日治時期臺灣傳統詩，多數抱持著相當消極的觀感，
甚而往往被視之為「御用文學」，沒有什麼研究價值。

　　近年來臺灣文學的研究有了新的突破，研究日治時期臺灣文學之時，知
道要從政治政策與文學消長的歷史脈絡中仔細考察，而發現日治時期傳統詩
的社會功用與文學成就，絕對不亞於新文學所交出來的成績單，施懿琳〈日
治時期臺灣古典詩的抗議精神與比興諷諭傳統〉結論說到：

日治之初，抗議殖民政權，抒發亡國遺民之悲的文學功能，幾乎完
全由古典詩來承擔。及至 1920 年以後新文學逐漸萌芽茁壯，舊文學
始由原先的主流地位逐漸後退。此時，有部份「墮落詩人」以擊缽

〔註8〕梁國冠〈臺灣詩人丘倉海評傳〉，牛仰山編《1919～1949 中國近代文學論文
　　　集・概論・詩文卷》，北京：中國社會科學出版社，1988.9，頁 486。
〔註9〕李漁叔《魚千里齋隨筆》卷上〈黃公度及其人境廬詩〉、〈論人境廬詩〉兩則，
　　　臺北：中華詩苑，1958.12，頁 99～106。

　　吟唱的方式來爭捷鬥巧，甚至藉此干聲名、諂權貴，而失去了文學作品對時代應有的責任和擔當。但是，這並不表示當時的「臺灣舊詩人」即等同於「御用文人」。當時實不缺乏有識之士，深刻沉痛地對詩壇腐敗墮落的現象，提出強烈的抨擊，努力把即將走偏的古典詩，導入正軌。經過精神的澡雪與更新後，再度遙契詩歌傳統的精神，擔負起「史亡而後詩作」的嚴肅使命。到了日治晚期，在「皇民化運動」推行下，以漢文寫作的新文學完全失去了發表的園地，碩果僅存的古典詩遂在當時，再度獨力擔負起控訴不義、抒發鬱懷的文學重任。〔註10〕

可見，日治時期的臺灣傳統詩壇並非全然靜態、消極地迎合殖民政權的文化政策，或任由新文學的勃興而使之歸於消滅。其實面對大環境的劇變，主要的傳統詩人仍秉持著批判、抗議、諷諭的精神從事寫作，有的詩人徹底反日，拒絕妥協，例如洪棄生、賴和……等人，有的詩人表面與殖民政府虛應，而骨子裡卻有堅定的抗日意識，如臺中櫟社成員林痴仙、林幼春、蔡惠如……等人，也有詩人親日色彩極濃，但作品實不乏抒發滄桑之痛者，例如臺北瀛社社員洪以南、謝汝銓、魏清德……等人。這些詩人透過「詠物」、「詠史」、「遊仙」等比興諷諭手法，含蓄婉轉地傳達被殖民者憤懣憂傷的心情，藉此達到聯絡同志，互通聲氣，共抒懷抱的目的。就「延續一線斯文，凝聚漢族意識，抒發鬱煩悲憤，留存歷史見證」四方面而言，日治時期臺灣傳統詩確實有值得肯定的歷史意義和時代價值〔註11〕。

　　同時，面對1920年前後臺灣新文學的逐漸成熟與攻擊批判，日治時期傳統詩其自身內部也產生反省與改革的聲音，雖然沒有如晚清詩界革命一般，形成一股盛大的文學潮流，但傳統詩所秉持的抗議精神與順應時代變化因應改革方面，實際上與新文學十分相近。

一、1924年新舊文學論戰發生前的傳統詩界改革論

　　臺灣傳統詩在1895年進到日治時期後，一直到1924年臺灣新舊文學論戰展開的期間，傳統詩人群面對時代劇變和西方文明的強勢入侵，其思維結構上也開始做調整，以適應新時代的來臨，黃美娥〈尋找歷史的軌跡：臺灣

〔註10〕 施懿琳《從沈光文到賴和——臺灣古典文學的發展與特色》，高雄：春暉出版社，2000.6，初版，頁226～227。

〔註11〕 同前註，頁191～204、228。

新舊文學的承接與過渡（1895～1924）〉說：

> 在 1895 年至 1924 年間新文學典律問題被熱烈提出討論之前，臺灣
> 社會逐漸步入一嶄新的時代。相應於時代的變化，臺灣傳統文人已
> 然浮現維新的思考，追求文明、新頭腦與新氣象，成爲普遍共同肯
> 定且接受的事實，如此以「文明是尚」的社會氛圍，對於日後臺人
> 面對以迎合世界新潮流爲務的新文學的興起，無疑在心態上是較易
> 理解與接受的，對於新文學的蘊釀成形，具有推波助瀾的作用。……
> 新、舊學的緊張對峙，雖然遏阻了新學快速壯大的聲威，但隨著新
> 學教育的愈見普及，以及高倡新、舊學兼容並包論調的出現，都將
> 爲未來新文學的誕生鋪路與奠基。〔註12〕

黃文還指出部分同時期臺灣傳統詩人，作詩時已經樂於將新事物、新思想、
新觀念寫入舊詩的形式中，因而造成一種新意境，例如黃植亭〈喜晤謝介石
詞客即次其見寄韻〉、洪以南〈無題四首〉、顏笏山〈敬賀雲年宗兄新築落成
即次瑤韻〉……等詩作。筆者以洪棄生〈留聲器〉爲例來說明：

> 萬籟寂靜虛堂風，長腔、短腔出郵筒；一鼓促拍「河滿子」，再鼓攤
> 破風入松。雲璈水調殊玲瓏，攝以電氣貯以筩；芥拾音響歸冥濛，
> 彙篇樞紐相磨礱。放之滿堂爲逄逄，傾耳曲折無不通；偷聲共詫「聲
> 聲慢」，動色四顧色色空。初如湘靈鼓瑟湘江上，旋如洛神通辭洛水
> 中。一彈再歎有餘韻，一望無人無絲桐；傳遞語音亦曲肖，又如楚
> 巫翻譯出喉嚨，石言鬼語非謠童。購得人人矜奇器，聞者往往驚神
> 工。我謂此事何足異，在昔偃師稱小技；革人歌舞能目招，驅使草
> 木供游戲。順帝靈巧亦可言，銅人報時按節至。國初博物有江永，
> 郵筒傳聲千里致；鍍金屚渾沌機竅開，不須乞靈天地氣。木雞、木
> 狗並有聲，變幻五行易位置；奇巧即在耳目間，未用遠徵輸巧事。
> 西洋此器未十年，末巧由來吾吐棄。是器傳語況區區，何似傳遞今
> 古有吾儒！道德事功留紙上，但憑寸管非機樞。有時餘事弄狡獪，
> 咤叱笑罵雜噫吁，傳之千載聲聲俱；不第繪聲且繪色，活留口罄咳
> 併眉鬚。西人亦有文字鄙且拙，廿六字母徒翻切；拗斷嗓子語言龐，
> 雖有精意無由設。時移地易音即差，兜儸傑未難分別；得其官骸遺

〔註12〕黃美娥〈尋找歷史的軌跡：臺灣新舊文學的承接與過度（1895～1924）〉，中
央研究院臺灣史研究所《臺灣史研究》第 11 卷第 2 期，2004.12，頁 155。

精神，留聲機械何須說！礮火有聲聲震天，西洋製作年復年；一震
不留猶懾敵，兵家陰機能研堅。中華此事誠缺憾，鐵馬屯軍喋不前；
我思此事由人廢，群才一出將淵淵。吁嗟乎，留聲器，我聞汝聲淚
爲漣。此間時事不堪述，婦孺啜泣難下咽。勞者莫歌窮莫達，萬戶
吞聲何處宣！願借汝機託汝械，爲記愁苦與顛連；記事比珠哀比絃，
傳諸大帝鈞天廣樂邊，叩天問帝夫何言！〔註13〕

詩中所說的「留聲機」全然是當時新穎的文明產物，假如是一位保守的傳統
詩人，便不會以時髦的題材入詩，但洪棄生將時髦的新事物，用傳統詩的韻
味和技巧寫出來，讀起來也無傷於詩的美感，並且詩末發出議論和感慨，「中
華此事（指科技文明）誠缺憾，鐵馬屯軍喋不前；我思此事由人廢，群才一
出將淵淵。吁嗟乎，留聲器，我聞汝聲淚爲漣。」進而點出寫這首新題詩的
用心，「願借汝機託汝械，爲記愁苦與顛連；記事比珠哀比絃，傳諸大帝鈞天
廣樂邊，叩天問帝夫何言！」詩人請老天爺給他一個解釋，爲何中國人這麼
昧於事實，輕視科技文明呢？像洪棄生這種類似詩界革命新派詩的寫法，在
當時的臺灣已經有一定程度的接受度，許天奎《鐵峰詩話》說：

洪棄生先生（繻），彰化名諸生也；改隸後，杜門不預世事。生平著
書甚富，已刊行者有「寄鶴齋文矕」、「寄鶴齋詩矕」；而「寄鶴齋詩
話」、「八州遊記」，近亦登諸「臺灣詩薈」。一經剞劂，莫不風行海
內外。其古體詩如「留聲機器」、「題科山生壙」，俳律如「食烏魚」、
「詠虞美人」等篇，均已膾炙人口。〔註14〕

由此可知，日治時期臺灣傳統詩人對於將時髦的題材寫進傳統詩的形式中，
已經有初步的共識。

　　就在傳統詩人思想、觀念上開始做出調整的同時，詩壇內部便有自發性
要求改革臺灣傳統詩的諸多弊病的聲音，甚至引發臺灣傳統詩人們內部自己

〔註13〕　洪棄生《寄鶴齋選集》，臺灣銀行經濟研究室編《臺灣文獻叢刊》第304種，
　　　　　1972，頁280。詩有自註：「器之函，或高八寸、長八寸，廣半之。中藏機關
　　　　　樞紐，別有箇三十或四十不一。製器者，每箇數以電器；使人歌，歌聲爲電
　　　　　攝箇中。他語言，亦攝之。一箇一曲，曲如其箇之數。臨聽時，置箇函上；
　　　　　將機鼓動，眾聲齊出。一曲終，易一箇，數十箇周而復始。箇攝語言者，即
　　　　　傳語言，聽之無不肖。價或百餘金，或數十金；價高者聲亮，賤則聲窳。是
　　　　　器製自西洋，近日處處有之。僕尚未之見，聞諸沈君云。」
〔註14〕　許天奎《鐵峰詩話》，連橫主編《臺灣詩薈雜文鈔》，臺灣銀行經濟研究室編
　　　　　《臺灣文獻叢刊》第224種，1966，頁39。

人的筆戰，根據施懿琳〈日治時期新舊文學論戰的再觀察——兼論其對臺灣
古典詩壇的影響〉一文指出，時間上以 1907 年連橫發表於《臺南新報》的〈臺
灣詩界革新論〉為最早，主要針對擊缽吟的弊端加以批評，並引起了臺中櫟
社社員陳瑚及其他人的不滿，後來經過林朝崧、陳瘦雲等人的出面調和，才
平息這場傳統詩人自家內部的筆戰。1924 年連橫〈詩薈餘墨〉回憶當時這一
段筆戰往事，說到：

> 二十年前，余曾以〈臺灣詩界革新論〉登諸《南報》，則反對擊缽吟
> 之非詩也。《中報》記者陳枕山（陳瑚）見而大憤，著論相駁，櫟社
> 諸君子助之。余年少氣盛，與之辯難，筆戰旬日，震動騷壇。林無
> 悶（林朝崧）乃出而調和。其明年，余寓臺中，無悶邀入櫟社，得
> 與枕山相見。枕山道義文章，余所仰止，而詩界革新，各主一是：
> 然不以此而損我兩人之情感也。〔註15〕

另外，連橫〈柬林癡仙，並視臺中諸友〉也說到：

> 詩界當初唱革新，文壇鏖戰過兼旬。周秦以下無餘子，歐美之間見
> 幾人！廿紀風潮翻地軸，千秋事業任天民。劫殘國粹相謀保，尼父
> 春秋痛獲麟。〔註16〕

還有臺南南社詩人林湘沅〈讀詩界革新議及後等書〉說到：

> 雅堂過於縱，滄玉近乎泥。痴仙與南溟，各有所偏倚。唯有陳瘦雲，
> 折衷為一是。〔註17〕。

連橫與臺中櫟社成員激烈的筆戰狀況，今日可見文獻很有限，真實情況難以
全部還原，僅能從上引文獻去窺知其一二，但可知連橫提倡「詩界革新」時
的臺灣詩界仍有反對聲浪。

　　連橫和陳瑚等人的筆戰雖然經過林朝崧等人的調和而平息，但傳統詩內
部的改革聲浪只是暫時被壓抑下來，1924～1925 年《臺灣詩薈》發行期間，
連橫更藉由〈詩薈餘墨〉一欄一再批評傳統詩人熱衷於擊缽吟的不是。連橫
〈詩薈餘墨〉說：

〔註15〕 連橫《雅堂文集》，臺北：臺灣銀行經濟研究室，《臺灣文獻叢刊》第 208 種，
　　　　1964，頁 294。
〔註16〕 連橫《劍花室詩集》，臺北：臺灣銀行經濟研究室，《臺灣文獻叢刊》第 94 種，
　　　　1960，頁 96。
〔註17〕 施懿琳《從沈光文到賴和——臺灣古典文學的發展與特色》，高雄：春暉出版
　　　　社，2000.6，初版，頁 257。

> 夫詩界何以革新？則余所反對者如擊缽吟。擊缽吟者，一種之遊戲
> 也，可偶爲之而不可數，數則詩格自卑，雖工藻繢，僅成土苴。故
> 余謂作詩當於大處著筆，而後可歌可誦。《詩薈》之詩，可歌可誦者
> 也。内之可以聯絡同好之素心，外之可以介紹臺灣之作品。〔註18〕

連横毫不留情地批評擊缽吟的弊病，與後來新文學陣營攻擊傳統詩的意見雖
有許多重疊的地方，但連横對於日治時期臺灣傳統詩界的改革，就發動的時
間點上，已成這項詩界革新的先聲，再加上他持續性和號召力而言，頗有日
治時期臺灣傳統詩界革新的文學理論建立者的大師地位。但是根據黃美玲
《連雅堂文學研究》研究顯示，1907 年連横提倡臺灣詩界革命的效果顯然不
大，從《臺灣詩薈》的詩社統計資料中可知，1906～1924 年之間臺灣詩壇的
文學活動仍以擊缽吟的方式爲主，題目以描寫景物者爲多〔註 19〕，根本沒有
因爲連横當時的反對而有所收斂，可見臺灣傳統詩一直要到 1924 年新文學成
熟興起之後，才有比較大規模的反省與檢討。

　　除了 1907 年連横的詩界革新論之外，還有 1915 年魏清德刊登於《臺灣
日日新報》的〈詩及國民性〉一文，以及 1919 年《臺灣文藝叢誌》發刊祝
文、1924 年林石崖《臺灣詩報》序言、連横《臺灣詩薈》發刊辭……等文，
都明確表達傳統詩必須反省改變的新方向。其中以 1919 年《臺灣文藝叢誌》
發刊祝文爲代表，《臺灣日日新報》記者魏清德〈祝臺灣文社發刊之詞〉說
到：

> 漢文猶有遺憾，方諸歐文，似稍欠明晰，難於闡明一切。若能參加
> 外國科學上術語，譯之成詞，藉以介紹今世文化，使毫髮畢呈，則
> 庶幾哉。其用統分爲二，一爲實用之文，二爲美文。……美文即歌
> 詩詞賦，導人於靈性之域，其措詞可歌可喜、可興可泣，欲勒石不
> 厭古奧，欲形容不厭誇大，欲頌揚不厭莊重，欲鞭撻不厭激昂，欲
> 哀訴不厭沉痛，欲風革不厭典麗，欲擺脫不厭仙佛，欲嶄新不厭怪
> 癖，凡此數者，皆與日用之文有別，專門家之職也。〔註20〕

〔註18〕　連横《雅堂文集》，臺北：臺灣銀行經濟研究室，《臺灣文獻叢刊》第 208 種，
　　　　1964，頁 294。

〔註19〕　黃美玲《連雅堂文學研究》第二章第三節〈臺灣詩界革新論〉，臺北：文津出
　　　　版社，2000.5，初版，頁 75～85。

〔註20〕　臺灣文社《臺灣文藝叢誌》，臺中，鄭汝南、蔡世賢發行，1919 年 1 月 1 日第
　　　　一年第一號，臺灣大學圖書館楊雲萍文庫殘卷本。

傳統文學必須向西方文學通俗口語易表達等長處學習，並且使文學成爲一開放式的園地，不要爲文學設限，勇敢直接地寫出內心眞正的感受。基本上，臺灣文社的文學主張仍是堅守傳統文學的舊形式，而將新思想觀念和寫作技巧導入舊形式中，開創傳統文學的新格局，這樣的文學主張與晚清詩界革命的相似度很高，都是主張在舊形式的基礎上，做內容技巧方面的求新求變。

　　《臺灣文藝叢誌》的發起人以 12 位臺中櫟社詩人爲主，成立文學性社團「臺灣文社」，出版《臺灣文藝叢誌》月刊，一方面努力維持臺灣的傳統漢文，設定一些傳統文化舊題，透過徵詩、徵文的方式來保持詩人們對傳統文化的熟悉感，另一方面努力地譯介世界新思潮，幫助詩人們拓展新題材新觀念，外國思潮部分特別著重德國和俄國的文獻譯介，並且對梁啓超、蔣維喬等人的漢文作品也有引介。《臺灣文藝叢誌》對傳統詩改革上的推動產生正面的幫助，也對日後臺灣新文化運動的推展產生相當程度的幫助。〔註 21〕由於編輯《臺灣文藝叢誌》的核心人物都是當時臺灣詩壇上重量級的傳統詩人，且向外吸納不少全臺各地關心漢文的文人，獲得廣大迴響，組織陣容龐大，這也說明臺灣傳統詩壇於 20 世紀 20 年代新文學即將到來的前夕，內部即有求新求變的需求與實際行動。

二、新舊文學論戰後對傳統詩界改革的影響

　　1924～1942 年以後長達近 20 年間，臺灣文壇發生新舊文學論戰。1924年 11 月連橫代表舊文人在新舊文學論戰中，針對張我軍〈糟糕的臺灣文學界〉一文，做出第一次迂迴的還擊，此後你來我往，雙方人馬流於情緒性的攻擊，並未產生建設性的協議，雖然新文學經過論戰後，取得了日治時期臺灣文學的發聲權，宣告傳統文學失去主流價值的地位，但傳統文學並沒有因此消滅掉，反而產生另一波改革反省的內部論戰，和其他得自於新文學效應影響下，所始料未及的新改革力量，使得傳統文學在日治後期成爲可被臺灣「二世文人」接受的寫作形式。

　　根據施懿琳〈日治時期新舊文學論戰的再觀察——兼論其對臺灣古典詩壇的影響〉一文指出，新舊文學論戰後對傳統詩界內部的影響，首先是傳統

〔註21〕　施懿琳〈臺灣文社初探——以 1919～1923 的《臺灣文藝叢誌》爲對象〉，國立臺灣文學館「櫟社成立一百週年記年學術研討會」論文集，2001.12.8～9，頁 1～24。

詩人內部又再度陷於論戰，1941年6月至1942年2月艋舺詩人黃文虎與臺北黃景南等人，在《南方》雜誌「討論欄」上開始論戰，名之爲「詩人七大毛病的論爭」，這七大毛病爲：

> 一作者多於讀者，且根柢薄弱；二模仿古人，浪費天眞浪漫的性靈；
> 三移用成語，不重創作；四僞托他人之作，以造成兒女生徒情侶才
> 名；五僅仰詞宗鼻息，以要膺選；六無中生有，描寫景物多出想像；
> 七如同商人廣告，一詩數投。〔註22〕

此一自家人內部的激情論戰，對於傳統詩改革的實質意義並無很大的建設性，已經發展成熟的新文學也不予理會這場論爭。其次是部分傳統詩人開始嘗試寫作新文學，最終還是回到傳統文學的領域，有的詩人只是玩票性質，如林荊南、莊幼岳……等人，有的詩人因而思索出臺語文學的創作，例如鄭坤五、許丙丁……等人，有的詩人轉而投入新文學的懷抱，直到皇民化運動後，政策上全面禁止使用漢文，但對於漢詩的寫作，卻又採取爭一隻眼閉一隻眼的態度，才又讓這批「二世文人」重新回到傳統詩的領域，因而在實質意義上接續了傳統詩的改革之路，表現最爲亮眼的是賴和的傳統漢詩寫作。

總之，日治時期臺灣傳統詩歷經兩次自家內部的改革論戰，外加一波大型的外部論戰，儘管在歷史上曾一度失去主流地位，最終仍扳回其主流地位，傳統詩的寫作形式沒有發生變化，但其精神風貌已早與傳統詩教大異其趣，反而與晚清詩界革命的寫作要求，走向相同的文學道路。

三、臺灣傳統詩新風貌——以連橫的詩作爲例

選擇連橫的詩作爲討論對象，是因爲他在詩界革新理論上有建立之功，以及在內外論戰上有豐富的實務經驗，在日治時期的臺灣傳統詩壇上，儼然有晚清詩界革命梁啓超的地位，而他的詩作也有著很明顯的龔自珍與黃遵憲的影子〔註23〕。

〔註22〕 元圃客（黃文虎）〈臺灣詩人的毛病〉，1941.6.1《風月報》第 131 期，臺北：南天書局，2001。

〔註23〕 黃美玲《連雅堂文學研究》（臺北：文津出版社，2000.5，初版，頁 102）指出，連橫從杜甫的詩中吸收到許多對偶與鍊字的創作技巧，在生命情調上與杜牧、龔自珍頗爲相合，《劍花室詩集》模擬龔自珍的詩句尤多，而其詩學理論和作詩的態度，則與黃遵憲常有神似之處。

（一）連橫與詩界革命的關係

身為日治時期臺灣詩壇重量級人物之一的連橫，雖然對丘逢甲之內渡曾有微詞，但對丘逢甲的文學成就，不管是內渡前還是內渡後，都抱持肯定的態度。連橫《臺灣詩乘》說：「光緒以來，臺灣詩界群推施澐舫、邱仙根二公，各成家數。」又 1924 年連橫《雅堂文集卷四》〈詩薈餘墨〉說：

> 我臺邱仲閼先生逢甲素工吟詠。乙未之役，事敗而去，居鎮平，遂以詩鳴海內。囊以論詩十絕郵示林君癡仙。予於臺灣詩界，素主革命。二十年前，曾與陳君枕山筆戰旬日。今仲閼、癡仙已逝，枕山亦亡，而予奔走騷壇，尚無建樹。我臺英特之士有能起而發揚之者，則詩界之祉也。詩如左：元音從古本天生，何事時流苦競爭。詩世界中幾雄國，惜無人起與連衡。邇來詩界唱革命，誰果獨尊吾未逢。流盡玄黃筆頭血，茫茫詞海戰群龍。新築詩中大舞臺，侏儒幾輩劇堪哀。即今開幕推神手，要選人天絕妙才。臺上風雲發浩歌，不須猛士再搜羅。拔山妄費重瞳力，夜半虞兮唱奈何。北派南宗各自誇，可能流響脫淫哇。詩中果有真王在，四海何妨共一家。彼此紛紛說界疆，誰知世有大文章。中天北斗都無定，浮海觀星上大郎。芭蕉雪裏供摹寫，絕妙能詩王右丞。美雨歐風入吟料，豈同隆古事無徵。四海橫流未定居，千村萬落廢犁鋤。荊州失後吟染父，空憶南陽舊草廬。展卷重吟民主篇，海天東望獨悽然。英雄成敗憑人論，贏得詩中自紀年。四海都知有蟄庵，重開詩史作雄談。大禽大獸今何世，目極全球戰正酣。〔註24〕

引文說明，被當成丘逢甲參與詩界革命宣言的〈論詩次鐵廬韻〉10 首（光緒27、28 年），當年除了曾經在《清議報》公開發表外，丘逢甲還曾特地郵寄給已回臺灣定居的林朝崧〔註25〕，連橫重申自己改革臺灣傳統詩界的決心時，

〔註24〕 連橫《雅堂文集》，臺北：臺灣銀行經濟研究室，《臺灣文獻叢刊》第 208 種，1964，頁 277。

〔註25〕 丘逢甲與林朝崧的關係，是透過謝頌臣而聯結起來的，據余美玲研究：「林癡仙（1875～1915），名朝崧，字峻堂，號癡仙，光緒 16 年（1891）生員。丘逢甲《柏莊詩草》中稱林癡仙為內弟（〈賀林峻堂內弟朝崧新昏〉），林癡仙在〈哭謝頌臣先生詩〉曾云：『曾言平生文字交，後有林十前邱二』，邱二是丘逢甲，林十則是林癡仙，藉由謝頌臣的關係，丘逢甲謝頌臣林癡仙三人時有詩歌往來（見於謝頌臣《小東山詩存》所收錄的「唱和詩詞」）。林癡仙在臺灣割讓後避亂泉州，期間曾短暫回臺後再度赴泉州，直至 1899 年才正式返臺

並登錄丘逢甲的〈論詩次鐵廬韻〉10 首，兩者之間應該有一定程度的關連，大抵說明了丘逢甲內渡後投入詩界革命，在晚清中國詩壇享有盛名，其詩足以當成臺灣傳統詩人的模範。連橫於 1907 年提出的詩界改革論，當時並未成爲氣候，所以到了 1924 年《臺灣詩薈》的階段，正值新文學已臻成熟之際，連橫必須搬出臺灣傳統詩人的最高成就丘逢甲來喚起改革，並對抗新文學的攻擊。

（二）連橫的新派詩

而連橫自己本身的詩如何展現與傳統詩教大異其趣的風貌呢？有沒有晚清詩界革命的味道呢？黃美玲《連雅堂文學研究》即說到連橫在生命情調上，與龔自珍頗爲相合，模擬龔氏的詩句很多，而其詩學理念與寫作手法，與黃遵憲相似，所以對時局問題頗爲用力〔註26〕。筆者另外補充一組詩做爲說明，連橫〈弔李鴻章〉4 首：

> 人材崛起齊俾、格（德相俾士麥、意相格里士與李同時），勳業終年讓大、伊（大隈重信、伊藤博文，日本維新之傑也）。太惜中原多健者，如何孺子亦王師。

> 廿紀文明啓亞洲，功名僅比左、彭儔。問公第一快心事，同種相殘也策歟（李使歐洲時，至德見俾相，問李平素功業，李歷敍平髮、平捻事，有得色。俾曰：公之功業誠巍巍矣，然我歐人，以能敵異種爲功；自種相殘，歐人不取也。李有愧色）。

> 聯俄主義亦良謨，揖盜重門半著輸。我欲殉公無別物，袖中一幅滿洲圖（聯俄主義，李一生固寵在此、破壞亦在此）。

> 議和議戰兩模稜，也博維新愛國名。爲問北洋儲將地，幾人汗馬出門生？〔註27〕

定居。」（參考余美玲〈從《小東山詩存》探析謝頌臣之生平與交遊——以櫟社詩人圈爲主〉，國立臺灣文學館「櫟社成立一百週年記年學術研討會」論文集，2001.12.8～9，頁 1～28。）林朝崧所娶女子姓謝，應該與謝頌臣有關係，而丘逢甲與謝頌臣又是表親，所以丘逢甲、林朝崧自然因爲謝頌臣的關係，而有親戚關係。

〔註26〕黃美玲《連雅堂文學研究》第三章第一節〈詩歌淵源〉，臺北：文津出版社，2000.5，初版，頁 92～103。

〔註27〕連橫《劍花室詩集》，臺北：臺灣銀行經濟研究室，《臺灣文獻叢刊》第 94 種，1960，頁 111。

此詩篇幅雖然不長，意在諷刺李鴻章的自大自尊，連橫並未直接譴責李鴻章，而是透過德國俾斯麥宰相的冷言冷語，達到挖苦李鴻章的效果，此諷刺詩的表達技巧很成熟，是晚清中國大陸和同時期臺灣詩界中優秀的諷刺詩。但把黃遵憲〈李蕭毅侯挽詩〉4 首拿來對照：

> 駱胡曾左凋零盡，大政多公獨主持。萬里封侯由骨相，中書不死到期頤。麕弧辛挽周衰德，華袞優增漢舊儀。官牒牙牌書不盡，蓋棺更拜帝王師。

> 連珠巨礮後門鎗，天假勳臣事業昌。南國旌旗三捷報，北門管鑰九邊防。平生自詡楊無敵，諸將猶誇石敢當。何意馬關盟會日，眼頭鉛水淚千行。

> 畢相伊侯久比肩，外交內政各操權。撫心國有興亡感，量力天能左右旋。赤縣神州紛割地，黑風羅剎任飄船。老來失計親豺虎，卻道支持二十年。

> 九州人士走求官，婢膝奴顏眼慣看。滿篋謗書疑帝制，一床踞坐罵儒冠。總無死士能酬報，每駁言官更耐彈。人哭感恩我知己，廿年已慨霸才難。〔註28〕

第一首寫李鴻章自光緒年間開始即一路平步青雲，死前位階達到巔峰。第二首寫李鴻章與日本人談馬關和約時的難堪，第三首以日本、德國首相的能幹，對比中國首相的無能無知，第四首寫李鴻章一生享受權勢，對於國家人民遭遇的不幸，沒有全力挽救。黃遵憲的諷刺手法在於反諷的運用，李鴻章的官位越作越大，中國的命運卻越來越悲慘，而德國和日本剛好相反，人家的首相位置坐得越高，國家就越來越強。而連橫的詩作也是把李鴻章拿來跟外國的首相們比較，由於反差極大，因此把李鴻章的自傲、短視、狹隘，都展露無遺，其內容題材、諷刺手法，與黃遵憲詩作相近。由於黃美玲《連雅堂文學研究》說連橫詩作的寫法確實與黃遵憲相似，也許連橫的〈弔李鴻章〉4 首胎襲自黃遵憲〈李蕭毅侯挽詩〉4 首。同樣的情況尚有連橫〈以瓶插桃菊二花〉〔註29〕似乎也有胎襲自黃遵憲〈以蓮菊桃雜供一瓶作歌〉〔註30〕

〔註28〕錢仲聯《人境廬詩草箋注》下冊，臺北：源流文化事業公司，1983.4，頁 1058～1064。

〔註29〕連橫《劍花室詩集》，臺北：臺灣銀行經濟研究室，《臺灣文獻叢刊》第 94 種，1960，頁 110。

的可能性。

　　另外，連橫〈讀西史有感〉37首之 2、5、26、28、29：

　　　　釋迦滅度耶穌死，猶太沈淪印度亡。

　　　　不信偉人難救國，宗風反化兩重洋。（之二）

　　　　共和已造新羅馬，專制爭誅小祖龍。

　　　　南美紛紛皆獨立，深宵誰續自由鐘。（之五）

　　　　禁煙一疏驚天下，戰禍先開粵海東。

　　　　灼灼芙蓉生毒焰，神州湧起火蓮紅。（之二十六）

　　　　詩學誰能入上乘，鄭謨樸伯各觀興。

　　　　莫言西海文潮異，也有詞人杜少陵。（之二十八）

　　　　幾回革命幾回傾，多少頭顱誓不生。

　　　　百里巴黎花世界，儘教流血造文明。（之二十九）〔註31〕

等於是用傳統詩的形式，在寫西洋歷史的讀後心得報告，新名詞的大量使
用，是本大型組詩最重要的特色。又如連橫〈詠史〉130首之 119、121、122、
123、124、125、128、130：

　　　　扁舟東海去，文獻啓臺灣。詩禮傳荒服，番黎拜杏壇（沈光文）。
　　　　（之 119）

　　　　明亡三十載，海國有田單。飼鴨宵中起，威儀復漢官（朱一貴）。
　　　　（之 121）

　　　　七星旗盡黑，八卦火猶紅。一死酬君國，泱泱掛劍風（吳彭年）。
　　　　（之 122）

　　　　市中呼袒臂，自主局粗成。十日遺民去，當年枉請纓（唐景崧）。
　　　　（之 123）

　　　　變法身甘死，高歌喚國魂。提刀向天笑，肝膽兩崑崙（譚嗣同。前
　　　　二句一作「救世編仁學，捐軀喚國魂」）。（之 124）

　　　　三湘暗雲霧，突兀現龍頭。一度玄黃血，長江水不流（唐才常）。

〔註30〕　錢仲聯《人境廬詩草箋注》上冊，臺北：源流文化事業公司，1983.4，頁 599
　　　　〜605。
〔註31〕　同前註，頁 126。

（之 125）

　　年少膽如斗，編成革命軍。神州須克復，大義策同群（鄒容）。（之
128）

　　學界風潮急，森川水自流。迷波公莫渡，一棒猛回頭（陳天華）。
（之 130）〔註32〕

連橫選擇古今中外、男女老少共 130 位名人，寫成一組大型的聯章詩，不過
拆開單獨看其中一首，也是可以的，只是他在近代維新派名人的選擇上，偏
好像譚嗣同、唐才常這種敢以死明志的人。梁啟超《飲冰室詩話》除了鼓吹
詩界革命外，也頗有表彰烈士志節的意味，像戊戌六君子、庚子自立軍烈
士、太平天國翼王石達開、日俄戰爭的日軍將領乃木希典、革命黨烈士……
等人的詩或描寫烈士的詩，都很常出現在《飲冰室詩話》中〔註33〕。又如連
橫〈遣懷〉：

　　立憲與專制，有時相角抵。……曰古有唐虞，曰今有歐美。唐虞典
　　籍存，國粹長不死。歐美思想新，民權日興起。世界入大同，進化
　　循其軌。……希臘科學生，印度佛風靡。耶穌宗教興，一呼而百唯。
　　黨徒愛天國，救世無遠邇。泊今有英倫，憲政尤文斐。德法亦富強，
　　俄民權不齒。革命勢沸騰，貴族未可恃。哀哀古支那，漢族為奴婢。
　　政教久紛紜，變法長已矣。西力日東漸，一的集萬矢。和戎涸金錢，
　　割地踞關市。故國大可傷，同胞亦可恥。〔註34〕

詩中對政局的觀察很深刻，也企圖以最明白淺顯的語句，表達整個世界的變
化，而突顯中國人的蒙昧和落後，有「新民」的說教意味，與梁啟超辦《新
民叢報》的啟蒙意義相同。以上所舉詩作，除了說明連橫的詩學理念與梁啟
超詩界革命的想法相似，也認同丘逢甲〈論詩絕句〉（即〈論詩次鐵廬韻〉10
首）的宣示內容，同時還可看到他詩作的諷刺手法，有胎襲黃遵憲同題詩
作的痕跡，因此推論連橫的臺灣「詩界革新論」應該有受到晚清詩界革命的
影響。

〔註32〕同前註，頁 129。
〔註33〕譚嗣同出現 12 回，唐才常出現 3 回，林旭、劉光第、康廣仁、蔡鍾浩、何來
　　　　保、田邦璿、舒閏祥、鄒容、羅孝通……等人皆有 1 回。參見魏仲佑《黃遵
　　　　憲與清末「詩界革命」》，臺北：國立編譯館，1994.12，頁 265〜268。
〔註34〕同前註，頁 140。

第三節　丘逢甲與日治時期臺灣傳統詩界的關係

　　丘逢甲內渡後再也沒有踏上臺灣故鄉的土地上，固然成為他人生中的一大憾事，但是文學的影響力在某個程度上是超越時空的，何況從丘逢甲的交遊圈來看，其中並不乏日治時期臺灣傳統詩界重量級的人物。由於丘逢甲在晚清詩界革命中的地位，其實並不如他自己的預期，其在詩界革命中的影響力自然有限，但若換個角度，從日治時期臺灣傳統詩壇的角度，來看內渡後丘逢甲在晚清詩界革命中的發展成績，應該已經夠令殖民政策下的臺灣傳統詩人們稱羨了。所以，丘逢甲內渡後的詩作，以及積極參與詩界革命的實踐，對日治時期的故鄉臺灣的傳統詩界，是否也如他內渡前一樣產生影響力呢？便是本節討論的重點。

一、日治時期臺灣傳統詩界對丘逢甲詩界革命成就的觀感

　　丘逢甲內渡前在臺灣即屬於文壇上的領袖人物，內渡後的丘逢甲積極投入詩界革命，雖然在晚清詩壇的被接受度，仍不如他自己的預期，但畢竟還是獲得了梁啟超、黃遵憲等大家的高度肯定。觀察【附錄五】丘逢甲詩作的眾多詩評中，來自於日治時期臺灣文人的詩評，大致對內渡後的丘逢甲的文學表現，抱持高度肯定的態度，甚至視之為比內渡前還要了不起。王松《臺陽詩話》說：

> 邱仙根工部（逢甲），才情學力，冠絕儕流。乙未回粵，大府延掌潮
> 洲韓山書院，成就甚眾，一時仰之如泰山、北斗。工部詩才，淋漓
> 悲壯，盤錯輪囷，肖其為人。海澄邱菽園孝廉嘗舉與嘉應王曉滄（恩
> 翔）、番禺潘蘭史（飛聲）、安溪林鶱雲（鶴年）並稱四子，識者歎
> 為知言。茲有〈題潘蘭史《說劍堂集》〉七古長篇云：「劍龍出海辭
> 延津，……諸天雲立群龍聽」。錄之以誌傾倒。集名《蟄庵存稿》，
> 皆乙未以後所作；正如子美入秦、劍南入蜀，感喟蒼涼，當不在古
> 人以下也。（《臺灣文獻叢刊》第34種，1959）

王松除了肯定丘逢甲成功躋身於晚清詩人名流中，也肯定其詩作具有杜甫、陸游的歷史地位。洪棄生《寄鶴齋詩話》說：

> 廣東嘉應州黃公度（遵憲），前出使日本為參贊，後為湖南道。近年
> 閒住在家，以能詩名；獨據粵之壇坫，時鮮出其上者。至邱仙根內
> 渡，始欲「拔趙幟立漢幟」，遂生齟齬。文人習氣，迄今猶然；甚無

謂也。(《臺灣文獻叢刊》第 304 種，1972)

洪棄生雖然不希望見到文人相輕，卻又肯定丘逢甲在廣東詩壇能替臺灣詩人
爭一口氣的優秀表現。

　　還有，1942 年施梅樵將丘逢甲《嶺雲海日樓詩鈔》、黃遵憲《人境廬詩
草》，輯爲《丘黃二先生遺稿合刊》，施梅樵自序曰：

> 此二老平生著作宏富，雖已作古人，余讀其遺篇，心爲之醉，朝夕
> 不忍釋手。余每思有諸己者，不如公諸人，爰不辭數月之辛苦，親
> 自抄謄，並妄爲選擇，付之剞劂，斯集一出，俾島內之青年吟侶，
> 熟讀詳味，便可日進無疆，則此集之益人，豈淺鮮哉！〔註35〕

可見施梅樵對丘逢甲、黃遵憲的詩歌十分推崇，他編撰兩人的合集，意在爲
臺島青年立下學習的典範，以此增進詩藝，可見他個人是認同晚清詩界革命
的文學主張的。另外，從該書編輯的方式會發現，施梅樵將丘逢甲《嶺雲海
日樓詩鈔》的位置擺在黃遵憲《人境廬詩草》的前面，所選錄的詩作數量也
是丘逢甲比較多，可知他對丘逢甲《嶺雲海日樓詩鈔》的推崇，應該更甚於
對黃遵憲《人境廬詩草》的推崇。而施梅樵在日治時期的臺灣詩壇上，又是
一位舉足輕重的人物〔註36〕，其傾心詩界革命的文學主張，仰慕丘逢甲、黃
遵憲的詩作，自然也會成爲同時代其他詩人的文學喜好和崇拜對象。所以，
由以上評價再加上前文提過的連橫「詩界革新論」與丘逢甲的關係顯示出，
丘逢甲內渡後儘管人不在臺灣，但其所寫的詩界革命新派詩，確實受到日治
時期臺灣傳統詩人的重視，具有特定的指標性意義。

二、內渡後的丘逢甲與同時臺灣傳統詩人的唱和

　　內渡後的丘逢甲與同時期臺灣傳統詩人的唱和，在丘逢甲詩集中可見詩

〔註35〕施梅樵《丘黃二先生遺稿合刊》自序，臺中州：東亞書局，1942.11。

〔註36〕余美玲〈鹿港詩人施梅樵詩歌探析〉說到，楊雲萍在《鳴劍齋遺草序》云：「吾
臺文運肇自南部，而中部而北部。中部初以鹿港爲中心，劍漁先生與洪棄生、
施梅樵即其代表」，許劍漁、洪棄生、施梅樵三人學問、性情並重，不論是人
品或詩歌造詣，在當時固然都是倍受時人敬重與推許。然而許劍漁於日治初
期（1870～1904）即以 35 歲英年早逝，洪棄生（1866～1928）以「傷時白髮
留殘辮，復古青衫著大裾」的遺民「異行」抗日，性格上的不協俗，不免顯
得孤高不群；至於施梅樵，身歷三個不同的政權，他對古典詩歌有一種自覺
欲延斯文於一線的深切使命感，更以其豪爽性格與各地詩社文友相情趣相
投，他的作品廣爲流傳，弟子也遍及全臺，……在日治時期的古典詩壇，梅
樵在詩壇的聲望與影響力可說是舉足輕重的。

作如下：

【表十五】《嶺雲海日樓詩鈔》與臺灣詩人的唱和詩目錄

丘逢甲唱和的對象	寫作時間	詩　　　題	體裁與數量	《丘逢甲集》的頁數
王　松	1905	〈題滄海遺民臺陽詩話〉	七律	546
丘春第	1896	〈春第相從有年，去歲復間關渡海隨予來粵，今乃請攜家歸臺，並以絹乞詩為永念，愴然賦此〉	五律	199
謝道隆	1895	〈送謝四之桃源〉	五古2首共46句	159
	1895	〈除夕次頌臣韻〉	五絕	180
	1896	〈次頌丞感懷韻〉	七律2首	192
	1896	〈送頌臣之臺灣〉	五律8首	195
	1896	〈古別離行送頌臣〉	雜言古體20句	197
	1896	〈重送頌臣〉	五言古體78句	198
	1898	〈得頌臣臺灣書卻寄〉	七律2首	271
	1899	〈寄懷謝四頌丞臺灣〉	五律4首	401
	1901	〈喜謝頌臣由臺至〉	五律	518
	1901	〈與頌丞話臺事〉	七律	519
	1901	〈書感與頌丞〉	七絕	519
	1901	〈送謝四東歸〉	七言32句	521
	1901	〈寄臺灣櫟社諸子，兼懷頌丞〉	七絕2首	525
	1903	〈頌丞表兄再訪予駝浦賦此奉政〉	七律	528
	1905	〈調頌丞〉	七絕4首	566

以上共 17 題 34 首詩，其中以和謝道隆的唱和最為頻繁，謝道隆是丘逢甲的表哥，也是志同道合的詩友，兩人都與霧峰林家有親戚關係，謝道隆雖然沒有直接加入何種詩社，但他與臺中櫟社、臺南南社的關係非常密切〔註37〕。

〔註37〕　余美玲〈從《小東山詩存》探析謝頌臣之生平與交遊——以櫟社詩人圈為主〉，國立臺灣文學館「櫟社成立一百週年記年學術研討會」論文集，2001.12.8～9，頁25～28。其【附表】科山生壙詩集作品、作者一覽表，說明了謝道隆與櫟社、南社非比尋常的往來關係。

由於謝道隆扮演著重要的媒介角色，形成後來丘逢甲與臺中櫟社詩人（林朝崧、林幼春）、臺南南社詩人（連橫）產生良好互動的情況。

而在臺灣本土傳統詩人詩集所與丘氏的和作，以及直接以丘逢甲爲典故入詩的作品尚有：

【表十六】日治時期臺灣傳統詩人與丘逢甲的唱和詩目錄

詩　人	詩　　　　題	體裁與數量	出　　　處
林癡仙	〈次和邱仙根水部見示之作，兼呈頌臣秀才〉	七絕 2 首	《無悶草堂詩存》〔註38〕
	〈無題次邱工部韻八首〉	七律 8 首	
	〈春日雜感，次粵臺秋唱韻〉	七律 8 首	
林幼春	〈邱仙根工部〉	七律	《南強詩集》〔註39〕
	〈秋感敬和邱丈仙根主政原韻〉	七律 8 首	
呂敦禮	〈感懷次邱仙根粵臺秋唱原韻八首〉	七律 8 首	《厚菴遺草》〔註40〕
施梅樵	〈秋懷八首次邱仙根韻〉	七律 8 首	《捲濤閣詩草》〔註41〕
王叔潛	〈敬次讀丘逢甲先生遺詩瑤韻〉	五律	《培槐堂詩集》〔註42〕
	〈再疊敬次讀丘逢甲先生遺詩韻〉	五律	
	〈三疊敬次讀丘逢甲先生遺詩韻〉	五律	

以上共 10 題 46 首詩，其中丘逢甲模擬杜甫〈秋興〉8 首的秋懷組詩，對當時臺灣傳統詩人產生非常強大的吸引力，自發性的加以和作的情況不在少數。和作的詩人之一施梅樵，更於 1942 年集結《丘黃二先生遺稿合刊》，直接說明了自己欣賞仰慕丘逢甲《嶺雲海日樓詩鈔》詩作的意向。前文說過，一項

〔註38〕 林朝崧《無悶草堂詩存》上下兩冊，《臺灣先賢詩文集彙刊》第一輯第 8、9 冊，臺北：龍文出版社，1992.3。分別爲卷 2 頁 29（總頁 107）、卷 3 頁 41～43（總頁 183～185）、卷 3 頁 16～17（總頁 158～159）。

〔註39〕 林資修《南強詩集》，《臺灣先賢詩文集彙刊》第一輯第 10 冊，臺北：龍文出版社，1992.3，頁 15。

〔註40〕 呂敦禮《厚菴遺草》，《臺灣先賢詩文集彙刊》第三輯第 9 冊，臺北：龍文出版社，2001.6，頁 20。

〔註41〕 施梅樵《捲濤閣詩草》卷下，《臺灣先賢詩文集彙刊》第三輯第 11 冊《梅樵詩集》，臺北：龍文出版社，2001.6，頁 12～13（總頁 102～103）。

〔註42〕 王叔潛《培槐堂詩集》，東海大學中文系吳福助《臺灣「割讓」「光復」文學文獻比較研究》，國科會計畫期中進度報告，2004.8～2005.7，頁 78。

作品能引起他人的和作，該詩必須是優秀的，是其前提；而唱和他人之詩者，在某個程度上也有逞才使能、互相較量的意味，因此不排除日治時期臺灣傳統詩人有意追隨丘逢甲「重開詩史作雄談」的腳步，並挑戰丘逢甲文學成就的可能性。

三、丘逢甲秋懷組詩在當時臺灣傳統詩界的指標性意義

　　根據余美玲〈日治時期臺灣秋懷組詩探析〉一文指出，丘逢甲以杜甫〈秋懷〉8首爲基礎，分別在光緒22年、光緒32年、光緒34年、宣統元年，共寫下10組秋懷八首組詩，計80首七言律詩，其中光緒32年的秋懷八首，達六疊韻之多，丘逢甲將此六疊秋懷組詩單獨梓爲「粵臺秋唱」行於當時。此後，丘逢甲的秋懷組詩引起同時期臺灣傳統詩人自發性的和作，至少有林朝崧、林幼春、呂敦禮、施梅樵……等知名詩人，其中林朝崧和施梅樵更是當時臺灣傳統詩壇中重量級的人物。余文根據個別詩作的思想內容，分析各個詩人的家國情懷，呈現出「一種秋心，六種情懷」各自表述的特色，各位詩人雖選擇相同的詩題和韻腳，但思想情感與寄託諷諭都有著不同的層次感。而丘逢甲的秋懷組詩特別具有他個人「重開詩史作雄談」的意義，可視爲他向杜甫較勁、向晚清詩壇挑戰的逞才使能的代表作，但沒想到故鄉臺灣卻對他的秋懷詩的寫作如此感興趣，竟然產生不少和作，盛況還一直維持到 1942年施梅樵和作丘逢甲的秋懷組詩，而寫成的〈秋日書感〉刊於《詩報》後，在《詩報》上引起多達 41 人的迴響〔註43〕，這恐怕是原唱者丘逢甲始料所未及之事。

　　爲何日治時期的臺灣傳統詩人對丘逢甲的秋懷組詩這麼感興趣呢？余文從秋懷詩詩史源頭呈現的抒情傳統，此一內部結構去分析其中的原因，得到的結論爲：

> 杜甫的〈秋興〉八首，爲秋懷的抒情傳統立下一個詩歌的「原型」
> ——以秋懷爲主題，展開七律連章的詩歌形式，表達他的身世家國
> 之痛。此處所謂的原型也意謂著往後「重覆」的出現。後代詩人在
> 選擇此一範式寫作時，既能喚起他的亙古之情，而在重溫古人情性

〔註43〕 余美玲〈日治時期臺灣秋懷組詩探析〉【附表一】，《東海大學文學院學報》第45卷，2004.7，頁242～244。有周定山、王竹修、魏潤庵、黃拱五、陳文石、施讓甫、林臥雲、賴惠川、謝尊五、詹作舟……等41位當時在臺灣頗有名氣的傳統詩人。

的當下，又能呈現他現實的生活經驗，此所以秋懷詩的抒情傳統在
現實世界中不斷得到回響的原因。〔註44〕
這個結論基本上是中肯的，但還不夠周衍，因爲丘逢甲整部《嶺雲海日樓詩
鈔》詩作的題材相當具有時代感，表現臺灣時事和情懷的風格也非常豐富深
刻，舉凡詠物詩、詠史詩、遊仙詩、時事詩、記遊詩、民俗詩、秋懷詩……
等，都寄託著丘逢甲的憂患意識與念臺情節。其中秋懷組詩內部本身的結構，
固然適合丘逢甲與大多數臺灣詩人的心境，但對丘逢甲個人而言，恐怕以秋
懷組詩追步杜甫，展現自己與杜甫同一水平的詩藝，才是他內渡後企圖以詩
史地位總結他一生文學生命的終極目標〔註45〕。對日治時期的臺灣傳統詩人
而言，難道也和丘逢甲有相同的寫作動機嗎？

　　丘逢甲的詩作在內渡前就已經是臺灣本土詩人中數一數二的人物，且又
與唐景崧大力提倡臺灣詩社的聚會和聯吟的活動，振興臺灣詩學的功勞卓
越。而內渡後的丘逢甲雖然盡量不涉入政治，但在文學上的自我期許很高，
光緒28年丘逢甲是以〈己亥秋感〉前後各8首、〈東山感秋詩〉6首等具有「秋
懷」主題的詩作，獲得梁啓超高度肯定，光緒28年（1902）9月15日《新民
叢報》第18號「文苑」欄的〈飲冰室詩話〉說到：

> 吾嘗推公度、穗卿、觀雲爲近世詩家三傑，此言其理想之深邃閎遠
> 也。若以詩人之詩論，則邱倉海（逢甲）其亦天下健者矣。嘗記其
> 〈己亥秋感八首〉之一云：「遺偈爭談黃蘗禪，荒唐說餅更青田。戴
> 鼇豈應遷都兆？逐鹿休訛厄運年。心痛上陽眞畫地，眼驚太白果經
> 天。只愁讖緯非虛語，落日西風意惘然。」蓋以民間流行最俗最不
> 經之語入詩，而能雅馴溫厚乃爾，得不謂詩界革命一鉅子耶？倉海
> 詩行於世者極多，余於前後〈秋感〉各八首外，酷愛其〈東山感秋
> 詩〉六首，詩云：「痛哭秋風又一年，舳艫夢落楚江天。拾遺冷作諸
> 侯客，袍笏空教拜杜鵑。」、「天涯心逐白雲飛，瑟瑟秋蘆點客衣。
> 回首大宛山上月，更無縅札問當歸。」、「斜日江聲走急灘，殘棋別

〔註44〕余美玲〈日治時期臺灣秋懷組詩探析〉，《東海大學文學院學報》第 45 卷，
　　　　2004.7，頁241。

〔註45〕余美玲〈丘逢甲秋懷詩探析──兼論「重開詩史作雄談」的意義〉，逢甲大學
　　　　人文社會研教中心、臺灣省文獻委員會、東海文教基金會主辦《丘逢甲、丘
　　　　念臺父子及其時代學術研討會論文集》臺中：逢甲大學，1999.5.15～16，頁
　　　　21～40。

> 墅局方難。後堂那有殘絲竹？陶寫東山老謝安。」、「寒蛟海上趁人
> 來，漠漠秋塵掃不開。滿目桑田清淺水，五雲樓閣是蓬萊。」、「冷
> 落山齋運覽身，天門八翼夢無因。西風吹起神州恨，麈尾清談大有
> 人。」、「老樹秋聲撼睡童，讀書情趣遜歐公。挑燈自寫紉蘭句，一
> 卷《離騷》當國風。」〔註46〕

以廣義的角度來看，〈己亥秋感〉前後各 8 首、〈東山感秋詩〉6 首都算是秋懷
組詩的範疇，可以這樣說，丘逢甲就是以秋懷組詩替他自己在詩界革命中佔
得一席之地，跟同期一起內渡的臺灣文人（例如許南英、施士洁……等人）
相比，丘逢甲的秋懷組詩算是替臺灣人在文學史的位置上，掙到了發言權
和開啟了能見度，丘逢甲稱得上是臺灣有史以來本土詩人中，在清代文學
史上成就最高的一位，其文學傾向和寫作風格自然得到臺灣詩人的學習與
模仿。

　　日治時期殖民政府儘管對待傳統詩的態度比較有彈性，但比較具有民族
意識的臺灣詩人，為了不想被日本殖民政府收編與同化，對傳統文化的信念
和依戀表現的異常堅定，在傳統詩的創作上，會產生想要與母國文化路線一
致的模仿心態，以堅定自己的民族氣節。而內渡後在中國詩界革命中表現不
俗的丘逢甲，剛好替他們鋪好了一條在文化意義上，直接通向母國的道路，
換言之，日治時期的臺灣傳統詩人看到丘逢甲在大陸詩壇發展的那麼好，而
自己所在的臺灣其漢族文化，有可能會慢慢被殖民者消滅掉，精神上自然很
想找個方法與母國維持聯繫，所以當丘逢甲的秋懷組詩獲得梁啟超賦予「詩
界革命鉅子」的地位時，大家當然也會主動以秋懷組詩與比較熟悉的丘逢甲
唱和，以獲得文化傳續之恐慌心態上的紓解與慰藉。當 1911 年 4 月 2 日梁啟
超訪臺時，丘逢甲已經被確立了他在詩界革命中的地位，此時造訪臺灣的梁
啟超看在臺灣詩人的眼中，不僅僅是母國人士的代表，也是詩界革命的代表，
同時還是丘逢甲的代表，所以梁啟超訪臺期間，與以標榜民族氣節為特色的
臺中櫟社的互動特別密切，曾經主動和作丘逢甲的秋懷組詩的詩人林朝崧、
林幼春、呂敦禮，又剛好都是櫟社詩人，其中林朝崧、林幼春與梁啟超也有
詩作往來，所以，筆者以為丘逢甲的秋懷組詩放在日治時期臺灣傳統詩界中，
具有與母國維繫的文化意義，在梁啟超訪臺時，這層意義高度地發酵出來，

〔註46〕梁啟超《飲冰室詩話》，張品興編《梁啟超全集》第 9 冊第 18 卷，北京：北
　　　　京出版社，1999，頁 5312～5313。

彼此之間心照不宣。

　　所以，日治時期臺灣傳統詩人在秋懷組詩的內容和形式上，個別而熱烈地和作丘逢甲的秋懷組詩，雖然在杜甫〈秋興八首〉文學發展的歷史傳承中，有相應的地方，但若以上述與母國文化相通的層面來看，也可以看出臺灣傳統詩人也彷彿有丘逢甲「重開詩史作雄談」的人為主觀意志、刻意經營的痕跡，特別是臺灣的報刊行業已經在日治時期興盛，文學的傳播效果比傳統好太多，日治時期臺灣傳統詩人註定在不安的政局中，失去學而優則仕的表演舞臺，只能全心全意在傳統詩的世界裏享有自主權和發言權，正如丘逢甲備受梁啓超推崇的另一名句「黃人尚昧合群理，詩界差存自主權」一樣，詩的國度才是亂世詩人的天堂，也才是能夠建功立業的天地。配合著傳播媒體的一日千里，以及丘逢甲在詩界革命成名的案例，便激勵了原本落寞的臺灣詩人們再度燃起爭雄的欲望，日治時期臺灣詩人為了不被日本文化淹沒，強烈需要母國文化這一頂金鐘罩。而當母國文化的潮流之一詩界革命，出現了臺灣本土文人的一席之地，無疑地就更激勵其他臺灣詩人的跟進與模仿。

四、梁啓超訪臺對臺灣詩界的影響

　　梁啓超訪臺在 1911 年，雖然丘逢甲在這之前就已經以秋懷組詩獲得同時期臺灣詩人的唱和，但臺灣詩界正式刊登丘逢甲《嶺雲海日樓詩鈔》詩作，大概要從 1919～1924 年《臺灣文藝叢誌》算起，所以，這期間必定也發生有利於丘逢甲詩作在臺灣詩界傳播的文學事件，由於前文筆者以為丘逢甲的秋懷組詩放在日治時期臺灣傳統詩界中，具有與母國維繫的文化意義，而在梁啓超訪臺時，這層意義高度地發酵出來，彼此之間心照不宣，所以筆者覺得梁啓超的訪臺之行，對於維繫丘逢甲與臺灣詩界的關係，產生相當正面的效應。

　　根據藍偵瑜〈梁啓超訪臺對傳統文人的影響之考察——以林痴仙為分析對象〉一文，從經濟層面考察梁啓超訪臺的真正動機發現，梁啓超對於日本統治臺灣僅十餘年，卻可以有近二十倍於清領時期的年歲收入感到好奇，並且對於臺灣的許多行政、農事、幣制與租稅等制度之所以推行成功的因素感到好奇，順便替其政治與文化活動籌措經費〔註 47〕。但梁啓超的訪臺對處於

〔註47〕　藍偵瑜〈梁啓超訪臺對傳統文人的影響之考察——以林痴仙為分析對象〉，游勝冠總編輯《島語：臺灣文化評論》第 3 期，高雄：春暉出版社，2003，頁 54～65。

殖民政權下的臺灣文人而言，無疑是一種祖國文化與民族情感的安慰，或許梁啓超無意讓臺灣文人產生這樣的錯覺，也或許是臺灣文人一廂情願的解讀，但事實是臺灣文人在唱和梁啓超的詩作中，確實將他視爲祖國的代表，而其提倡的文學理念也奉爲圭臬，甚至激發了一些原本消極悲觀的傳統詩人，使他們轉而振作與自信，例如林痴仙的詩作在 1911 年梁啓超訪臺後，思想和感情上的轉變，「林痴仙不再只是訴說對於『故國』的傾心，他看待景物、遊歷的心境，也變得較內斂，感慨古今變遷之外，他還有更多理性的評價。對於中國積弱的批評，對於過去繁華不復見的坦然面對，這樣的清醒不像是過去他常見的憂悶感慨。」〔註48〕

　　既然梁啓超訪臺對臺灣傳統文人造成文化與心理意義上的重大影響，尤其與臺中櫟社過從甚密，梁啓超與櫟社詩人林痴仙、林幼春等人皆有唱和，而丘逢甲本就與霧峰林家有著親戚關係，其內渡後的詩作又獲得梁啓超的肯定，綜合以上因素，丘逢甲在臺灣詩界的魅力應該會隨著梁啓超訪臺旋風而加溫，詩界革命的文學理論也應該會因此而被臺灣詩界接受，儘管梁啓超訪臺的原始動機，純然是爲了募款和考察而來。丘逢甲本身是臺灣籍詩人，因爲內渡前在臺灣詩界即已享有盛名，而日治時期對於丘逢甲的肯定也屬於合理範圍之內，本不足爲奇，但 1911 年以後不只丘逢甲《嶺雲海日樓詩鈔》受到日治時期臺灣詩人的肯定，連詩界革命典範人物黃遵憲《人境廬詩草》都成爲《臺灣文藝叢誌》大量刊登的對象，足見詩界革命的理念，隨著梁啓超訪臺之行帶來的文化意義，而被當時臺灣詩界重要文學團體與知名詩人普遍接受。

五、1919～1924 年《臺灣文藝叢誌》刊登丘逢甲詩作的情形

　　內渡後丘逢甲與臺灣的聯繫，生前除了詩的唱和之外，死後還有 1919～1926 年間《臺灣文藝叢誌》（曾改版爲《臺灣文藝旬報》、《臺灣文藝月刊》）分期大量刊登丘逢甲《嶺雲海日樓詩鈔》的詩作〔註49〕。《臺灣文藝叢誌》

〔註48〕 同前註，頁 63。
〔註49〕 日治時期臺灣傳統文學的報刊《詩報》也刊登丘逢甲和黃遵憲的詩作，因爲筆者一時之間尚未取得《詩報》的紙本，無法做詳細條列，但初步詢問過余美玲老師檢閱《詩報》的印象，丘逢甲的詩確實被刊登，只是數量並不是很多，待筆者取得《詩報》紙本後，便會徹底清查。另外，筆者也查閱過《臺灣詩薈》，並沒有發現丘逢甲的詩被刊登。

是由「臺灣文社」（發起人為 12 位櫟社成員）於 1919 年 1 月 1 日發行的月刊，其組織規模、財務情況、社員的成份與活動力、刊行時間的長短，都堪稱日治時期臺灣文社之最。關於臺灣文社的文學主張，〈臺灣文社設立之旨趣〉提到：

> 學不拘乎今古，地無限乎東西，不觀夫生長亞洲之人，萬里裹糧以學歐文歐語者乎？又不觀夫生長歐洲之人，萬里擔簦以學漢文漢語者乎？……歐洲之語言文字因時制宜，且不可不學，而況於漢文乎？漢文者，數千年來發其光華，燦若雲霞，昭如日月，極高尚之文章，最優美之文學也。平時之學者，其益努力研求焉，未學者，其從此問津焉，入國黌而肄業者，其以餘力兼修焉，如此則漢文學之興隆，可指日而代也。〔註50〕

說明西方文學固然有可學之處，但傳統文學是所有漢人學問的基礎，不可本末倒置。基本上，臺灣文社的文學主張仍是堅守傳統文學的舊形式，而將新思想觀念和寫作技巧導入舊形式中，開創傳統文學的新格局，這樣的文學主張與晚清詩界革命的相似度很高，都是主張在傳統文學舊形式的基礎上，做內容技巧方面的求新求變。

　　《臺灣文藝叢誌》目前仍殘缺不全，最多僅能看到 1919～1924 年五年間仍不算完整的殘卷，在筆者的能力範圍內，只能根據臺灣大學圖書館楊雲萍文庫典藏的《臺灣文藝叢誌》殘卷本，試著將丘逢甲作品在臺灣被大力行銷的情況陳列出來，可惜臺灣大學的《臺灣文藝叢誌》除了缺漏之外，還有錯簡的問題需要克服，不然應該可以見到丘逢甲《嶺雲海日樓詩鈔》在日治時期的臺灣更為完整的刊布情況。茲將筆者目前可見丘逢甲詩作被刊登在《臺灣文藝叢誌》（臺灣大學楊雲萍文庫典藏殘卷本）的情形製做如下表：

【表十七】《臺灣文藝叢誌》刊登丘逢甲詩作目錄

號　　　次	時　　　間	《嶺雲海日樓詩鈔》卷數	題數	首數
第 1 年第 1 號	1919 年 1 月 1 日	卷 1	14	27
第 1 年第 5 號	1919 年 5 月 1 日	卷 2	14	30
第 1 年第 6 號	1919 年 6 月 1 日	卷 3、4	16	59

〔註50〕臺灣文社《臺灣文藝叢誌》，臺中：鄭汝南、蔡世賢發行，1919 年 1 月 1 日第一年第一號，臺灣大學圖書館楊雲萍文庫殘卷本。

第 1 年第 8 號	1919 年 8 月 1 日	卷 4	26	60
第 1 年第 9 號	1919 年 9 月 15 日	卷 4	16	56
第 1 年第 11 或 12 號（疑有錯簡）	1920 年 1 月 15 日或 2 月 15 日	卷 5	19	52
第 1 年第 13 號	1920 年 3 月 15 日	卷 5	12	18
第 2 年第 6 號	1920 年 10 月 15 日	卷 5	19	37
第 2 年第 8 號	1920 年 12 月 15 日	卷 5	12	33
第 3 年第 1 號	1921 年 1 月 15 日	卷 6	14	33
第 3 年第 2 號	1921 年 2 月 15 日	卷 6	17	47
第 3 年第 3 號	1921 年 3 月 15 日	卷 6	12	21
第 3 年第 4 號	1921 年 4 月 15 日	卷 6	14	31
第 3 年第 5 號	1921 年 5 月 15 日	卷 7	14	18
第 3 年第 6 號	1921 年 6 月 15 日	卷 7	11	25
第 3 年第 9 號	1921 年 9 月 15 日	卷 8	12	25
第 4 年第 3 號	（發刊日期不明）	卷 10	13	21
第 5 年第 1 號	1923 年 1 月 25 日	卷 10	13	19
第 5 年第 2 號	1923 年 2 月 25 日	卷 10	11	17
第 5 年第 3 號	1923 年 3 月 25 日	卷 10	12	19
第 5 年第 5 號	1923 年 5 月 25 日	卷 11	7	18
第 5 年第 7 號	1923 年 7 月 25 日	卷 11	11	18
第 6 年第 3 號	1924 年 4 月 15 日	卷 12	5	9
第 6 年第 5 號	1924 年 6 月 15 日	卷 12	6	7
總　　　計			320 題	700 首

另外，值得注意的是，《臺灣文藝叢誌》曾經有一段時間還特別把黃遵憲《人境廬詩草》刊登在丘逢甲《嶺雲海日樓詩鈔》之前，這更說明了臺灣文社的文學傾向，確實是認同詩界革命的主張的，否則根本不需要花費如此之多的篇幅，持續地去刊登兩位已經作古前賢的詩作，所以茲將黃遵憲《人境廬詩草》在《臺灣文藝叢誌》刊登的情形亦製成下表：

【表十八】《臺灣文藝叢誌》刊登黃遵憲詩作目錄

號　　　次	時　　　間	《人境廬詩草》卷數	題數	首數
第 2 年第 6 號	1920 年 10 月 15 日	卷 1	6	14
第 2 年第 8 號	1920 年 12 月 15 日	卷 1	7	12
第 2 年第 8 號	1920 年 12 月 15 日	卷 2	2	10
第 3 年第 2 號	1921 年 2 月 15 日	卷 2	14	21
第 3 年第 3 號	1921 年 3 月 15 日	卷 2	10	26
第 3 年第 4 號	1921 年 4 月 15 日	卷 3	4	19
第 3 年第 6 號	1921 年 6 月 15 日	卷 3	6	6
第 5 年第 1 號	1923 年 1 月 25 日	卷 4	3	10
第 5 年第 2 號	1923 年 2 月 25 日	卷 4	7	7
第 5 年第 3 號	1923 年 3 月 25 日	卷 5	12	12
第 5 年第 5 號	1923 年 5 月 25 日	卷 6	7	15
總計			78 題	152 首

此外，1924 年 4 月 15 日《臺灣文藝叢誌》第 6 年第 3 號「文壇」一欄，署名「鐵庵」發表一篇〈人境廬詩草之價值〉，內容提到：

> （黃遵憲《人境廬詩草》）其特色處，由詩之內心說，實含有「愛」的精神、「解放」的精神，由詩之外形說，帶有「方言文學」及「民間文學」之色彩。其詩能發揮己之個性，又能使人人認為時代之產物，誠為廿世紀中詩界革命之巨擘也。……鐵庵曰，公度以最狹義文學之《人境廬集》，能於中國數千年詩界自闢蹊徑，以與諸大家抗衡，其功誠不可泯沒，然一瞥而逝，殊可痛已！〔註51〕

由此可知，臺灣文社的詩人確實刻意向詩界革命中的丘逢甲、黃遵憲兩大家學習，確實存在著晚清詩界革命的文學傾向。黃美娥〈尋找歷史的軌跡：臺灣新舊文學的承接與過度（1895～1924）〉說：

> 詩界何以會出現這些新題詩或富新思維的作品，西學東漸的刺激固然是主要動力，但晚清新題詩的影響，也不容小覷，前述《臺灣文

〔註51〕 臺灣文社《臺灣文藝叢誌》，臺中：鄭汝南、蔡世賢發行，1924 年 4 月 15 日第 6 年第 3 號「文壇」，臺灣大學圖書館楊雲萍文庫殘卷本，頁 9～12。

藝叢誌》在刊載中國文學作品上，便特別分期登出晚清詩界革命大
將黃遵憲《人境廬詩草》、丘逢甲《嶺雲海日樓詩鈔》的詩稿，不無
特加措意於此之故。〔註52〕

此外，施懿琳〈臺灣文社初探——以 1919～1923 的《臺灣文藝叢誌》爲對象〉
分析臺灣文社的成員組織，說到：

> 雖然，創設之初，乃以十二位櫟社社員爲主導，但是，它不像做爲
> 詩社的櫟社般，以嚴格的標準來篩選社員。換言之，臺灣文社不是
> 採取向內凝聚的方式，來聯絡同志者的聲氣，而是採取積極拓展的
> 態度，只要關心漢文，願意繳交社費襄助該社之運作，就可以成爲
> 社員，也可以和其他社友共享資源，互相切磋文藝。該刊按月舉辦
> 徵文、徵詩，向全島開放，並邀請具有崇高地位的文人來擔任文宗、
> 詞宗，務期全臺文人能踴躍投入，以壯大該社的聲勢，達到延續漢
> 文命脈的目標。從上面的理事、評議員名單，可以看出文社極有心
> 要囊括臺灣藝文界重要人士加入這個陣營。〔註53〕

由於臺灣文社的成員大抵上完整地囊括了，日治時期臺灣傳統詩壇上重量級
的人物，包括洪以南、洪棄生、施梅樵、吳德功、顏雲年、連橫、黃贊鈞、
林湘沅、呂汝玉、魏清德、謝雪漁、蔡惠如、傅錫祺、林幼春、林子瑾、陳
瑚、許紫鏡、鄭養齋……等 58 位詩界名人，所以，《臺灣文藝叢誌》之具有
晚清詩界革命的文學傾向，應該有足夠的資格說明了 1920 年前後的臺灣傳統
詩壇，確實普遍認同晚清詩界革命的文學傾向，而丘逢甲《嶺雲海日樓詩鈔》、
黃遵憲《人境廬詩草》的新派詩，就是當時臺灣傳統詩人普遍要學習、模仿
的對象。這便是丘逢甲內渡後參與詩界革命所取得的文學成就，與日治時期
臺灣傳統詩界在維新改革的過程中所發生的關係。

〔註52〕 黃美娥〈尋找歷史的軌跡：臺灣新舊文學的承接與過度（1895～1924）〉，中
　　　央研究院臺灣史研究所《臺灣史研究》第 11 卷第 2 期，2004.12，頁 167。
〔註53〕 施懿琳〈臺灣文社初探——以 1919～1923 的《臺灣文藝叢誌》爲對象〉，國
　　　立臺灣文學館「櫟社成立一百週年記年學術研討會」論文集，2001.12.8～9，
　　　頁 6。

第六章　結　論

綜合以上各章的討論，歸納得到下面結論：

一、丘逢甲投入詩界革命的主、客觀因素

丘逢甲內渡後走進詩界革命的文學領域，不會是一個偶然而孤立的事件，必須先找到其歷史淵源，才能展開有意義的討論。丘逢甲在尚未正式踏入詩界革命之前，大部分是 32 歲內渡之前，他在《柏莊詩草》及其他詩作中，多少已經表現出與日後詩界革命文學主張不謀而合的寫作傾向。

首先，《柏莊詩草》整部詩集的內容題材很豐富，不管是對時局的憂心、對平民土著的關懷、關於文學或文化活動的紀錄、臺灣奇山異水或特殊風候的描摹，還是詠物、詠史、遊仙、記遊、抒情、議論等寫作類型，整體而言，可以清楚感受到詩人創作的視野，從個人身世的感嘆，轉向動盪現實的關注，敏銳地觀察到時代的變化與社會脈動，將他自我的熱情、感嘆與悲憤，都融入客體的對象中，使全集充滿憂患感。其中，表現的較為傑出的是〈老番行〉、〈大甲溪歌〉、〈濁水溪歌〉、〈熱風行〉4 首長篇古體詩，以及〈臺灣竹枝詞〉40 首、〈遊仙詞〉12 首、〈蟲豸詩〉50 首……等大型近體組詩。

其次，丘逢甲的古體長篇風土詩具有散文化的傾向，與詩界革命主張「以文為詩」相契合，而且其詩作內容蘊含深刻的歷史感與批判精神，與詩界革命有意繼承杜甫「詩史」傳統、「以詩為劍」諷諭時政的主張也一致。再者，丘逢甲詩作中以近體組詩形式出現的竹枝詞，其文類本身具有白話口語、通俗易懂的特點，符合詩界革命「我手寫我口」的主張，而竹枝詞以風土民情

爲主要題材，也符合詩界革命「以俗事俗語入詩」，注重取材自民間文學的要求，大大拓展了正統主流而典雅的傳統詩取材的範疇。其他如〈遊仙詞〉12首、〈蟲豸詩〉50首……等大型近體組詩，具備敘事結構完整的諷諭手法，其藝術表現在於以傳統樂府古題的主題爲基礎上，而產生別出新意，創造新意境的特徵，與詩界革命「以新意境入舊風格」的主張也有相通之處。

　　丘逢甲做爲一名傳統知識份子，免不了具有此位階的追求，具體表現在他年輕時對科舉功名的積極經營上，也可見於他對於政治社會充滿理想與抱負的想像上。光緒 15 年（1889）26 歲的丘逢甲順利成爲進士，可謂少年得志，但由於諸多因素的考量，他終究辭官返臺，以「在籍京官」的身分，等待心目中理想的職缺出現，待職期間在臺從事官方書院的教育工作，因而奠定丘逢甲一生奉獻教育事業的基礎。此期間剛好臺灣社會從移民型態轉型爲定居型態，急需要一批本土士紳做爲臺灣社會本土的領導階層，而丘逢甲「在籍京官」的身分，正式讓他成爲清末臺灣社會的領導階級，使他享受到與實際當官同等待遇的權益。內渡後此階級身分的權益，儘管多少受到影響，並曾一度因爲「進士造反案」而危及此一身分階級的保有，但清廷最終仍讓他維持「在籍京官」的身分繼續待職，丘逢甲內渡後在廣東省仍屬於社會領導階級。

　　社會領導階級面對國家危急存亡之秋，也想要救國救民，但必須先維持住自身原本的權益，所以當乙未保臺抗日時，社會領導階級的保臺抗日表現，多半只是精神式的，最終選擇內渡，以繼續享有原本權益，內渡後發現原本權益不如預期，只好又回到臺灣，在原先的基礎上繼續經營。即使內渡後，面對救亡圖存之道的選擇，社會領導階級也只能同意有限度的改革，較不能接受全盤否定式的革命，所以丘逢甲身爲此一社會領導階級所具備的意識型態，讓他內渡後面臨文學流派的選擇上，自然地向維新運動的文學流派靠攏，積極參與詩界革命，既可以滿足他對政治社會的改革欲望，也可繼續維護自身原本所享有的階級權益。所以，社會領導階級的思想本質，在某種程度上，注定了丘逢甲內渡後必然走向詩界革命的合理性。

　　主、客觀發展條件皆具足的時機下，還欠缺臨門一腳，這個關鍵性的人物便是黃遵憲。黃遵憲在詩界革命運動中，是具有先行者與典範地位等雙重意義的指標性人物，他常年出使於世界各國，輩分、詩藝、閱歷、人脈都在丘逢甲之上，卻在戊戌政變後返回嘉應老家閉門不出，丘逢甲與黃遵憲有著

同鄉之誼、地利之便，而黃遵憲也一向惜才與深具雅量，便與丘逢甲頻繁唱和，以詩會友，互動之中使丘逢甲對於詩界革命的完整觀念，有了較為深入的認識，因而努力追步黃遵憲的詩藝，並進一步想與黃遵憲於詩界革命詩壇中，甚至是廣東詩壇一較雄雌。

透過黃遵憲向梁啓超推薦的關係，丘逢甲的詩作得以受到梁啓超《清議報》的錄用發表，正式成為詩界革命的成員。因為丘逢甲的詩作被大量刊載於《清議報》的時間為光緒 25、26 兩年之間，共有 17 題 45 首詩作被刊登，而丘逢甲與黃遵憲唱和往來最為頻繁的時間為光緒 24、25、26 三年之間，共有 31 題 72 首詩作的唱和，兩者時間重疊性高，合理推論黃遵憲應該是引導與啓蒙丘逢甲走上詩界革命的關鍵人物，所以丘逢甲人生際遇上得以與黃遵憲近距離的接觸和交往，實際上幫助了他邁向詩界革命之途的進程，並有效縮短他在詩界革命中占有一席之地的時程。

二、丘逢甲詩歌的特色與詩界革命

丘逢甲《嶺雲海日樓詩鈔》是一本值得去做學術探討的詩人別集，然而，中國大陸學者重視的，是他不做日人子民，離鄉去里的民族主義的情感；而臺灣學者方面卻注重其去國懷鄉的情感表達。

就詩集本身來看，《嶺雲海日樓詩鈔》共有 721 題 1858 首詩，其中詩題明顯標示有「次……韻」、「和……作」、「題……詞」、「題……畫」、「口號」……等傳統唱和字眼的詩作，經過筆者統計約有 545 題 1058 首詩作，比例超過全集的一半，屬於酬唱性質的詩作，這種詩雖不能完全沒有抒發情感的成分，但到底是為社交的目的而寫作，這樣的作品相當程度具有較量詩才的動機。從酬唱的角度來看《嶺雲海日樓詩鈔》，其研究價值是相當具有社交意義的功能的。

在酬唱詩作中，從唱和數量與其他相關指標來判斷，丘逢甲與維新派人士或傾向於支持維新派的人士，或曾經支持維新派的人士的唱和詩數量，大致佔了全部唱和詩的半數以上。若從唱和的持續性來看，唱和狀態比較持續的 15 人中，有 8 人具有維新色彩。以酬唱的角度綜合來看，潘飛聲、王恩翔、黃遵憲、丘煒萲、蕭伯瑤、梁居實、夏同龢、溫仲和、劉士驥、許振煒等 10 人，應該是丘逢甲內渡後重要的維新派朋友。而丘逢甲與這幫比較密切的維新派朋友，所唱和的詩句中，都有一個共通特點，即談論到朝政時局的陰盛

陽衰、龍蟄鳳舞的亂象，並且表達出丘逢甲支持維新運動，維護帝制的政治立場，特別是對一直沒有政治舞臺的光緒皇帝存著美好的想像，丘逢甲似乎將光緒帝寄予如日本明治天皇般的期望，而中國能不能免於列強的瓜分，或說臺灣有無希望重回祖國懷抱，都寄望於光緒皇帝之掌握實權上面。可見，丘逢甲基本上認同維新派尊王保皇的政治理想，並且在唱和的詩作中討論共通的政治議題，成為內渡後丘逢甲經營人脈和詩名的積極行動之一。

報刊業在近代中國與日治時期臺灣等地興起、成熟，對文學傳播產生劃時代的影響，同時對詩人寫作心態也產生革命性的影響。傳統詩人寄望死後詩集行於世，以建立詩名，詩人在世時，只求詩作能如實表達心跡，供後人歌頌即可。但是，近代報刊業的興盛，其傳播效力之快速與廣泛，讓多數詩人在世之時即可享受到名利雙收的滋味，甚至可以以文學為職業，使文學成為具有實用意義的實體對象。但詩作的發表刊登與否，直接受制於主編與讀者的喜好，令傳統詩人不得不調整寫作心態，必須考慮文學策略的運用，適度地迎合主編與讀者的口味，期以最有效率的方式建立自己的詩名。

晚清中國銷售量較好的報刊，幾乎都由維新派人士主辦，例如《時務報》、《知新報》、《清議報》、《新民叢報》、《新小說》⋯⋯等，其中《清議報》的「詩文辭隨錄」、《新民叢報》的「詩界潮音集」、《新小說》的「雜歌謠」，被視為詩界革命新派詩公開發表的園地，丘逢甲詩作便常被刊登於《清議報》的「詩文辭隨錄」，共刊登 17 題 45 首，而丘逢甲被刊登的詩作，多半是拿自己本來就已經寫好的詩作去投寄報刊，分別有諷刺性高的作品、議論時事並憂傷時局的作品、勉勵維新事業並開創新局的作品、宣揚新觀念或新事物或舊典新用的詩作，其中以七律形式的被刊登率最高。同時，梁啟超〈飲冰室詩話〉依據丘逢甲〈己亥秋感〉七律 8 首，稱許丘逢甲為「詩界革命一鉅子」，足見丘逢甲在詩界革命中被定位為七律寫手與詩人之詩的評價，這與他個人最為自負的七古形式與詩史雄談，略有期待上的出入。

丘逢甲積極參與詩界革命的表現，除了表現在與維新派人士的頻繁唱和，和積極發表詩作於詩界革命主要報刊，還可從《嶺雲海日樓詩鈔》中的其他作品找到相關的例證。丘逢甲詩作使用新名詞的種類雖然繁多，但數量並不特別眾多，基本上是視實際創作需要而定，並且注重語句的通順。其次，丘逢甲的詩作結構上，雖然也具有以古文伸縮離合之法為詩的結構性特點，但卻顯示丘逢甲有刻意追隨黃遵憲「以文為詩」的傾向。

　　另外，丘逢甲詩作也努力創造新意境和寫作新題詩，但限於個人遊歷有限的關係，其求新求變的廣度和深度，其面向也不夠豐富。雖然丘逢甲儘可能以文爲詩，使用新名詞，創造新意境，寫作新題詩，要突顯他的求新求變的意識，卻也流露出他追步黃遵憲新派詩的影子。而丘逢甲詩作的求新意識的嘗試之作，因爲正好處於詩界革命剛要起步的階段，新題材詩還沒有正式成爲詩界革命的主流，加上當時他個人的異地異國閱歷有限，受到西方文明等新題材的衝擊力道，沒有黃遵憲等實際具有國外經驗的詩人來的強烈，所以，丘逢甲詩作中提到的新觀念、新事物、新語詞，其數量和面向也會受到限制，較不具備指標性的意義。

　　不過，丘逢甲的新題材詩，畢竟還是儘可能地介紹西方文明的新知識與其文學實用性的目的，這與同時期盛行的保守擬古派的同光詩派、王闓運詩派、張之洞詩派，其將新題材視爲點綴效果的創作態度來比較，又會覺得丘逢甲還是盡量稱職地實踐了詩界革命求新求變的主張。

三、丘逢甲與黃遵憲二家新派詩的異同

　　作家的比較研究，往往更能突顯作家個別的特色。爲了更能充分認識丘逢甲在詩界革命中的具體表現與特殊性，筆者以具有典範地位的黃遵憲新派詩爲比較對象，期能如實呈現丘逢甲新派詩的特色。

　　首先，比較兩家對於詩史觀念的認知和實際寫作表現手法方面的差異，黃遵憲的詩史寫作大致有幾個特色：（一）詩的形式以古體長篇或律詩組詩的形式爲主。（二）詩的寫法以客觀敘事方式爲主，雖然也可議論，但議論成分不得掩蓋敘事成分的光釆。（三）詩的語氣可以大膽而露骨，不必太客氣或保留，不用遵守溫柔敦厚的詩教。（四）詩的題材必須是針對晚清重大內政外交事件，或是能夠啓迪民眾智識的題材而寫作。黃遵憲的詩史基本上與以杜甫、元好問、吳偉業爲代表的傳統詩史，有著一脈相承的延續性與正統地位。

　　而丘逢甲的詩史有其一套特殊的思考策略運用，在最高關懷上，丘逢甲對時局的觀察與體會，主要根源於割臺悲劇的傷痛而來，寫作焦點自然不會專心擺在客觀時事的剖析上，較爲注重時事中牽涉到臺灣事件的部份，而他的學歷儘管高於黃遵憲，但國外經歷和國際觀，卻明顯遜色於黃遵憲許多，丘逢甲應該不會成爲政治外交史事的觀察專家，唯一比較有特色的經歷是，

他內渡前曾經有實地田野調查的實務經驗，這可直接幫助他建立地方史志型態的詩史，而可以與黃遵憲政治外交詩史分庭抗禮。所以，丘逢甲〈和平里行〉、〈南漢敬州修慧寺千佛鐵塔歌〉、〈南巖均慶寺詩〉……等詩作的序文，才會以如此詳盡的介紹，敘述作此詩以補地方史志紀錄之不足的意義，就是要為珍貴的地方文物留下紀錄，並讓世人在古蹟中找到歷史的生命力，從而奠定其寫作的詩史意義。

中國傳統詩一向注重溫柔敦厚的詩教倫理，在社會寫實方面，數量出現較多的是以規勸為主的諷諭的手法，比較少出現過嚴格意義的諷刺詩。但是，到了晚清，傳統詩寫作受到內外交迫的壓力，因此出現大量的諷刺詩，企圖以文學的力量影響輿論，來對抗執政者。「諷刺詩」與「諷諭詩」的作者都同樣想要透過社會問題的反映，來達到規過補缺的目的。然而表現方式上，「諷諭詩」講究溫婉含蓄的勸告；「諷刺詩」則是從激烈的怒斥、點慧的挖苦、戲謔、嘲笑，乃至於優雅的反諷、斯文的規勸……等方式，均無不宜。

黃遵憲的諷刺詩主要批判對象是晚清的腐朽官僚，表現於詩中，並不直接指責其缺失，而是出以嘲笑、挖苦之筆，讓他的諷刺詩具有高深的藝術表現手法，創造悲劇英雄的形象與悲劇文學的嚴肅意義，具有代表性與典型意義的作品有〈九姓漁船歌〉、〈度遼將軍歌〉二首。而丘逢甲的諷刺詩剛好相反，其直斥缺失的情形很普遍，而嘲笑、挖苦的情形幾乎沒有，諷刺的尺度上也比較含蓄，以〈感事〉、〈紀事〉、〈澳門雜詩〉……為代表詩作。

透過兩家諷刺詩的比較可知，黃遵憲的諷刺詩表現手法較為多元化，舉凡激烈的怒斥、點慧的挖苦、戲謔、嘲笑，乃至於優雅的反諷，斯文的規勸皆有所表現，其中以嘲笑、挖苦方式為主的諷刺詩為其代表，其諷刺目的便是公然要與朝廷對立，表達抗議精神，並且形塑了同時具有高度藝術效果與嚴肅人生意義的悲劇人物典範。而丘逢甲的諷刺詩表現手法相形之下，便略顯單調，基本上多半屬於直接的指責，時而激烈怒斥，時而斯文的規勸，而以規勸的方式為主要代表，諷刺之中仍注重維持君臣倫理的秩序，諷刺對象指向割讓臺灣的元兇，例如慈禧太后、李鴻章等人，其諷刺的目的在規勸當政者，雖然也發揮言論制裁的目的，但並沒有要對抗朝廷的意思，個人抒情的成分遠高於企圖影響輿論的目的。可是，若把丘逢甲多數的諷諭詩放在中國諷諭詩的傳統中來看，「忠君愛國」說的傳統意義變得游離不定，進而成為丘逢甲諷諭詩的特色。

　　新題詩除了指以西方新事物為寫作題材的詩作外，還可指在「相思」、「無題」、「遊仙」等傳統樂府古題的主題意識下，進行求新求變的寫作。新題詩是詩界革命以新意境融入舊風格此一文學主張，最為極致的具體表現，黃遵憲就是以〈今別離〉古題新作的寫作方式，奠定他在詩界革命的宗主地位，並開啟詩界革命寫作新題詩的風氣，同時梁啟超〈飲冰室詩話〉也常以黃遵憲〈今別離〉的寫作成就，做為評價他人詩作的標準。

　　黃遵憲〈今別離〉寫現代人的思念之情，與〈古別離〉在相思主題的本質上，並無古今之別，但生活條件改變了，表達思念的方式，也有所改變，然而思念之情是無法加以安慰的，儘管現代人已有了快速的通訊技術、照相器材，仍然無法安慰相思之情，成功展現出融合古今與新舊的風貌。除了相思的主題外，還有遊仙、禽言……等主題，也成為詩界革命新題詩常常寫作的對象，黃遵憲有〈五禽言〉，丘逢甲有〈禽言〉、〈蟲豸詩〉、〈萬牲園〉，基本上都已經不是客觀詠物的詩作，而是有意地寄託比興諷諭等抗議精神在詩中，而創造新意境的詩作。

　　另外，丘逢甲比較具有個人特色的是，以大量的新遊仙詩承載個人情志和歷史使命，但他的新遊仙詩幾乎不以「新遊仙」為詩題，反而具備傳統樂府詩即事名篇的命名特性。根據佛洛伊德精神分析的理論，作家乃是一個逃避現實的人，因為他無法與本能滿足的受阻取得協議，於是轉而進入幻想世界，也因此發現一條由其幻想世界返回現實世界的道路，也就是藉其特殊稟賦，將幻想塑造成另一個「新現實」，而使人們認為他的幻想產物，乃是現實生活有意義的反映。將此一理論放到丘逢甲人生際遇上，臺灣被割讓的悲劇與內渡後心理情境上的淒涼，都是讓丘逢甲逃到超現實的經驗中，尋求自我解脫的重要而必要的理由，所以，在他的遊仙詩中，劍和俠的意象特別發達，公平正義往往經過一番波折之後而得以伸張，讓丘逢甲現實遭遇中的不順利，得以在新遊仙詩的反覆寫作中獲得消解。這充分說明丘逢甲新題詩的寫作態度與目的，高度具有個人生命情境與終極關懷的特殊意義，與黃遵憲新題詩專為嘗試、求新而寫作的文學實用目的，大不相同。

四、「詩界革命一鉅子」與同時期的臺灣傳統詩界

　　參與詩界革命的維新派人士，多半具有實際參與政治維新運動的實務經驗，而丘逢甲卻是以主觀強烈意願、大量進行寫作的純文學單一方式，進到

詩界革命的圈子，並且獲得「詩界革命一鉅子」的稱號，並被視爲以「詩人之詩」奠定他在詩界革命中的一席之地，其與黃遵憲被認定爲「理想之深邃閎遠」的實用意義上而有所不同。換言之，丘逢甲的新派詩比較適合以文學的角度去欣賞與定位，而比較不適合以實用性、理想性的角度來加以評價和運用，固然也是優良的新派詩，但放在整個維新改革政治運動的結構下來看，丘逢甲詩作的文學實用性方面，便顯得有侷限性。

丘逢甲的新派詩在詩界革命初期，主力尚且放在抨擊朝政過失以表達抗議精神的《清議報》階段時期，丘逢甲的新派詩還算派得上用場。但是，等到眞正全面推行新民理想，進行思想改造的《新民叢報》、《新小說》階段之時，丘逢甲的新派詩就顯得沒有實用性與教育性的價值，而且其詩作對於傳統詩命脈的延續與轉型，並沒有如黃遵憲新派詩與理論建構上，做出有建設性的貢獻。所以，丘逢甲在詩界革命中固然被肯定其「詩界革命一鉅子」的地位，但這地位並非崇高到無可取代，相對於黃遵憲新派詩全方位地滿足詩界革命各式各樣與各個階段的文學主張與需求而言，丘逢甲大部分的新派詩其實可以被黃遵憲的新派詩所涵蓋與統攝。

然而其中丘逢甲新派詩比較不同於黃遵憲的部份，就是專門針對乙未割臺事件中，屬於他個人特殊際遇所寫下的悲歌內涵，以及由於清代臺灣詩壇采風風氣興盛，其表現在地方故實的詩史寫作上的延續。而丘逢甲其他新派詩寫作，大致都含有強烈的模仿黃遵憲的影子的感覺，終究難以凌駕與撼動黃遵憲在詩界革命中的典範地位。但是，若跳脫詩界革命新派詩的文藝批評來看，丘逢甲詩作卻廣被非詩界革命派詩人與詩評家所欣賞，例如神韻派的吳芳吉、戰後來臺的李漁叔、革命文學派南社的柳亞子……等人，其詩界革命以外的成就與被接受度，似乎又比詩界革命之內的情況來的可觀，這又是丘逢甲詩作無法單純只以詩界革命單一角度來規範與評價的特殊意義。

丘逢甲詩作在詩界革命中的貢獻，儘管有其侷限性，而其價值也不僅止於詩界革命一端，但眞正具有實質影響意義與特殊地位的視角，便是對於日治時期臺灣傳統詩界維新改革的影響。日治時期的臺灣傳統詩界發生了一些有利於維新改革的文學背景，令內渡後積極參與詩界革命的丘逢甲，有機會重新與臺灣的傳統詩壇產生聯繫，成爲臺灣人想要學習標榜的對象。這些有利於維新改革的文學背景，首先是日治時期臺灣以歌功頌德爲檯面上具有主流地位的「御用」傳統文學，以及後來演變出來的擊鉢吟遊戲之作，讓傳統

詩內部得以有自行先發難的機會。再者,是臺灣傳統詩人面對日本殖民政權所引進的現代文明,其表現在寫作題材和心態上的全新體驗,也提供傳統詩的寫作,有求新求變、擺脫既訂作法的溫床。最後,由於日治時期傳統詩社林立,詩人形成地區性的集團組織,本來就適合發展特定文學流派,加以多數大型詩社皆懂得善用報刊媒體做為宣傳的手段,只要有某位重量級的詩人在報刊媒體上提倡某種文學主張,很快就會產生迴響與呼應,因而達成全島詩人的共識或演變成激烈的筆戰。

由於日治時期臺灣傳統詩界有維新改革、追求現代性以延續文化命脈的必要性,而丘逢甲剛好在中國大陸實際參與詩界革命,以臺灣籍詩人的身份取得認同,成為日治時期臺灣詩界急需模仿學習的對象與被視為臺灣文學的驕傲,所以,丘逢甲內渡後儘管在復臺的努力上沒有實質收穫,但對於日治時期臺灣詩界的改革方面,卻具有指標性的意義。

這樣的意義具體可從 1907 年連橫提倡「臺灣詩界革新論」,並與臺中櫟社詩人發生筆戰為開端,連橫在〈詩薈餘墨〉中標榜丘逢甲〈論詩次鐵廬韻〉10 首,並記錄這組詩作在臺灣流傳的情形,證明內渡後丘逢甲的詩作,受到日治時期臺灣重要詩人的重視。此外,丘逢甲以秋懷組詩而獲得「詩界革命一鉅子」的稱號,替臺灣本土詩人在中國文學史的位置上,掙到了發言權和開啟了能見度,其秋懷組詩的文學傾向和寫作風格,自然得到臺灣詩人的學習與模仿,自 1909 年起至少有林朝崧、林幼春、呂敦禮、施梅樵……等知名臺灣詩人的主動和作,其和作的盛況還一直維持到1942 年,施梅樵〈秋日書感〉刊於《詩報》後,在《詩報》上引起多達 41 人的廣大迴響,這恐怕是原唱者丘逢甲所始料未及的事。

然而,就在臺灣知名詩人熱烈和作丘逢甲秋懷組詩的期間,詩界革命重要理論家與推行者梁啟超訪臺,多少會以丘逢甲為橋樑,順勢交流海峽兩岸彼此對傳統詩壇改革的看法,相信詩界革命文學理論隨著梁啟超訪臺的造勢,日治時期的臺灣詩人對此理論應該不再陌生。接著,1919~1924 年《臺灣文藝叢誌》大量刊登黃遵憲《人境廬詩草》和丘逢甲《嶺雲海日樓詩鈔》的詩作,據目前可見資料統計,丘逢甲詩作至少被刊出 320 題 700 首,黃遵憲詩作至少被刊出 78 題 152 首,儼然有將兩人的代表性詩作,當成日治時期臺灣詩界,進行維新改革的指標與方向來看待。於是,1942 年臺灣詩壇的重量級人物施梅樵編輯《丘黃二先生遺稿合刊》,直接將丘逢甲、黃遵憲的詩作

當成臺灣詩人的寫作典範。

　　以上例證說明了日治時期臺灣傳統詩壇的詩界革命傾向，也突顯了臺灣人看待丘逢甲的文學成就，並不受到他內渡離臺事件的影響，反而視丘逢甲在晚清大陸的文學成就爲臺灣人的驕傲，並有想要學習、模仿與跟進的願望。所以，丘逢甲參與詩界革命的意義，對他個人文學生命而言，以及詩界革命中的定位而言，都不如他對清末一直到日治時期的臺灣傳統詩界，所間接帶來的改革維新氣象來的重要。

參考文獻

一、詩文集

（一）丘逢甲詩文集

1. 施梅樵《丘黃二先生遺稿合刊》，臺中州：東亞書局，1942.11。

2. 丘逢甲《嶺雲海日樓詩鈔》，臺北：臺灣銀行經濟研究室，《臺灣文獻叢刊》第 70 種，1960。

3. 丘逢甲《嶺雲海日樓詩鈔》，上海：上海古籍出版社，1979。（附江瑔〈丘倉海傳〉）

4. 丘逢甲《嶺雲海日樓詩鈔》，合肥：安徽人民出版社，1984.5。（附丘菽園《揮塵拾遺》）

5. 丘晨波主編《丘逢甲文集》，廣州：花城出版社，1994.6。

6. 丘逢甲《丘逢甲遺作》，臺北：世界河南堂丘氏文獻社，1998。

7. 丘逢甲著，廣東丘逢甲研究會編《丘逢甲集》，長沙：岳麓書社，2001.12。

8. 丘逢甲、王恩翔《金城唱和集》，陳支平主編《臺灣文獻匯刊》第 4 輯第 10 冊，北京九州出版社與廈門大學出版社聯合出版，2004。

（二）近代詩文集

1. 王松《臺陽詩話》，臺北：臺灣銀行經濟研究室，《臺灣文獻叢刊》第 34 種，1959。

2. 洪棄生《瀛海偕亡記》，臺北：臺灣銀行經濟研究室，《臺灣文獻叢刊》第 59 種，1959。

3. 連橫《臺灣詩乘》，臺北：臺灣銀行經濟研究室，《臺灣文獻叢刊》第 64 種，1960。

4. 連橫《劍花室詩集》，臺北：臺灣銀行經濟研究室，《臺灣文獻叢刊》第 94 種，1960。

5. 連橫《雅堂文集》，臺北：臺灣銀行經濟研究室，《臺灣文獻叢刊》第 208 種，1964。

6. 洪棄生《寄鶴齋選集》，臺北：臺灣銀行經濟研究室，《臺灣文獻叢刊》第 304 種，1972。

7. 謝道隆《小東山詩存》，謝家自印本，1974.12。（國立臺中圖書館藏）

8. 康有爲《康南海先生詩集》，臺北：文海出版社，1975。

9. 丘煒菱《菽園詩集》，沈雲龍主編《近代中國史料叢刊・368》，《近代中國史料叢刊續編・37》，臺北：文海出版社，1977。

10. 錢仲聯《人境廬詩草箋注》上下 2 冊，臺北：源流文化事業公司，1983.4。

11. 錢仲聯《清詩紀事》，江蘇：江蘇古籍出版社，1989.7，1 版 1 刷。

12. 林朝崧《無悶草堂詩存》上下 2 冊，《臺灣先賢詩文集彙刊》第一輯第 8、9 冊，臺北：龍文出版社，1992.3。

13. 林資修《南強詩集》，《臺灣先賢詩文集彙刊》第一輯第 10 冊，臺北：龍文出版社，1992.3。

14. 呂敦禮《厚菴遺草》，《臺灣先賢詩文集彙刊》第三輯第 9 冊，臺北：龍文出版社，2001.6。

15. 施梅樵《捲濤閣詩草》，《臺灣先賢詩文集彙刊》第三輯第 11 冊《梅樵詩集》，臺北：龍文出版社，2001.6。

16. 黃遵憲著，吳振清、徐勇、王家祥編校《黃遵憲集》上下 2 冊，天津：天津人民出版社，2003.10。

二、研究專書

（一）丘逢甲研究專書

1. 鄭喜夫《民國丘倉海先生逢甲年譜》，臺北：臺灣商務印書館，1981.11。

2. 逢甲大學人文社會研教中心主辦《丘逢甲與臺灣歷史文化學術研討會論文集》，臺中：逢甲大學，1997。（會議時間 1996.3.16～17）

3. 逢甲大學人文社會研教中心主辦《丘逢甲與臺灣歷史文化學術研討會論文集補編》，臺中：逢甲大學，1997.2。（會議時間 1996.3.16～17）

4. 楊護源《丘逢甲傳》南投：臺灣省文獻委員會，1997，《臺灣先賢先烈專輯》。

5. 丘秀芷《剖雲行日──丘逢甲傳》，臺北：世界河南堂丘氏文獻社，1998。

6. 吳宏聰、李鴻生主編《丘逢甲研究──1984 年至 1996 年兩岸三地學者論文專集》，臺北：世界丘氏文獻社，1998。

7. 逢甲大學人文社會研教中心、臺灣省文獻委員會、東海文教基金會主辦《丘逢甲、丘念臺父子及其時代學術研討會論文集》臺中：逢甲大學，

1999.5.15～16。

8. 丘念臺《嶺海微飆》，臺灣：海峽學術出版社，2002.10。

9. 余美玲《柏莊詩草研究》，逢甲大學中文系，國科會計畫，2002.8.1～2003.7.31。

10. 徐博東、黃志平《丘逢甲傳》，臺灣：海峽學術出版社，2003.9。

11. 丘鑄昌《丘逢甲交往錄》，武漢：華中師範大學出版社，2004.10。

12. 廣東丘逢甲研究會《紀念丘逢甲誕辰 140 周年學術研討會論文集》，廣州：廣東丘逢甲研究會，2004.12.23～24。

（二）近代文史研究專書

1. 李漁叔《魚千里齋隨筆》，臺北：中華詩苑，1958.12。

2. 廖漢臣編纂《臺灣省通志稿》卷 6〈學藝志〉文學篇，南投：臺灣省文獻委員會，1959.6。

3. 連橫《臺灣通史》，臺北：臺灣銀行經濟研究室，《臺灣文獻叢刊》第 128 種，1962。

4. 丁文江《梁任公先生年譜長編》臺北：臺灣世界書局，1962。

5. 屈沛霖《廣東詩話》，香港：龍門書店，1968。

6. 吳天任《黃公度先生傳稿》，香港：香港中文大學，1972。

7. 錢仲聯輯《黃遵憲詩論評（坿年譜）》，沈雲龍主編《近代中國史料叢刊・96》，臺北：文海出版社，1973.10，影印版。

8. 張朋園《立憲派與辛亥革命》，臺北：中央研究院近代史研究所，1983.2，再版。

9. 吳天任《清黃公度先生遵憲年譜》，臺北：臺灣商務印書館，1985。

10. 龔鵬程《詩史本色與妙悟》，臺北：臺灣學生書局，1986.4。

11. 汪國垣《汪辟疆文集》，上海：上海古籍出版社，1988.12。

12. 張永芳《晚清詩界革命論》，廣西：漓江出版社，1991.5。

13. 嚴明《清代廣東詩歌研究》，臺北：文津出版社，1991.8。（蘇州大學博士論文）

14. 魏秀梅《清代之迴避制度》，臺北：中央研究院近代史研究所，專刊（66），1992.5。

15. 夏曉虹《覺世與傳世──梁啟超的文學道路》，上海：上海人民出版社，1992.5，2 刷。

16. 吳文星《日據時期臺灣社會領導階層之研究》，臺北：正中書局，1992.7，初版 2 刷。

17. 徐續《嶺南古今錄》，廣東：廣東人民出版社，1992.10。

18. 吳芳吉《吳芳吉集》，四川：巴蜀書社，1994.10。

19. 魏仲佑《黃遵憲與清末「詩界革命」》，臺北：國立編譯館，1994.12。

20. 邱燮友、傅錫壬等 8 人《中國文學史初稿》，臺北：福記文化圖書公司，1995.1，校訂 4 版。

21. 宋美華《十八世紀英國文學——諷刺詩與小說》，臺北：東大圖書公司，1995.7。

22. 王溢嘉《精神分析與文學》，臺北：野鵝出版社，1995.8，初版 10 刷。

23. 魏仲佑《晚清詩研究》，臺北：文津出版社，1995.12。

24. 夏曉虹《詩界十記》，浙江：浙江文藝出版社，1997.4，2 刷。

25. 吳宓《吳宓日記》，三聯出版社，1998.3。

26. 梁啓超《飲冰室詩話》，張品興編《梁啓超全集》第 9 冊第 18 卷，北京：北京出版社，1999。

27. 黃秀政等《臺灣史志論叢》，臺北：五南圖書出版公司，2000.3，初版 2 刷，頁 153～185。

28. 黃美玲《連雅堂文學研究》，臺北：文津出版社，2000.5，初版。

29. 施懿琳《從沈光文到賴和——臺灣古典文學的發展與特色》，高雄：春暉出版社，2000.6，初版。

30. 夏曉虹《晚清社會與文化》，武漢：湖北教育出版社，2001.3。

31. 郭延禮《中國近代文學發展史》第二卷，北京：高等教育出版社，2001.7。

32. 徐肖南《走向世界的客家文學》，廣州：華南理工大學出版社，2001.11。

33. 蔣英豪《黃遵憲師友記》，上海：上海書店出版社，2002.8。

34. 陳平原《當年遊俠人》，臺北：二魚文化事業有限公司，2003.11。

35. 管林《嶺南晚清文學研究》，廣州：廣東人民出版社，2003.11。

36. 國家圖書館特藏組《臺灣歷史人物小傳——明清暨日據時期》，臺北：國家圖書館，2003.12，初版。

37. 桑兵《庚子勤王與晚清政局》，北京：北京大學出版社，2004.4。

38. 黃美娥《重層現代性鏡像——日治時代臺灣傳統文人的文化視域與文學想像》，臺北：麥田出版社，2004.12。

39. 王德威《臺灣：從文學看歷史》，臺北：麥田出版社，2005.9，初版 1 刷。

40. 陳鍾琇《唐代和詩研究》，臺北：秀威資訊科技公司，2008.4。

三、期刊論文

（一）丘逢甲研究論文

1. 林熊祥〈邱逢甲在臺灣文學史之位置〉，《臺灣文獻》第 9 卷第 1 期，

1958.3.27，頁 1145～1147。

2. 梁國冠〈臺灣詩人丘倉海評傳〉，牛仰山編《1919～1949 中國近代文學論文集・概論・詩文卷》，北京：中國社會科學出版社，1988.9，頁 461～487。

3. 張永芳〈丘逢甲與詩界革命〉，《中國古代近代文學研究》，1990 年第 9 期，北京：中國人民大學書報資料中心，頁 275～278。

4. 丘鑄昌〈試論丘逢甲與康、梁、黃之關係〉，《學術研究》，2001 年第 2 期，頁 118～123。

5. 余美玲〈丘逢甲《柏莊詩草》中的四首臺灣風土詩探析〉，陳嘉瑞、廖振富主編《中臺灣古典文學學術研討會論文集》，臺中：臺中縣文化局，2002.3，頁 83～111。

6. 余美玲〈新亭空灑淚，詩中聞懺聲——再論丘逢甲內渡後詩作〉，《日治時期的臺灣傳統文學研討會論文集》，東海大學中文系，2002.4.13，頁 49～62。

7. 丁旭輝〈由「滄海」及相關意象看丘逢甲內渡後的心境與夢想〉，《漢學研究》第 21 卷第 1 期，2003.6，頁 367～390。

8. 羅秀美〈丘逢甲的白話書寫——以詩界革命爲觀察視域〉，「紀念丘逢甲誕辰 140 周年學術研討會」，廣州：廣東丘逢甲研究會主辦，2004.12.23～24 日。

9. 汪叔子〈關於丘逢甲內渡歸籍的一件檔案史料〉，《嶺南文史》，1998 年第 1 期，頁 24～28。

（二）近代文史研究論文

1. 綠珊盦〈臺南黃蘗寺僧與天地會八卦教〉，《臺南文化》（舊刊）第 3 卷第 2 期，1953.9，頁 29～32（總頁數 465～468）。

2. 許常安〈飲冰室詩話所見晚清詩界革命之主張〉，日本，《中國會報》第 17 集，1965。

3. 許常安〈關於晚清詩界革命之用語〉，日本，《斯文》第 44 號。

4. 許常安〈關於丘逢甲的詩〉，《漢文學會會報》第 24 號。

5. 段雲章〈戊戌維新的「天南」反響——以新加坡《天南新報》和邱菽園爲中心〉，《近代史研究》，1998 年第 5 期，頁 97～111。

6. 梁啓超〈與梁君力書〉，張品興編《梁啓超全集》第 10 冊第 20 卷，北京：北京出版社，1999，頁 5921。

7. 郭延禮〈詩界革命的起點、發展及其評價〉，《文史哲》，2000 年第 2 期，頁 5～12。

8. 羅秀美〈淺論「詩界革命三傑」典範地位——以《飲冰室詩話》爲例〉，

《元培學報》第八期，2001.6，頁 105～115。

9. 施懿琳〈臺灣文社初探——以 1919～1923 的《臺灣文藝叢誌》爲對象〉，
   國立臺灣文學館「櫟社成立一百週年記年學術研討會」論文集，2001.12.8
   ～9，頁 1～24。

10. 余美玲〈從《小東山詩存》探析謝頌臣之生平與交遊——以櫟社詩人圈
    爲主〉，國立臺灣文學館「櫟社成立一百週年記年學術研討會」論文集，
    2001.12.8～9，頁 1～28。

11. 黃美娥〈醒來吧！我們的文壇——再議 1941 年至 1942 年臺灣新舊文學
    論戰〉，東海大學中文系「日治時期的臺灣傳統文學學術研討會」論文集，
    2002.4.13，頁 182～202。

12. 羅秀美〈近二十年來（1980～2000）臺灣學者有關中國近代詩／學之研
    究述評〉，《元培學報》第九期，2002.12，頁 63～81。

13. 藍偵瑜〈梁啓超訪臺對傳統文人的影響之考察——以林痴仙爲分析對
    象〉，游勝冠總編輯《島語：臺灣文化評論》第 3 期，高雄：春暉出版社，
    2003，頁 54～65。

14. 項念東〈梁啓超的「詩史」觀——《飲冰室詩話》的若干詩學思想分析〉，
    《安徽師範大學學報》（人文社會科學版），第 31 卷第 4 期，2003.7，頁
    465～468。

15. 余美玲〈日治時期臺灣秋懷組詩探析〉，《東海大學文學院學報》第 45
    卷，2004.7，頁 223～248。

16. 黃美娥〈尋找歷史的軌跡：臺灣新舊文學的承接與過度（1895～1924）〉，
    中央研究院臺灣史研究所《臺灣史研究》第 11 卷第 2 期，2004.12，頁
    145～183。

四、學位論文

（一）丘逢甲研究學位論文

1. 徐肇誠《丘逢甲嶺雲海日樓詩鈔研究》，碩士論文，成功大學歷史所，
   1993.6。

2. 楊護源《丘逢甲：清末臺粵士紳的個案研究》，碩士論文，中興大學歷史
   所，1995。

3. 賴曉萍《丘逢甲潮州詩研究》，碩士論文，逢甲大學中文所，2002.9。

（二）相關學位論文

1. 洪博文《日治時期文學作品所反映的臺灣民主國形象》，臺南：臺南師範
   學院鄉土文化研究所，碩士論文，2000。

2. 陳鍾琇《唐代和詩研究》，東海大學中國文學系碩士班，碩士論文，

2001.6。

3. 江淑美《清代臺灣客家子弟教育研究（1684～1895)》，臺北：臺灣師範大學教育研究所，碩士論文，2003。

4. 朱我芯《詩歌諷諭傳統與唐代新樂府研究》，臺中：私立東海大學中國文學系博士班，博士論文，2004.6。

5. 王嘉弘《清代臺灣賦的發展》，臺中：私立東海大學中國文學系碩士班，碩士論文，2005.5。

五、其他

（一）近代報刊

1. 臺灣文社《臺灣文藝叢誌》，臺中，鄭汝南、蔡世賢發行，1919～1924年刊本，臺灣大學圖書館楊雲萍文庫殘卷本。

2. 梁啓超《新民叢報》第 17 冊，臺北：藝文印書館，1966。

3. 梁啓超《清議報》第 12 冊，臺北：成文出版社，1967。

4. 趙毓林、梁啓超《新小說》第 6 冊，上海：上海書店，1980.12。（複印資料）

（二）網路下載的文獻

1. 陳金樹〈丘逢甲南遊的原因〉，新加坡國立大學中文系文學碩士，
   http://www.fgu.edu.tw/~wclrc/drafts/Singapore/chen-chi/chen-chi.htm

2. 陳金樹〈丘逢甲在南遊詩中所表現的心態〉，同上。

3. 陳金樹〈丘逢甲南遊詩的寫作特色〉，同上。

4. 余美玲〈鹿港詩人施梅樵詩歌探析〉，
   www.chinese.ncue.edu.tw/poem/鹿港詩人施梅樵詩歌探析 1.doc

5. 王德威〈後遺民寫作〉，見《中研院近現代文學研究室》網頁，
   http://.fgu.edu.tw/~wclrc/drafts/America/wang-de-wei/wang-de-wei_03.htm

6. 「未來之書」網頁，網址是 http://home.kimo.com.tw/cowperc.tw/

【附錄一】丘逢甲、黃遵憲詩文往來內容彙錄

時間	作者	題　目	體裁、數量	內　　　容	出　　處
1890	黃遵憲	〈歲暮懷人詩〉	七絕1首	赤嵌城高海色黃，乍銷兵氣變文光。他年番社編《文苑》，初祖開山天破荒。〔註1〕	《人境廬詩草》〔註2〕卷6，頁550
1898	丘逢甲	〈題黃遵憲人境廬無壁樓聯〉	對聯	陸沉欲借舟權住，天問翻無壁受呵。	《丘逢甲集》，頁693
1898	黃遵憲	〈人境廬之鄰有屋數間，余購取其地，葺而新之，有樓歸然獨立無壁，南武山人爲書一聯曰，陸沉欲借舟權住，天問翻無壁受呵，因足成之〉	七律1首	半世浮槎夢裏過，歸來隨地覓行窩。陸沉欲借舟權住，天問翻無壁受呵。偶引雛孫問初月，且容時輩量汪波。灣灣幾曲清溪水，可有人尋到釣簑？	《人境廬詩草》卷9，頁794
1898	黃遵憲	〈臺灣行〉原稿本無此詩，蓋戊戌回鄉以後所補作。極可能在與丘逢甲見面後所作。	七言古體66句	城頭逢逢雷大鼓，蒼天蒼天淚如雨，倭人竟割臺灣去。當初版圖入天府，天威遠及日出處。我高我曾我祖父，艾殺蓬蒿來此土，糖霜茗雪千億樹，歲課金錢無萬數。天胡棄我天何怒，取我脂膏共仇虜。眈眈無厭彼碩鼠。民則何辜罹此苦？亡秦者誰三戶楚。何況閩粵百萬戶。 成敗利鈍非所覩，人人效死誓死拒，萬眾一心誰敢侮，一聲拔劍起擊柱，今日之事無他語，有不從者手刃汝。堂堂藍旗立黃虎，傾城擁觀空巷舞，黃金斗大印繫組，直將總統呼巡撫，今日之政民爲主，臺南臺北固吾圉，不許雷池越一步。海城五月風怒號，飛來金翅三百艘，追逐巨艦來如潮。前者上岸雄虎彪，後者奪關飛猿猱。村田之銃備前刀，當輒披靡血杵漂。	《人境廬詩草》卷8，頁687

〔註1〕　自註：丘仙根工部。

〔註2〕　本表出處欄所使用的《人境廬詩草》版本爲：錢仲聯《人境廬詩草箋注》上下2冊，臺北：源流文化事業公司，1983.4。

				神焦鬼爛城門燒，誰與戰守誰能逃？一輪紅日當空照，千家白旗隨風飄。搢紳耆老相招邀，夾跪道旁俯折腰，紅纓竹冠盤錦絛，青絲辮髮垂雲鬐，跪捧銀盤茶與糕，綠沉之瓜紫蒲桃，將軍遠來無乃勞？降民敬爲將軍犒。將軍曰來呼汝曹，汝我黃種原同胞，延平郡王人中豪，實闢此土來分茅，今日還我天所教。國家仁聖如唐堯，撫汝育汝殊黎苗，安汝家室毋譊譊。將軍徐行塵不囂，萬馬入城風蕭蕭。嗚呼將軍非天驕，王師威德無不包，我輩生死將軍操，敢不歸依明聖朝。嘻噓吁！悲乎哉！汝全臺，昨何忠勇今何怯，萬事反覆隨轉睫。平時戰守無豫備，曰忠曰義何所恃？	
1898	丘逢甲	〈感事〉20首（又名〈政變詩〉）應是拜訪黃遵憲後深刻了解維新運動所作	五律20首	九葉華夷主，周天兩歲星。艱難爲社稷，臥病自宮廷。下詔醫方出，朝正典禮停。須防中外口，一疏護皇靈。莫向帝鄉問，南陽多近親。未能成革政，相厄有尸臣。廟算歸權戚，宮符付椓人。空教天下士，痛哭念維新。不得絳灌意，況乖黃老言。東朝更稱制，北寺漫呼冤。城旦書何益？家人語自尊。刊章獄方急，浸欲逮平原。未竟三司問，先行兩觀誅。翻憐八司馬，竟動五單于。冒頓書何慢，公羊學太愚。休持覆楚志，雪涕向勾吳。死者今長已，誰憐曠代才？人方誇火色，天竟予奇災。謀豈青蟲亂，歌成黃鳥哀。漢廷紓黨禍，莫待鬼師來。堯舜女中出，先朝祖制收。成風雖母魯，太姒繼臣周。屢換璇宮曲，空增漆室憂。誰書月食既，變例釋春秋。仙尉書難上，衰朝事可知。新軍五虎立，舊御六龍移。將選巨毋霸，伶歌阿得脂。休云小雅怨，不獨爲榮夷。萬里堯城望，天涯憶聖君。皇綱先紐解，國勢近瓜分。當道嚴鈎黨，無人議合群。臣民四萬萬，王在更誰勤？厚薄分南北，胡元祚易微。本朝無異視，四海久同歸。廟略因誰變？民心失所依。一言邦可喪，但計滿人肥。長頌仁皇聖，千秋賦不加。誰持兩軍柄？全付五侯家。餉急惟搜括，民窮益怨嗟。可憐稱報效，妙計諫官誇。委鬼當頭坐，宮闈事可嘆。咸知五父寵，	《丘逢甲集》卷4，頁303

| | | | | 併作祿兒觀。枉請朱雲劍，爭彈貢禹冠。
家奴翻受制，天語倍辛酸。
萬葉憐仙李，群歌武媚娘。共誰天下計，
嗟爾近支王。玉牒名空貴，金輪焰太張。
無君過三月，下士獨皇皇。
未罷鴻都學，先停有道科。金銀潛氣轉，
文武異才多。盡解營中旨，休虞倒太阿。
濁流何混混，極目望黃河。
遺種傳烏洛，飛車過紫濛。神龍秋失水，
胡馬夜嘶風。外援憐桑相，中朝憶魏公。
浮雲連北極，時論太汹汹。
空益朱車衛，難回鐵路權。蠻雲遮楚粵，
漢月冷幽燕。願請修宮價，先添橫海船。
已無夷夏界，何處說防邊？
濱海無安土，潢池更弄兵。鯨波春溢岸，
孤火夜連城。已誤通商局，翻增保教名。
痴聾吾羨爾，高會集耆英。
天下誰健者？出門橫佩刀。常人嘆龍種，
神器等鴻毛。木落諸陵哭，花嬌大帥豪。
荊州劉表在，八俊自名高。
未得河湟復，邊材少義潮。休祥頌沙鹿，
累葉媿金貂。誰竟抱雄略，而甘事牝朝。
皇輿如反正，終爲剪天驕。
縱不焚坑慮，危機實儆予。頗聞膠海騎，
漸近聖人居。吾道多華士，前知缺素書。
誰將御侮意，拔劍斬鯨魚？
長白無能守，何顏對祖宗？和戎仍宰相，
仰屋自司農。道路嗟群虎，風雲待蟄龍。
願呼忠義士，傳檄保堯封。 | |
| 1899 | 丘逢甲 | 〈和平里行〉
〔註3〕 | 七言古體84句 | 蓮花峰頭望帝舟，雙忠祠前吟古愁。日星河岳浩然氣，大筆更向蠔墩留。里人敬忠 | 《丘逢甲集》卷5，頁322 |

〔註3〕 自註：和平里三字碑，爲文丞相書，潮中志乘罕有載者。潮陽縣志云：景炎三年十月，文丞相率師駐潮陽之和平里，討叛將劉興、陳懿。懿敗走，擒興戮於和平之市。按此即公集杜詩序所謂稍平群盜、人心翕然時也。興、懿故劇盜，歸正復叛降元者，故公詩序及史皆書曰盜，從其朔也。志曰：「叛將」，定其後罪也。惟志以爲景炎三年十月則誤。應從史作祥興元年。是年五月已改元，十月不得復繫景炎。志蓋誤以明年方改元也。是役也，鄒　鳳、劉子俊兵皆會，潮中人士亦多效忠赴義者。故曰「人心翕然也」。逆懿已走，遂引元師襲公。於是，有五坡嶺之役。志云十二月二十日，與通鑑云閏十一月者不合，然事較詳。志云：時公吞腦子不死，復還潮陽，見張宏正於和平里，大罵，求死不得。越七日，始見張宏範，不屈。宏範客禮之。時爲歲除前三日。祥興二年春正月，公遂發潮陽。陳懿後爲其子所殺云。謹按公駐潮陽於雙忠祠蓮花峰外事蹟，則在和平爲多。里中今有文忠過化坊，即爲公作者。其先後駐此當較久，宜其得爲里人作此書。縣志則永樂、景泰、成化、宏治

| | | | 並序 | 寶遺字，未入南中金石志。我來下馬讀殘碑，弔古茫茫滿襟淚。三閩四廣何蒼黃，胡塵上掩天無光。力支殘局賴丞相，間關萬里來潮陽。雙髻峰高練江曲，長橋小市駐行纛。破碎河山小補完，警枕中宵睡初熟。於時人心方翕然，盜魁擒馘尸軍前。四方響應大和會，祥興天子平胡年。里改今名定斯義，豈爲南中好天氣！幕府流離半死生，可惜無人述公意。更取千秋名鎮名，軍中鳳叔爲留銘〔註4〕。當時赤手扶天意，誓欲界勿東南傾。五坡嶺邊鼓聲死，丞相北行殘局已。複壁猶藏痛哭人，此邑民原多義士〔註5〕。東山誰築丞相祠？英風如見提師時。手酹睢陽守臣酒，口吟杜陵野老詩。殘疆更祝和平福，自爲里人畫此幅。墨瀋淋漓玉帶生，鐫上穹碑石痕綠。屢經劫火碑難燒，碑趺贔屭臨虹橋〔註6〕。江流橋下天水碧，行客能言炎宋朝。大峰北宋公南宋，淒涼君國彌增慟。此橋曾過勤王師，斜日寒潮滿橋洞。魯戈迴日難中天，潮生潮落穹碑前。粵潮有信杭無信，空嗟三日籤降箋。南來未盡支天策，碧血丹心留片石。壯哉里門有此觀，大書三字碑七尺。字高二尺奇而雄，筆力直迫顏魯公。旁書九字廬陵某，過者千古懷孤忠。碑陰何人識何語？詢之里人不能舉。獨有公書永不磨，卓立四朝閱風雨。蠹何爲者避公書，帖然徙去如鱷魚。爾雖么麼識忠義，愧彼賣國降虜奴。安得石闌周四角，上覆以亭備榱桷。公書縱道神物護，亦恐年深或斑剝。平生我炁忠義人〔註7〕，浪萍還剩浮沉身。壺盧墩畔思故 |

四志均佚，今志則云里舊名蠹墩，公始易今名，碑未載。又云：公在軍，常不寐，至此，始安寢。信宿，以地氣和平，故名之。則父老傳聞，恐非公當時意。此與里人所云：鐫公書於碑，樹之里門，蠹遂徙去者，意皆非事實。蟲介舊有今無者，亦事之常。蠹非鱷比，徙何爲者？但里人以此增重公書，與韓公文作比例，意亦良厚，可姑存其說耳。書法厚重奇偉，非公不能作，審爲眞蹟。碑連龜趺，約高九尺許。大字三，曰「和平里」。每字高二尺許。小字九，曰「宋廬陵文山文天祥題」，每字二寸許。碑陰亦有字，漫滅不可辨。光緒己亥春二月，逢甲來潮陽過斯里，得拜觀焉。謹賦長句傳之，以告後人之憑弔忠節與志潮中金石者。

〔註4〕 自註：千秋鎮銘，郡 鳳作；鎮舊屬潮陽。
〔註5〕 自註：五坡之敗，謝皋羽匿潮陽民間。
〔註6〕 自註：虹橋，今名平橋，宣和間僧大峰築。
〔註7〕 自註：宋史詔收郵流散忠義人，謂江淮來歸國者。

				里〔註8〕，義師散盡哀孤臣。凌風樓頭爲公弔〔註9〕，振華樓頭夢公召〔註10〕。眼前突兀見公書，古道居然顏色照。斗牛下瞰風雲扶，願打千本歸臨摹。何時和平眞慰願，五洲一統胡塵無。	
1899	丘逢甲	〈寄懷黃公度（遵憲）〉〔註11〕	七律2首	茫茫遠道九秋思，渺渺涼波萬頃陂。八月靈槎虛漢使，三閭奇服怨湘妃。醉傾滄海麻姑酒，劫入商山橘叟棋。鐵漢高樓開悵望，嶺雲南護黨人碑。 萬木蕭森夜有霜，登高懷古客心傷。斜陽澹作黃昏色，殘月遙分大白光。臥病夢持明主節，起居緘費遠人璋。著書閒對秋燈影，獨樂園中漏點長。	《丘逢甲集》卷6，頁416
1899	丘逢甲	〈致黃公度信〉	書信	窮冬閉塞，萬化不張，三節郎當，蟄伏人海；極擬梅江信到，陽律吹春，或者枯荄怒萌，盎然生意；哀鳴二鳥，其知天地之心乎？乃者朵雲飛降，喜展愁眉；而紙盡十番，陽春寡和；心之遲矣，何金玉爾音耶？復以前書妄論，等于壽長自矜，呵責不加，獎逾常分，非所望也；然私竊疑，未免吉利所云將著之爐上耳！ 楷語劇佳，早代騰報。惟某三甲劣等，十指如椎，速之使書，若等擔糞！明知長者之命，義不宜辭，然君子用長，必遺其短，不以短見，當非所嫌；不然床頭捉刀人在，惟有詭名應命，意決非公所許也。公之愛才，同口先輩。先師在日，說士常甘；遺稿尚存，推公甚至，非經手檢零編，即公亦不知冥冥中尚有此知己。先師諸子，惟二三存，皆能讀書，不愧名父；所編文集，先出十三，聞寄滬濱，已上石印；家藏故書，未盡散落。惟絜園花石，已非舊觀；危樓故基，崇封三尺。安知華屋即作山丘，此情正不減過西州門矣！時事之感，楮墨難宣，俯仰人天，一時齊醉；爰性不飲，未免獨醒，奈何！奈何！觀察沈君，詳詢起居，屢囑致意。	《丘逢甲集》，頁797
1900	丘逢甲	〈古大夫宅下馬石歌〉	雜言七言古體	七百年來掩塵土，石與大夫俱氏古。大夫何許人？迺是紫虛仙人四世孫。宅在梅州	《丘逢甲集》卷7，頁480

〔註 8〕 自註：壺盧墩在臺灣縣北，近予故居。
〔註 9〕 自註：嘉應故梅州，有凌風樓爲公作，予丙申過此，有弔公詩。
〔註10〕 自註：丁酉夏在韓山書院夢見公；振華樓，書院中樓也。
〔註11〕 自註：黃公度名遵憲，嘉應州城外下市人，別號人境盧主，清孝廉，官至湖南布政使。

	〔註12〕	27句並序	州北門。眼前不見大夫宅，止見大夫下馬石。石立宣和之四年。大夫手鑄鎮宅錢。古錢出土銅銹紫，留與後人知宅址。錢鑄何年石能語，此石不刻黨人碑，又不貢築艮岳兼花移。大夫五馬何逶迤？留題七星巖石方來歸〔註13〕。大夫歸來立石日，天子尚未蒙塵時。當國者誰蔡太師。吁嗟時事已可知。大夫下馬心應悲，朝更代改宅何有？大夫名在馬骨朽。惟有此石長不刓，大書深刻苔花寒。摩挲欲具袍笏拜，當作到氏奇礓看。	
1900	黃遵憲	〈南漢修慧寺千佛塔歌〉〔註14〕	七言古體90句並序	天龍不飛海蛟起，遙斥洛州爲刺史，萬事蕭閒署大夫，仍世風流作天子。無愁天子安樂公，黃屋左纛誇豪雄。當時十國均佞佛，此國佞佛尤能工。八萬四千塔何處？敕司特用烏金鑄。石趺鐵蓋花四圍，宮使	《人境廬詩草》卷10，頁899

〔註12〕 自註：石在嘉應州北門。有黃氏築宅，擔土得古鎮宅錢以告公度京卿，詢其地曰下馬石，走視，因得此石，有文曰宣和四年古大夫宅立。大夫者，蓋古革也。京卿以摺文見示，乃爲作歌。

〔註13〕 自註：肇慶七星巖有古革，政和八年題名。

〔註14〕 自註：塔爲南漢劉鋹時建，第一層有銘文曰：「敬勸眾緣，以烏金鑄造千佛塔七層於敬州修慧寺，并塔亭，供養虔，聚歸善土，望皇躬玉曆千春，瑤圖萬歲。然願郡壇□□，□□康平，禾麥豐饒，軍民宵□，□雨調順，□境歌詠。□□□方隅，次以九宥三塗，□□□樂，亡魂滯魄，咸證人天。□□周圍，常隆瞻靜。以大寶八年乙丑歲大呂之月，設齋慶讚。」銘皆陰文。以光孝寺東西鐵塔證之，其三面當尚有題名，如乾亭寺銅鐘款，或并有眾緣弟子名。然無從尋視矣。此塔創建至今九百餘年，《廣東通志》、《嘉應州志》皆失載，即吳石革廣文《南漢金石志》搜羅極富，亦不之及。塔高約三四丈，上七層爲鐵鑄，下壘土築成，無從攀登，故不知塔頂有銘。乙丑兵燹以後，略毀而未壞。嗣爲群兒毀傷，日久遂圮。余歸里後求之鄰家，得塔銘一方。續得第五層全層，又得第三第四層之三方，及第二層之一方。考第二層有七十七佛，第三層六十七佛，第四層五十七佛，第五層三十七佛。由是推知第六層有十二佛，每面二百五十佛，合計則千佛也。最高之七層爲合尖頂應無像。第四層大佛旁有小字曰東方善德佛、北方相德佛、西方無量壽佛。南方殘缺，以釋典考之，當是南方栴壇德佛。佛皆跌坐斂袖，乘以蓮花。自第二至第六層，皆方隅。下有簷，寬約四寸。簷角有蟾蜍形，似以之繫鈴者。唯第一層無簷，有立像二，在兩隅，似是四天王，其數應不在佛中也。考敬州於南漢主劉晟乾和三年，即潮州之程鄉縣升爲州，領縣一。修慧寺不入志中，寺址亦未悉所在。塔距余家僅數牛鳴地，歸然立岡上，亦無塔亭。故老傳言，乾隆初年，由前州牧王者輔，於今之齊洲寺移來。寺去塔不遠。然修慧寺何以易名？志既失載，又無碑可證矣。余所得殘整各塊，均置於人境廬。其塔銘則供息亭中。以囑溫慕柳檢討補入新志中，復作此詩以誌緣幸。

| | | | | 沙門名列署。千家設供爭飯僧，百姓燒指添然燈。一州政得如斗大，亦造窣堵高層層。
此塔周圍佛千位，十方弟子同瞻禮。寶林銅鐘廣勸緣，雲華石室誰作記？坐花共數蓮幾枝，剔鏽尚餘銘百字。下言人鬼共安康，上祝國皇壽千歲。噫嘻劉氏五十年，一方嶺蜑殊可憐。畫地爲牢聚蛇毒，殺人下酒垂蛟涎，離宮深處即地獄，鐵牀湯鑊窮烹煎，兔絲吞骨龍作醢，諸劉遺種無一全。人人被髮欲上訴，亡魂怨魄誰解冤？編玉爲堂柱念四，媚川采珠人八千。疊山日輪贖罪石，入城亦費導行錢。錢王媚佛善搜括，比此尚覺差安便。賣兒貼婦竭膏血，一塔豈有功德緣！爾時王此昏荒國，方詡極樂忉利天。紅雲張宴飽荔子，素馨如雪堆花田。朝出呼鷺引幢蓋，暮歸走馬委珠鈿。魚英供壺甘露味，翠屏舞鏡春風巔。大體雙雙學豬媚，微行側側攜蟾仙。樓羅檢歷縱嬉戲，候窗設監酣醉眠。女巫霞裾坐決事，彼昏只倚常侍賢。自謂此樂千萬歲，還丹不服貪流連。誰知執梃降王長，屈指造塔剛七年。
星流雨至時事改，風輪轉劫無不壞，銅壺滴漏幾須臾，倏忽到今九百載。金蠶往往賣珠市，玉魚時時出銀海，康陵荒廢馬鬣空，此塔金身巋然在。賜田補鉢亦荒蕪，廢像模銅失光彩，人間理亂百不聞，菩薩低眉猶故態。
吁嗟乎！佛雖無福亦無殃，而今宗教多荒唐。木鐸廣招諸弟子，白絹妄說空家鄉。中西同異久積憤，一朝糜爛如蜩螗。誰人秉國竟養盜，坐引強敵侵畿疆？天魔紛擾修羅戰，神兵六甲走且僵。大千破碎六種動，恐與佛國同淪亡。長安北望淚如瀉，空亭徘徊夕陽下，問佛不言佛羊啞。趙佗竊號何眞降，孰能保此一方者？ | |
| 1900 | 丘逢甲 | 〈南漢敬州修慧寺千佛鐵塔歌〉〔註15〕 | 七言古體76句並序 | 五金之用鐵爲廣，惜哉竟付降王長。上供鑄柱下鑄牀，更鑄貪癡佞佛想。有鐵不遣鑄五兵，又不鑄器資民生。峨峨兩塔奉敕造，民間觀者如風傾。梅水東來避災地， | 《丘逢甲集》卷7，頁481 |

〔註15〕 自註：庚子秋，游梅口鎮，溫柳介同年示以黃公度京卿所寄南漢敬州修慧寺千佛鐵塔銘搨本，矜爲創獲。及冬，抵州謁京卿，得見塔殘鐵，其第七層一方即銘文，三方缺，故不知鑄者、銘者姓名。四層及六、七層之半俱佛像，以所得約之，知塔有千佛。惜缺者無從見，不能見其全矣。塔蓋南漢劉鋹時，

				上有先朝修慧寺。眼中突兀窣堵波,不惜烏金鑄文字。誰歟銘者工祝詞,賢劫千佛森威儀。皇圖欲仗佛力固,安知天降香孩兒。一鐵圍山一世界,劫火中燒萬法壞。巍然此塔九百年,相輪夜轉罡風快。豈惟牛角難長延,眼看宋蹶元明顛。敬州遺事共誰說,塔端鈴語缺不圓。塔鑄何時歲乙丑,有大力者負以走。十五乙丑塔乃傾,敢信佛緣能不朽。自從象教嗟中衰,中分淨土參耶回。競假天堂地獄說,乘虛與佛爭東來。東來明星張國僰,礮雨槍雲鐵飛艦。天經咮罷萬靈噤,海旂颭處千官諂。與之抗者談真空,白蓮萬朵開魔風。誰云此獠有佛性,妖騰怪踔巾何紅?此亦當今一張角,滿地黃花亂曾作。國成誰秉邪召邪,聚鐵群驚鑄此錯。黃金臺邊鐵血殷,六龍西幸趨函關。麻鞋何日見天子?小臣足繭哀荒山。梅山蒼蒼梅水碧,雄心陶寫付金石。眼瓅殘鐵南漢年,古鏞斑斕鐵花積。當時鑄者知何人,寺荒塔壞朝屢新。小南強花空供養,即今諸佛無完身。鐵不得用鐵之辱,海風夜嘯蛟涎濁。神州莽莽將陸沉,諸天應下金仙哭。謂佛不靈佛儻靈,睡獅一吼獰而醒。破敵神兵退六甲,開山力士驅五丁。五嶺雄奇積煤鐵,礦政未修民曷殖!地不愛寶資中興,會須富國兼強國。吾國平等存佛心,紛紛種教休交侵。行看手鑄新世界,采山有詔需南金。人天同慶迴末劫,王氣寧容霸氣雜。神力永鎮閻浮提,何須四萬八千塔?	
1900	黃遵憲	〈寄懷丘仲閼逢甲〉	七律1首	滄海歸來鬢欲殘,此身商搉到蒲團。哀絃怕聽家山破,醇酒還愁來日難。繞樹烏尋誰屋好?銜雛燕喜舊巢安。朝朝曳杖看山去,看到斜陽莫倚欄。	《人境廬詩草》卷10,頁883
1900	黃遵憲	〈感事又寄懷丘仲閼〉	七律2首	萬目眈眈大九州,神叢爭博正探籌。何堪白刃張拳黨,更擾黃花落地秋。石破真驚	《人境廬詩草》卷10,頁884

州民募建以祝福者。與光孝寺東西鐵塔奉敕造者先後同時,計大寶八年乙丑歲建而始毀於同治四年乙丑,閱歲乙丑者已十有五。銘文詞近爾雅,書亦具體顏平原。州中之金,此為最古,惜省志、州志俱未載。吳石華先生南漢金石志搜羅甚廣,亦失之眉睫,致久鬱而不顯,浸至殘毀無過問者。今京卿得焉,不可謂非此塔、此鐵之遭也。塔址在一小山上,梅江繞其下,去人境廬不半里,登璇樓可望見。惟修慧寺今不知何所。或云康熙間塔自齊州寺移建今址,然無可考證,亦第故老相傳云爾。京卿已屬柳介載入今州志,復作歌屬子和焉。弔古慨今;遂有斯作。

			天壓己，陸沉可有地埋憂？前番尚得安身處，莫說寒蕪赤嵌愁。 三邊烽火照甘泉，聞道津橋泣杜鵑。帝釋亦愁龍漢劫，天災況值鼠妖年。流離苦語傳黃蘗，盜竊迷香幻白蓮。漫寫哀辭金鹿痛，人間何事不顛連。	
1900	丘逢甲	〈久旱得雨初霽，飲人境廬，時聞和局將定〉 七律 2首	忍把乾坤付醉鄉，登樓休負好秋光。黃龍約改清鐘酒，白雁聲催故國霜。老樹半凋開遠目，菊花無恙展重陽。美人消息來何暮？悵望秦雲各盡觴。 得雨雖遲也勝無，東皋預計麥苗蘇。青天轉粟趨行在，黃海傳烽迫上都。已歎鼇翻難立極，豈容龍醒更遺珠。至尊薪膽勞明詔，醉撫橫腰玉鹿盧。	《丘逢甲集》卷7，頁484
1900	黃遵憲	〈久旱雨霽丘仲闊過訪，飲人境廬，仲闊有詩，兼慨近事依韻和之〉 七律 2首	生菱碎盡膽湖光，未落秋花半染霜。舉目山何故無恙，驚心風雨既重陽。麻鞋袞袞趨天闕，華蓋遲遲返帝鄉。話到黃龍清酒約，唏噓無語忍銜觴。 蒹葭秋老臥江湖，有客敲門夢乍蘇，海外瀛談勞炙輠，電中天笑詫投壺，自循短髮羞吹帽，相對新亭喜雨珠。太白孤雲高兩角，不知曾湼漢旌無？	《人境廬詩草》卷10，頁950
1900	丘逢甲	〈用前韻賦答人境廬主見和之作〉〔註16〕 七律 2首	無物消愁且舉觴，自拚千日醉程鄉。誰張仙樂迎金母？漫詫神兵下玉皇。竭井難醫狂國病，剪燈空弔女宮殤。白蓮飄盡黃蓮死，惆悵尊前說酒王〔註17〕。 百二河山未定都，金鼇戴主識原誣。日迴舊馭長安遠，月送殘更太白孤。鉤黨重翻十常侍，璽書新款五單于。群公休守偏安局，推背猶存一統圖。	《丘逢甲集》卷7，頁485
1900	黃遵憲	〈再用前韻酬仲闊〉 七律 2首	夜雨紅燈話夢梁，人言十事九荒唐。任移斗柄嗟王母，枉執干戈痛國殤。博戲幾人朱果擲？劫灰徧地白蓮香。殘山一角攜君看，差喜無須割地償。 北望鈞天帝所都，詔書昨拜執金吾。羞言玉璽褒新事，淒絕霓旌幸蜀圖。牛李向尋鉤黨禍，晉秦能作一家無？尊王第一和戎策，誰唱迎鑾作先驅？	《人境廬詩草》卷10，頁952

〔註16〕 自註：賦答人境廬主見和之作。此詩指義和團亂、八國聯軍入京、兩宮西狩、北京議和事。

〔註17〕 自註：義和拳謂玉皇遣天兵八百萬，紅燈照祀黎山老母，為首者自稱黃蓮聖母，見近人撰天津一月記。義和拳出於白蓮教，見近人撰義和拳源流考。某邸父嗜酒，俗有酒王號。

1900	丘逢甲	〈三用韻奉答〉	七律2首	浮雲西北鬱蒼蒼，殘角秋城淚萬行。朋黨禍仍流丑相，太平功竟錄申王。眼中木槿花榮落，身後梧桐樹短長。自把千秋付杯酒，湖山無恙膾蓴香。 狼星妖餤壓威弧，八部群龍護曼殊。朱果在天持剝運，黃花滿地禍神都。入山我自尋青主〔註18〕，望海人誰鑒黑奴？漢德未衰豪傑出，不須重唱鼓嚨胡。	《丘逢甲集》卷7，頁485
1900	黃遵憲	〈三用前韻〉	七律2首	秋草灤河輦路荒，牛車重又冒風霜。國人爭看天魔舞，帝女難言神鵲祥。今尚拳拳持璽綬，人言籍籍撲緜囊。蕪蔞豆粥艱辛處，應憶東朝樂未央。 無人伏闕諫青蒲，事誤都由七尺孤。當璧咸尊十阿父，折箠思服小單于。黃羅擁護難為婦，寶玦淒涼乞作奴。同此王稱同此禍，早知金狄讖非誣。	《人境廬詩草》卷10，頁955
1900	丘逢甲	〈四用韻奉答〉	七律2首	滄海塵濛鏡殿光，公卿同哭牝朝亡。河陰兵問充華罪，樂府歌殘斌媚章。往事數錢憐姹女，異邦傳檄過賓王。枉崇聖母無生法，難遣神兵禦列強。 延秋門冷夜啼烏，寶玦王孫泣路隅。已棄此身同腐鼠，有威平日假妖狐。北庭飛雪行頭遠，南斗流星應象殊。待唱迎鸞收野哭，五陵佳氣未全無。	《丘逢甲集》卷7，頁486
1900	黃遵憲	〈四用前韻〉	七律2首	撼門環哭呼高皇，鐘簴何人奉太常？墮地金甌成瓦注，在天貫索指銀潢。歸元繡篋催函送，計口緡錢責幣償。豈獨漢唐無此禍，五洲驚怪國人狂。 聚語跼閭二大夫，報書未服五單于。華離倘免分瓜苦，棼亂難遲蔓草圖。藉口豈徒徵紀瓦，空拳尚欲曜威弧。禱天莫作遷延役，早已荊榛萬骨枯。	《人境廬詩草》卷10，頁958
1900	丘逢甲	〈雨中游祥雲庵五用前韻〉	七律2首	九州誰土是吾鄉，無地埋憂問佛忙。黯黯山容都入睡，冥冥雲氣果何祥！當關虎豹愁逢石，在水黿鼉懶架梁。忽策青騾思蜀道，雨中鈴語太郎當。 未解天心悔禍無？干戈滿地客愁孤。分爭淨土魔何眾，遯守荒山佛太愚。家法老僧惟託缽，人言群盜尚偷珠。西風淚灑山門柳，蝕盡秋蟲守舊株。	《丘逢甲集》卷7，頁486
1900	黃遵憲	〈五用前韻〉	七律2首	盜璽曾聞罪贊襄，如何在鼎九刑忘。君臣相顧如騎虎，父子難為隱攘羊。今日家居	《人境廬詩草》卷10，頁961

〔註18〕 自註：人境廬主自署公之它。

				誰撞壞？老身社飯自思量。忽傳罪己興元詔，霑灑青霄淚萬行。 掩抑魚軒賦載趨，吞聲在野鵠踟蹰。扈行尚縱花門賊，入衛難徵竹使符。舊夢百年仍鎖港，殘山半壁欲遷都。最憐黃鶴樓中客，西望長安淚眼枯。	
1900	丘逢甲	〈六用前韻奉答〉	七律2首	秋色西來接太行，故鄉回首虜塵黃。淒涼汾水沾衣淚，倉卒蕪亭煮麥香。歲幣檜倫遲款敵，軍書操紹託勤王。斜陽萬里橋邊路，誰奉當歸祝上皇。 縱不人誅亦鬼誅，生靈百萬死何辜！斷難大義容三叔，休遣清談禦五胡。行在陽秋書待著，廣明庚子事原殊。中朝國法兼家法，過必隆刀可在無！	《丘逢甲集》卷7，頁487
1900	黃遵憲	〈六用前韻〉	七律2首	嘻嘻諸將敢連衡，傳檄清奸告四方。狼角盡除塵盡掃，龍顏重奉日重光。到今北闕猶朝拱，豈有西鄰安責償。汾水秋風太行雨，幾人南望感勤王。 天何沉醉國何辜？橫使諸華擾五胡。照海紅燈迎聖母，驚人銅版踏耶穌。奇聞竟合諸天戰，改色愁看蓋地圖。到此鵲喧鳩聚語，猶誇魔術詡神符。	《人境廬詩草》卷10，頁964
1900	丘逢甲	〈遊西巖靈境院七用前韻〉	七律2首	七百年中電火忙，元城遊處佛靈彰。後來鸚鵡新禪長，曾忤猢猻舊隊王。山向有神能迓客，僧關何黨亦投荒。行人難解衰朝恨，黃葉空林話夕陽。 綠失榕陰老樹枯，津梁疲後佛心孤〔註19〕。劫塵西起遮靈鷲，禪派東來出野狐。何事揮拳學僧耳，共驚遺教演鴻儒。登高欲寫哀時意，十里殘山叫蟋蟀。	《丘逢甲集》卷7，頁487
1900	黃遵憲	〈七用前韻〉	七律2首	擾擾橫開傀儡場，四方傳笑國昏荒。夢鸚終悔臨朝武，氏李應編異姓王。賜劍乍悲吳命短，執戈又弔楚辭殤。賴姦掩賊知難活，殲我良人孰索償？ 落葉秋風怨帝梧，天寒誰為送褰襦？六宮亦寫零丁帖，九牧旁觀囹圄圖。列仗黃麾函促送，蒙頭氈氍病應蘇。轉旋龍馭歸何日？恨未前驅手執殳。	《人境廬詩草》卷10，頁967
1900	丘逢甲	〈聞歌有憶，八用前韻〉	七律2首	碧落歸來舊侍郎，鈞天尋夢淚霓裳。皇娥倚瑟歌何豔！王母開筵樂未央。龍漢劫深愁魃舞，蚩尤兵迫罷媧簧。瑤池小隊停仙倖，齊向西華祝吉祥。	《丘逢甲集》卷7，頁488

〔註19〕 自註：綠榕橋榕已枯。

				渺渺瑤京帝所都，霓裳故部尚存無？九龍欲竊天公位，四象全翻太極圖。此劫本來關運會，諸仙平日太嬉娛。可哀休唱人間曲，顛倒先將斗柄扶。	
1900	黃遵憲	〈八用前韻〉	七律 2首	驚天重鼓女媧簧，橫逼君絃變履霜。跪地習聞提冒絮，奪門禍逐起蕭牆。日中傾蜆何無忌，海外醫龍竟有方。聞道八神齊警蹕，人間早既唱堂堂。 鷺聲夾道聽讙呼，重覩官儀返上都。三月籲求思德化，諸天龍節護曼殊。中央土復尊黃帝，十等人能免黑奴。賴我聖君還我土，人人流涕說康衢。	《人境廬詩草》卷10，頁969
1900	丘逢甲	〈九用前韻〉	七律 2首	滿目獅章更鷲章，沉沉龍氣不飛揚。秋風石馬昭陵慟，夜雨金牛蜀道長。元老治軍收白羽，中朝厄閏等黃楊。若教死殉論忠義，何止區區李侍郎！ 金幣全輸玉並俘，止兵幡未下驪虞。六宮急作拋家髻，三界難飛召將符。殿下雷顛嘗大敵，軍中風角走妖巫。即今神聖猶爭頌，莫笑當時莽大夫。	《丘逢甲集》卷7，頁488
1900	丘逢甲	〈十用前韻〉	七律 2首	一笑當時果滅洋，紅巾白帽滿朝堂。花門首出中興將，米賊兼封異姓王。銅版令嚴誅異教，鐵牌制毀奏權璫。可憐刻木牽絲拙，袍笏空登傀儡場。 竟難赤黑辨狐烏，眼底雲成萬變圖。名士窮搜呼作賊，王孫苦道乞爲奴。蘭沉慟留湘水，禾黍餘哀戀亳都。涕淚新亭果何益，有人江左薄夷吾。	《丘逢甲集》卷7，頁489
1900	丘逢甲	〈十一用前韻〉〔註20〕	七律 2首	不須復古但尊王，一旅終興夏少康。菜葉西風今冷落，茄花滿地舊披猖。傳書漫遣三青鳥，貢品休徵四白狼。馬上黃塵猶眯目，早教簾撤聖神皇。 河山北戒鬱盤紆，天險關門舊備胡。九廟未遷先世鼎，兩京誰掃故宮蕪！悲歌易水無豪俠，買骨金臺有鈍駑。往事怕談元代史，曾收西域略忻都。	《丘逢甲集》卷7，頁489
1900	黃遵憲	〈和平里行和丘仲閼〉〔註21〕	雜言七言古體 50句	豐碑巍巍土花碧，大書和平字深刻。此鄉曾駐勤王師，下馬來拜文信國。澄潭小渚風不波，奇卉美箭枝交柯，手攜酒壺背釣	《人境廬詩草》卷10，頁1022

〔註20〕 自註：早教簾撤聖神皇，時慈禧太后仍垂簾聽政，德宗不能展志。
〔註21〕 自註：潮陽縣有碑曰和平里，碑九尺許，每字高二尺許。小字九，曰「宋廬陵文山文天祥題」。和平里不見於宋史，惟鄧光薦丞相傳云：「公駐和平市，攻陳懿黨。意後隔海港，步騎未能邊前。而陳懿乃引導北師張弘正，潛具舟

			並序	蕡，彼是文山安樂窩。日氣火氣蒸濕暑，人聲鬼聲雜風雨，身倚窮牆立圜土，此乃南冠囚縶處。少日里居殊安康，中年國難多搶攘，最公一生所踐履，大都惶恐灘與零丁洋。 紅塵蔽天走胡騎，海水群飛無立地，飄流絕島君若臣，行在朝衣頻拭淚。自從辛苦賊中來，萬死一生艱險備。今夕何夕夢稍安，此身卻在和平里。想見淋漓落筆時，滿腔攬轡澄清志。八千子弟方募兵，欲倚即墨復齊城，有田有成眾一旅，天若祚宋期中興，摩厓上刻浯溪頌，安知不署臣結名？崖山一哭舟盡覆，公竟囚車隨北征。吁嗟乎！從古未聞純是夷虜世，剪分鶉首天何醉？撥亂無聞平賊功，劫盟莫講和戎利。丘生丘生吾與汝，坐視金甌缺復碎。想公馳檄召勤王，對我父老愧欲死。公魂歸天在柴市，今日鄰軍猶設祭。矧公畫日親筆書，字字風霜留正氣。孤城隱隱烟霧遮，大江濺沫飛春沙。寒山片石月來照，中有光芒非公耶？	
1900	丘逢甲	〈寄懷公度（時十二月立春前三日）〉	七律2首	梅花消息最分明，已報山中歲欲更。野草初蘇呼鹿友，江波微長受鷗盟。高門盤菜神京夢，伏枕鑪香畫省情。一卷公羊宜起疾，先春重與訂王正。 北風吹雪畫紛紛，盼得微晴日未曛。掃血故巢歸蜀帝，招魂香草待湘君。驚回夜豹寒中吠，喚起春牛夢裏文。無限登高賦詩意，況因八表悵停雲。	《丘逢甲集》卷7，頁495
1900	丘逢甲	〈黃公度人境廬詩草跋〉	跋文	四卷以前為舊世界詩，四卷以後乃為新世界詩。茫茫詩海，手闢新洲，此詩世界之哥倫布也。變舊詩國為新詩國，慘淡經營，不酬其志不已，是為詩人中嘉富洱；合眾	《丘逢甲集》，頁815 《人境廬詩草》跋，頁1088

濟，輕騎直造督帳。」劉岳申傳云：「公方飯五坡嶺，步騎奄至。公不得脫，服腦子不死。眾擁之上馬，見張弘正於和平，大罵求死。」和平蓋即此地。初，潮之士民請公移行府於潮，公進潮陽，誅憝黨劉興，適雛鳳、劉子俊等，亦以民兵數千自江西至。指南錄所謂「稍平群盜，人心翕然」，即此時事。鄧中甫云：「因潮之民，阻山海之險，使假以歲月，增兵峙糧，以立中興之本，亦吾國之莒、即墨也。乃逆憝懼誅，潛師夜襲，辛陷絕地，謂非天乎！」公於祥興元年十一月屯潮陽，即住和平市。十二月十五日，趨海豐，入南嶺，二十日被執，越七日入虜營。討逆寇於此，見虜帥亦於此，先後凡一月有奇。里人獲公書，珍襲而摹刻之。以公忠義之氣，感人之深也，百世之下猶興起，況親見公書者耶！固其宜也。仲閼歸自臺灣，客于潮，作詩寄余。歲暮感事，因追和之，距文山住此時六百二十四年矣。庚子歲除前三日。

| | | | | 舊詩國爲一大新詩國，縱橫捭闔，卒告成功，是爲詩人中俾思麥。爲哥倫布，偉矣！足以豪矣！而究非作者所自安。第此世界，能爲嘉富洱、爲俾思麥，乃竟僅使爲詩世界之嘉富洱、俾思麥。世界之國，惟詩國最足以消人雄心，磨人壯志，令人自歌自哭，自狂自聖，此而需嘉富洱、俾思麥胡爲者？乃竟若迫之不能不僅爲嘉富洱、俾思麥於詩國，天耶人耶？既念作者，行自悼耳！
然在詩言詩，則已不妨前有古人，而我自爲大宗；後有來者，而我自爲初祖矣！開卷蓋如入文明之國，至其境而耳目一新，抵其都市，游其宮廷，過其府舍，無一不新者。察之，則政政畢立，而創因見焉；事事畢舉，而疏密見焉。即其治象，其國度之高下，可得而言也。故分體而論，則五律與四卷以前，可謂曰美。四卷後七古乃美而大；七絕大矣，而未盡化也。已大而化，其五古乎！七律乎！地球不壞，黃種不滅，詩教永存，有倡廟祀詩聖者，太牢之享，必有一席。信作者兼自信也！懸此言集中，二十世紀中人，必有聖其言者。庚子入冬後七日，逢甲跋。
海內之能於詩中開新世界者，公外，僂指可盡。忽有自海外來與公共此土者，相去只三十西里耳！後賢推論，且將以此土爲東方詩國之薩摩、長門，豈非快事？然開先之功，已日星河嶽於此世界矣。逢甲又識。 | |
| 1905 | 丘逢甲 | 〈挽黃遵憲聯〉 | 對聯 | 論文章經濟，均足千秋，從今憑弔孤城，落日登樓，詎竟騎鯨哀鐵漢；
合公義私情，來伸一慟，賸我憒懷祖國，臨風灑淚，更同鉤黨哭林宗。 | 《丘逢甲集》，頁 696 |

【附錄二】《嶺雲海日樓詩鈔》唱和詩目錄

人次	題次	丘逢甲唱和的對象	字　號	詩　　題	體裁與數量	《丘逢甲集》的頁數	寫作時間
1	1	丁仁長	伯厚、霞仙、潛客	〈是日之客王方伯外，有蔣亦璞廉訪（式芬）、潘左階觀察（文鐸）、夏用卿殿撰（同和），而主人則丁伯厚侍講（仁長）、吳玉臣編修（道鎔）、汪莘伯廣文（兆銓）及予也，十疊前韻〉	七律	583	1908
2	2	丁惠康	叔雅、三、惺安、惺庵	〈次前韻答丁三叔雅〉	七絕4首	510	1902
3	3	大隈重信	八太郎	〈與平山近藤二君及同志諸子飲香江酒樓兼寄大隈伯相犬養春官日本東京〉	五律	457	1900
4	4	犬養毅	木堂、仙太郎	〈與平山近藤二君及同志諸子飲香江酒樓兼寄大隈伯相犬養春官日本東京〉	五律	457	1900
5	5	王　松	友竹、寄生、滄海遺民	〈題滄海遺民臺陽詩話〉	七律	546	1905
6	6	王人文	方伯、豹隱、豹君、采臣、遯廬	〈鎮海樓送王豹君方伯（人文）之蜀，次壁間彭剛直韻〉	七律	580	1908
	7			〈疊前韻重送王豹君〉	七律	580	1908
	8			〈來詩有憂滇意，三疊前韻〉	七律	581	1908
	9			〈偶思藏事，四疊前韻〉	七律	581	1908
	10			〈前詩于彭及樓事殊略，為五、六疊韻申其意焉〉	七律	581	1908
	11			〈七疊韻答來詩意〉	七律	582	1908
	12			〈八疊韻有感于今之言理財者，賦以示王，非專為蜀言也〉	七律	582	1908
	13			〈九疊韻重送王豹君〉	七律	583	1908
	14			〈是日之客王方伯外，有蔣亦璞廉訪（式芬）、潘左階觀察（文鐸）、夏用卿殿撰（同和），而主人則丁伯厚侍講（仁長）、吳玉臣	七律	583	1908

				編修（道鎔）、汪莘伯廣文（兆銓）及予也，十疊前韻			
	15			〈十一疊韻兼寄懷馬介堂軍門（維騏）成都〉	七律	584	1908
	16			〈十二、十三、十四疊韻，感喟無端，聊復成此〉	七律3首	584	1908
	17			〈歸粵十四年矣，愛其風土人物，將長爲鄉人、詩以志之；十五、十六、十七疊韻〉	七律3首	585	1908
	18			〈十八疊韻答玉臣〉	七律	586	1908
	19			〈十九疊韻，仍前居粵之感也〉	七律	586	1908
	20			〈二十疊韻有述〉	七律	586	1908
	21			〈二十一疊韻，有憶〉	七律	587	1908
	22			〈二十二疊韻，哀粵中之窮也〉	七律	587	1908
	23			〈二十三疊韻，學使所居爲南園，豹君方伯與新學使沈君子封（曾桐）皆能詩〉	七律	587	1908
	24			〈二十四疊韻，豹君明日行矣，書此以結前詩未盡之意〉	七律	588	1908
7	25	王舟瑤	枚伯、玫伯、星垣、正階、默庵居士	〈枚伯以長句題羅浮游草，次韻答之〉	七言45句	669	1910
8	26	王佐臣	桂山、桂珊	〈病中贈王桂山〉	七律4首	468	1900
	27			〈次曉滄韻，送王佐臣〉	七律	469	1900
9	28	王伯嵩		〈題王伯嵩看鏡圖〉	七絕2首	531	1903
10	29	王宗海	漢卿	〈王漢卿農部（宗海）出都抵潮小住，將歸武平，賦別〉	七律2首	298	1898
	30			〈對月同王戶部〉	五律	535	1905
11	31	王秉恩	息存、雪澄、茶龕、茶庵	〈次王雪澄贈實甫韻〉	七律3首	591	1908
	32			〈李湘文（啓隆）邀同雪澄、實甫、陶陽二子上涌村啖荔枝作〉	雜言58句	592	1908
12	33	王恩翔	曉滄	〈答王曉滄〉	七律	209	1896
	34			〈次韻答王曉滄廣文〉	七律	284	1898
	35			〈次韻曉滄秋雨感懷〉	七律	284	1898

36			〈次韻再答曉滄〉	七律 2 首	284	1898
37			〈漫遣，三疊前韻〉	七律 2 首	285	1898
38			〈次韻答曉滄多日見過草廬〉	七律	285	1898
39			〈書懷次曉滄韻〉	七律	286	1898
40			〈次韻曉滄淮徐海水荒奉檄勸賑之〉	七律	286	1898
41			〈十四月夜〉	五律	287	1898
42			〈十六月夜〉	五律	287	1898
43			〈鳳凰臺放歌〉	七言 44 句	293	1898
44			〈黃香鐵先生（釗）故宅有樓翼然，今斥爲酒家矣，與客飲此，追話遺事，感賦六絕句〉	七絕 6 首	292	1898
45			〈題畫竹〉	五絕 4 首	300	1898
46			〈意溪訪陸處士故居〉	七絕 4 首	309	1898
47			〈紅樓夢絕句題詞爲菽園孝廉作〉	七絕 8 首	278	1898
48			〈菽園以鏡映選詩圖見寄，賦此奉答〉	七律	282	1898
49			〈題風月琴尊圖，爲菽園作〉	七言古體 68 句	302	1898
50			〈憶舊述今，次曉滄見贈十絕句〉	七絕 10 首	287	1898
51			〈書事疊前韻〉	七絕 10 首	289	1898
52			〈曉滄不工畫而爲謝疊峰少將作小幅山水，自題詩其上，戲爲書此〉	七絕	290	1898
53			〈題王曉滄廣文鷗鵠村人詩稿〉	五言古體 3 首共 98 句	294	1898
54			〈歲暮與曉滄遊西湖山作〉	七絕 6 首	312	1898
55			〈小除日與曉滄遊開元寺，遂西過叩齒庵，傍城根園池抵南門，登樓晚眺作〉	七絕 4 首	313	1898
56			〈歲除日與曉滄登金山〉	七律	314	1898
57			〈送王曉滄之汀洲〉	七絕	321	1899
58			〈和曉滄買犢〉	五言古體 4 首共 76 句	330	1899

	59			〈曉滄惠香米，兼以詩貺，賦此爲謝，並送之汀州〉	五言古體 66句	331	1899
	60			〈寄懷曉滄上杭兼示族人〉	五律4首	407	1899
	61			〈寄蘭史、曉滄、菽園用曉滄韻〉	七律5首	409	1899
	62			〈立冬後連日得雨，十九疊韻柬伯瑤，兼寄蘭史、曉滄、菽園〉	七言12句	422	1899
	63			〈客窗夜話，同王曉滄作〉	五律	425	1899
	64			〈和曉滄歲暮感懷次元韻〉	七律2首	429	1899
	65			〈詠史四絕句和曉滄〉	五絕4首	441	1900
	66			〈留別曉滄，次題行教圖韻〉	五言22句	470	1900
	67			〈王曉滄將之官閩中賦別〉	七絕6首	514	1901
	68			〈重送王曉滄次前韻〉	七絕6首	515	1901
13	69	王毓青	貢南	〈答王貢南同年〉	七絕4首	237	1897
14	70	王壽山	竹航、壽山老人	〈題王壽山先生人心盡如此圖〉	五七言22句	541	1905
	71			〈題王壽山先生釣月圖〉	五律	548	1905
15	72	王芝祥	鐵珊	〈送王鐵珊〉	七絕2首	550	1905
16	73	丘 園	伯群	〈伯群宗兄以貞壽集言見貽並乞題育堂先生書此報之〉	五言古體17句並序	166	1895
	74			〈次韻答伯群〉	七律2首	178	1895
17	75	丘 復	馥、果園、荷公、念廬	〈寄家果園孝廉〉	七律	408	1899
	76			〈果園見訪潮州，次前寄懷韻〉	七律	416	1899
18	77	丘甄山		〈寄甄山、晴溪〉	七律	407	1899
19	78	丘幼春	書濂	〈賢母詩爲家幼春、亦春茂才令慈黃太孺人作〉	七律	241	1897
20	79	丘亦春		〈賢母詩爲家幼春、亦春茂才令慈黃太孺人作〉	七律	241	1897
21	80	丘之海		〈題之海畫扇〉	七絕	209	1896
22	81	丘尚卿		〈尚卿尊兄以相人術行海上相遇檳城書此奉贈〉	七律	470	1900
23	82	丘漱秀	漱芳、芝田	〈爲家芝田題其先祖裕敏公遺像〉	七律2首並序	255	1898

	83			〈家芝田（漱秀）市菊數盆見贈，時已冬十月矣，感其晚芳，撝我鬱抱，聊賦拙什以質芝田〉	七律 3 首	234	1897
24	84	丘春第	金杏	〈春第相從有年，去歲復間關渡海隨予來粵，今乃請攜家歸臺，並以絹乞詩爲永念，愴然賦此〉	五律	199	1896
25	85	丘星史		〈題丘星史立馬圖〉	七絕 2 首	180	1895
26	86	丘煒菱	菽園、叔元、嘯虹生、觀天演生	〈寄家菽園孝廉（煒菱）新架坡〉	七律 3 首	235	1897
	87			〈紅樓夢絕句題詞爲菽園孝廉作〉	七絕 8 首	278	1898
	88			〈菽園以鏡映選詩圖見寄，賦此奉答〉	七律	282	1898
	89			〈題風月琴尊圖，爲菽園作〉	七言古體 68 句	302	1898
	90			〈春日寄懷菽園新嘉坡〉	七律 2 首	319	1899
	91			〈答潘蘭史、丘菽園用王曉滄韻〉	七律	347	1899
	92			〈寄懷菽園，兼訊蘭史，疊次曉滄韻〉	七律 5 首	390	1899
	93			〈寄蘭史、曉滄、菽園用曉滄韻〉	七律 5 首	409	1899
	94			〈題菽園看雲圖〉	七言 40 句	410	1899
	95			〈立冬後連日得雨，十九疊韻束伯〈瑤，兼寄蘭史、曉滄、菽園〉	七言 12 句	422	1899
	96			〈飲新嘉坡觸詠樓，次菽園韻〉	七絕 4 首	462	1900
27	97	丘誥桐	仲遲	〈丘園八詠爲順德龍山家仲遲駕部（誥桐）作〉	七絕 8 首	348	1899
	98			〈題仲遲花裏尋詩圖〉	七律 2 首	411	1899
	99			〈題丘園雅集圖〉	七律	506	1901
	100			〈題仲遲月中課讀圖〉	七律	569	1905
28	101	丘 灝	晴溪	〈家瓊樓（瀛海）、晴溪（灝）過訪，兼贈陽明碑刻寒支文集，即送歸上杭〉	五律 2 首	241	1897
	102			〈寄甄山、晴溪〉	七律	407	1899
29	103	丘瀛海	瓊樓	〈家瓊樓（瀛海）、晴溪（灝）過訪，兼贈陽明碑刻寒支文集，即送歸上杭〉	五律 2 首	241	1897

30	104	丘讓亭		〈夜讀書感〉	七絕 2 首	533	1903
31	105	平山周		〈與平山近藤二君及同志諸子飲香江酒樓兼寄大隈伯相犬養春官日本東京〉	五律	457	1900
32	106	永井完久		〈寄題永井完久夢哉空也樓新竹〉	七言 16 句	418	1899
33	107	朱苗孫		〈寄懷朱苗孫同年〉	七律	381	1899
34	108	朱祖謀	古微、上彊村民	〈送朱古薇學使乞病旋里〉	七律 2 首	536	1905
35	109	朱爾田	梅農	〈朱梅農來訪，手詩集見贈，用集中李子黼（長榮）題詞韻〉	七律	415	1899
	110			〈朱梅農以蘭史書至，疊前韻寄蘭史〉	七律	415	1899
	111			〈梅農贈詩，推奉過常，長句答之〉	七言 20 句	415	1899
	112			〈題朱梅農白雲修褉圖〉	七律	418	1899
	113			〈朱梅農歸羊城三疊前韻爲送〉	七律	419	1899
36	114	池伯煒	滋膺	〈贈池滋膺同年（伯煒）〉	七律 2 首	248	1898
	115			〈滋膺同年以吟草偶存及四樓吟集見示，題此歸之〉	七絕 4 首	315	1899
37	116	何廷光	義士、穗田	〈澳門贈何義士〉	七絕	444	1900
38	117	何朝章		〈送何孝廉（朝章）北上，何故門下士，且嘗佐予軍，今亦回籍于潮，感昔勉今，輒有斯作〉	七律 2 首	256	1898
39	118	何壽朋	士果、仁緒	〈送何士果同年（壽朋）之京，兼寄懷梁詩五孝廉〉	七律 3 首	257	1898
40	119	吳道鎔	用晦、永晦、國鎮、玉臣、淡庵	〈十八疊韻答玉臣〉	七律	586	1908
	120			〈贈吳玉臣太史〉	七絕 2 首	604	1908
	121			〈是日之客王方伯外，有蔣亦璞廉訪（式芬）、潘左階觀察（文鐸）、夏用卿殿撰（同和），而主人則丁伯厚侍講（仁長）、吳玉臣編修（道鎔）、汪莘伯廣文（兆銓）及予也，十疊前韻〉	七律	583	1908
41	122	吳蔭培	穎芝、樹百、雲庵	〈吳穎芝太守（蔭培）過訪兼示守廉紀事詩〉	七律	612	1909
	123			〈疊前韻答穎芝〉	七律 2 首	613	1909

42	124	岑春煊	雲階	〈將之嶺東勸學沈濤園廉訪以長句見送次韻奉答兼柬岑雲階張堅白〉	七言 24 句	540	1905
	125			〈送岑雲階（春萱）移督滇黔〉	七律 4 首	552	1905
	126			〈寄懷岑雲階尚書杭州並訊高嘯桐參議〉	七律	611	1908
43	127	李士彬	伯質	〈李伯質太守（士彬）屢牘乞退，歸志決矣，相處四稔，不能無言〉	七律 3 首	319	1899
	128			〈得伯質太守書，知乞歸未得，賦寄〉	七律	347	1899
	129			〈重陽作，呈伯質太守〉	七言 20 句	414	1899
	130			〈送李伯質太守歸里〉	七言 24 句	430	1899
44	131	李東源	東沅、芷汀	〈疊韻寄李芷汀（東沅）〉	七律	387	1899
	132			〈哭李芷汀〉	七律	443	1900
45	133	李香溪	晴帆	〈乞李晴帆（香溪）畫珠江泛月圖〉	七絕	227	1897
46	134	李啟隆	湘文、襄文、留庵	〈李湘文（啟隆）邀同雪澄、實甫、陶陽二子上涌村啖荔枝作〉	雜言 58 句	592	1908
	135			〈湘文叟五月邀往上涌啖黑葉荔枝，約六月桂味熟再來，叟病不果，承畫扇見予，即次扇中詩韻〉	七律	597	1908
47	136	沈友卿		〈柬沈友卿〉	七律 2 首	639	1910
	137			〈題友卿鸞簫集〉	七絕 7 首	643	1910
	138			〈答友卿病中見贈次韻〉	七絕 2 首	667	1910
	139			〈次前韻再柬友卿〉	七絕 2 首	667	1910
48	140	沈守廉	絜齋	〈贈沈絜齋觀察世丈（守廉）〉	七律 2 首	328	1899
	141			〈感舊撫今，疊韻再呈絜齋世丈〉	七律 2 首	329	1899
	142			〈喜雨兼壽絜齋觀察丈〉	七律	336	1899
	143			〈題絜齋丈鴛湖舟隱圖〉	七絕 10 首	372	1899
	144			〈絜齋世丈以西園述懷集蘇六十韻詩見示，爲賦五古四章〉	七古 4 首 共 158 句	412	1899
	145			〈和絜齋世丈西園秋興，次翁覃溪閣學韻〉	五律 6 首	425	1899
	146			〈再和絜齋世丈西園秋興，次蔣礪堂相國韻〉	五律 4 首	426	1899

	147			〈吳穎芝太守（蔭培）過訪兼示守廉紀事詩〉	七律	612	1909
49	148	沈艾孫	保叔	〈沈艾孫爲刻石章三，賦此爲謝〉	七絕 2 首	419	1899
50	149	沈星橋		〈短歌贈沈星橋叟〉	七言 16 句	670	1910
51	150	沈曾桐	子封、同叔	〈二十三疊韻，學使所居爲南園，豹君方伯與新學使沈君子封（曾桐）皆能詩〉	七律	587	1908
52	151	沈瑜慶	志雨、愛蒼、藹蒼、靄蒼、濤園	〈將之嶺東勸學沈濤園廉訪以長句見送次韻奉答兼柬雲階張堅白〉	七言 24 句	540	1905
	152			〈沈愛蒼於臬署新作小亭〉	七律	544	1905
53	153	汪兆銓	莘伯	〈是日之客王方伯外，有蔣亦璞廉訪（式芬）、潘左階觀察（文鐸）、夏用卿殿撰（同和），而主人則丁伯厚侍講（仁長）、吳玉臣編修（道鎔）、汪莘伯廣文（兆銓）及予也，十疊前韻〉	七律	583	1908
54	154	周立之		〈中秋白雲山能仁寺看月有懷覃孝方、周立之〉	七絕 2 首	548	1905
55	155	易順鼎	實甫、中碩、哭盦、哭庵、實父	〈次易實甫觀察即席韻〉	七律	571	1908
	156			〈疊前韻〉	七律 2 首	571	1908
	157			〈題易實甫所藏張夢晉歲寒三友圖，實甫自言張後身也〉	七律	572	1908
	158			〈題實甫所藏廬山開先寺宋牧仲施唐人地獄變相圖並寫經殘〉	五絕	572	1908
	159			〈三疊醇字韻贈實甫〉	七律	572	1908
	160			〈四疊前韻〉	七律	573	1908
	161			〈五疊前韻〉	七律	573	1908
	162			〈次王雪澄贈實甫韻〉	七律 3 首	591	1908
	163			〈實甫將行賦此爲別〉	七律 2 首	592	1908
	164			〈李湘文（啓隆）邀同雪澄、實甫、陶陽二子上涌村啖荔枝作〉	雜言 58 句	592	1908
	165			〈次韻易實甫肇慶道中〉	七律	632	1909
	166			〈實父以木棉雙鶴歌見寄，時約游端未果行，次韻寄答〉	七言 26 句	637	1910
	167			〈春盡夜，次韻寄答實甫〉	七律 2 首	639	1910

	168			〈雲泉仙館次壁間韻與易實甫同遊諸子作〉	七律	673	1910
	169			〈次前韻〉	七律	673	1910
	170			〈少石以實甫唱和詩見示,次韻〉	七律	678	1910
56	171	林天驥	呈材	〈謝詔安林呈材游戎(天驥)惠畫〉	七絕 2 首	374	1899
57	172	林文慶	夢琴	〈贈林文慶〉	七律	464	1900
58	173	林伯虔	虞笙	〈揭陽林虞笙孝廉(伯虔)得硯十二方于京口,背縮鑴周石鼓文者四、漢碑者八,蓋百硯齋故物也,拓本見示,為題冊端〉	七絕	335	1899
	174			〈題陳曼生砂壺銘拓本,為虞笙作〉	七絕	336	1899
	175			〈虞笙以題蛺蝶圖詩見示,為賦此〉	七絕 3 首	337	1899
	176			〈戲題杏花柳枝畫扇,送虞笙之葵陽〉	七絕	337	1899
	177			〈寄懷虞笙孝廉葵陽〉	七律	343	1899
	178			〈虞笙寄和予和平里詩,次韻答之〉	七言古體 44 句	344	1899
59	179	林谷宜		〈與林谷宜比部夜話〉	七律	472	1900
60	180	林豐年	雪齋	〈謝林雪齋(豐年)惠畫〉	七絕 4 首	348	1899
61	181	林鶴年	氅雲	〈林氅雲郎中(鶴年)寄題蠔墩忠蹟詩冊,追憶舊事,次韻遙答〉	七絕 8 首	434	1900
62	182	況仕任	晴皋	〈長句與晴皋索普洱茶〉	雜言 14 句	543	1905
	183			〈況晴皋(仕任)移居清水濠招飲,次韻〉	七律	588	1908
	184			〈晴皋以平蠻三將題名及元祐黨籍碑搨見贈並先以詩賦此答謝〉	七律	604	1908
	185			〈次韻答晴皋自桂林東下舟泊陽朔見寄〉	七律 4 首	604	1908
	186			〈晴皋詩來,兼惠黃精,次韻答之〉	五言 40 句	608	1908
63	187	近藤五郎		〈與平山近藤二君及同志諸子飲香江酒樓兼寄大隈伯相犬養春官日本東京〉	五律	457	1900

64	188	俞　旦	伯惠	〈題俞伯惠（旦）獸人聽瀑圖〉	七律	230	1897
	189			〈伯惠以其先人禹勤刺史柳陰洗馬圖索題，為賦四絕〉	七絕 4 首	230	1897
	190			〈題忽來道人蕩寇志後〉	七絕 2 首	596	1908
65	191	俞鍾穎	君實	〈次韻答俞君實廉訪〉	七絕 4 首	668	1910
66	192	姚　筠	俊卿	〈禽言（和姚俊卿孝廉韻）〉	山歌 6 首共 82 句	573	1908
67	193	姚梓芳		〈贈姚生〉	七言 16 句	370	1899
68	194	凌鶴書	孟徵	〈題平遠凌生自作壯游圖〉	七絕 2 首	549	1905
	195			〈題凌孟徵天空海闊簃詩鈔並答所問臺灣事〉	七絕 3 首	578	1908
	196			〈孟徵以粵秀山無咎室詩見示次韻〉	七律 2 首	625	1909
69	197	唐景崧	維卿、薇卿	〈寄懷維卿師桂林〉	七律 8 首	271	1898
	198			〈次韻答維卿師〉	七絕 2 首	522	1901
70	199	夏同甫		〈送夏同甫還浙，兼訊湯蟄仙〉	七律	547	1905
71	200	夏同龢	同和、季平、用卿	〈贈夏季平殿撰（同龢）〉	七律 2 首	352	1899
	201			〈風雨中與季平游東山，謁雙忠、大忠祠，兼尋水簾亭、紫雲巖諸勝，疊與伯瑤夜話韻〉	七言 12 句 2 首	353	1899
	202			〈疊韻答夏季平見贈〉	七言 12 句	354	1899
	203			〈有憶疊前韻〉	七言 12 句並序	354	1899
	204			〈重有憶疊前韻〉	七言 12 句	354	1899
	205			〈白牛巖次季平韻〉	七律	359	1899
	206			〈疊韻答夏季平〉	七律 2 首	361	1899
	207			〈與季平訪柳汀，用季平贈僧能意韻〉	七律 2 首	361	1899
	208			〈與季平、柳汀飲東山酒樓〉	七絕 4 首	362	1899
	209			〈季平為書「澹定村」三大字、並書贈「馬來西極、龍臥南陽」二語為楹帖賦〉	七絕 2 首	363	1899
	210			〈雨中與季平待柳汀不至，戲寄〉	七絕 3 首	363	1899

	211			〈韓詞歌同夏季平作〉	七言古體 55 句	365	1899
	212			〈乞夏季平重書文信國沁園春詞並拙作雙忠廟聯語〉	七絕 2 首	367	1899
	213			〈月夜與季平飲蕭氏臺〉	七律	371	1899
	214			〈蕭臺讌月和季平韻〉	五言古體 26 句	371	1899
	215			〈夏夜與季平蕭氏臺聽濤，追話舊事作〉	七律	371	1899
	216			〈送季平之澳門，兼訂來約〉	五律 2 首	374	1899
	217			〈舟泊鳳皇臺寄懷季平〉	七律	378	1899
	218			〈鳳皇別寄季平〉	五言古體 28 句	378	1899
	219			〈是日之客王方伯外，有蔣亦璞廉訪（式芬）、潘左階觀察（文鐸）、夏用卿殿撰（同和），而主人則丁伯厚侍講（仁長）、吳玉臣編修（道鎔）、汪莘伯廣文（兆銓）及予也，十疊前韻〉	七律	583	1908
72	220	容　閎	純甫、光熙	〈星洲喜晤容純甫副使（閎），即送西行〉	五律 3 首	463	1900
73	221	徐　勤	君勉、士芹、雪庵	〈醉歌示徐生〉	七律 2 首	536	1905
74	222	徐丁麟	勉士	〈和徐勉士丁麟七十自壽〉	七律	186	1896
75	223	秦炳直	子質	〈柬秦子質軍門〉	七律	643	1910
	224			〈壽秦母袁太夫人八十〉	七律	665	1910
	225			〈前題（代）〉	七律 2 首	665	1910
76	226	茹慶銓	衡南	〈茹衡南大令慶銓過訪去後賦寄〉	五律	167	1895
	227			〈疊韻答衡南〉	五律 2 首	168	1895
	228			〈再疊前韻答衡南〉	五律 5 首	172	1895
	229			〈鎮平城北山曰蕉嶺，又曰桂嶺，書院所由名也，蕉桂故粵產，今此山乃無萌櫱之存，濯濯者虛有其名矣，若於書院補植以存名實，亦山城一故事也，因賦二詩，寄衡南大令〉	七律 2 首	188	1896

77	230	馬兆麟	竹坪	〈次韻答馬竹坪孝廉〉	七律	333	1899
	231			〈疊韻再答竹坪〉	七律	333	1899
	232			〈馬犖飛孝廉（如龍）齋中小集，答竹坪〉	七絕	333	1899
	233			〈重答竹坪、柳汀〉	七絕	334	1899
	234			〈寄懷竹坪〉	七絕 3 首	336	1899
	235			〈答莊柳汀孝廉（學忠），用與竹坪唱和韻〉	七絕 2 首	333	1899
78	236	馬如龍	犖飛	〈疊韻答犖飛〉	七絕 2 首	334	1899
	237			〈疊韻寄答犖飛，兼懷雋卿〉	七言 12 句	358	1899
	238			〈寄懷犖飛雋卿〉	五律 2 首	404	1899
79	239	馬雋卿		〈疊韻寄答犖飛，兼懷雋卿〉	七言 12 句	358	1899
	240			〈寄懷犖飛雋卿〉	五律 2 首	404	1899
80	241	馬維騏	介堂、高州	〈贈馬總戎〉	五絕 4 首	295	1898
	242			〈次韻和馬總戎都童紀勝四絕句〉	七律 4 首	299	1898
	243			〈寄馬介堂高州〉	七絕 4 首	417	1899
	244			〈十一疊韻兼寄懷馬介堂軍門（維騏）成都〉	七律	584	1908
81	245	高奇峰		〈二高行贈劍父、奇峰兄弟〉	七言 42 句	642	1910
82	246	高劍父		〈二高行贈劍父、奇峰兄弟〉	七言 42 句	642	1910
83	247	高嘯桐		〈與高嘯桐同客廣州〉	七絕 2 首	534	1905
	248			〈珠江夜送嘯桐之梧州〉	七絕 4 首	542	1905
	249			〈寄懷岑雲階尚書杭州並訊高嘯桐參議〉	七律	611	1908
	250			〈嘯桐北上歸，臥病滬瀆，屢書來索詩，以紀當時之事，今春復申前約，距亡日僅浹旬耳〉	七律 2 首	623	1909
84	251	崔蘭西		〈寄和崔蘭西七夕感懷〉	七律	547	1905
	252			〈書孝方與蘭西書後〉	七律 2 首	568	1905
	253			〈蘭西將去潮，次鶗塵韻送之〉	七律 4 首	635	1910
85	254	康詠	步崖	〈題康步崖中翰（詠）出塞集〉	七絕 8 首	296	1898
	255			〈東山感秋詞，次康步崖中翰題壁韻〉	七絕 6 首	405	1899

86	256	張雲龍	龍雲、六士	〈秋興次張六士韻〉	七律 8 首	605	1908
	257			〈以攝影法成澹定村心太平草廬圖，張六士爲題長句，次其韻〉	雜言 80 句	617	1909
87	258	張肖夫		〈張肖夫明經索序其集，爲題一律〉	七律	603	1908
88	259	張芝田	仙根	〈題張仙根芝田歷代宮闈雜事詩卷〉	七絕 4 首	200	1896
89	260	張　俞	堯咨、鐵笛	〈次韻答詔安張堯咨拔萃〉	七律	401	1899
90	261	張通典	伯純、天放樓主	〈贈張伯純（通典）〉	五律	634	1909
91	262	張景唐		〈長至日張景唐少尉以所著地理辨正再疏見示，爲題冊首〉	七律	236	1897
92	263	張琴柯		〈張琴柯以所摹其先德萬里歸舟圖索題，爲賦四絕句〉	七絕 4 首	200	1896
93	264	張鳴岐	堅白、韓齋	〈將之嶺東勸學沈濤園廉訪以長句見送次韻奉答兼柬岑雲階張堅白〉	七言 24 句	540	1905
	265			〈寄張堅白桂林〉	五律	543	1905
94	266	梁千仞		〈與楚傖、千仞聞歌作〉	七律	635	1910
95	267	梁玉鄰		〈答玉鄰〉	七絕	653	1910
96	268	梁居實	詩五、仲遂、仲受	〈贈梁詩五孝廉〉	五律 2 首	223	1896
	269			〈送何士果同年（壽朋）之京，兼寄懷梁詩五孝廉〉	七律 3 首	257	1898
	270			〈潮州東門城樓寄懷梁仲遂〉	五律 2 首	379	1899
	271			〈重九日得詩五比京使館中秋來詩，次韻卻寄〉	七絕 3 首	666	1910
97	272	梁國瑞	輯五	〈梅州喜晤梁輯五光祿（國瑞）話舊〉	七絕 8 首	201	1896
	273			〈重晤梁輯五光祿話舊〉	七絕 2 首	483	1900
98	274	梁　靄	佩瓊	〈題梁佩瓊女史（靄）飛素閣遺集〉	七言古體?俳律 16 句	302	1898
99	275	梅謙次郎		〈法政學堂宴日本法學博士梅謙次郎，同行結城琢，即席有詩，因次其韻〉	七律	549	1905

100	276	盛芰舲	景璇	〈重過感舊園（園在小東門線香街，赴盛芰舲君之約也）〉	七律2首	595	1908
101	277	莫伯伊		〈贈莫生〉	七言16句	612	1909
102	278	莊學忠	柳汀	〈答莊柳汀孝廉（學忠），用與竹坪唱和韻〉	七絕2首	334	1899
	279			〈重答竹坪、柳汀〉	七絕	334	1899
	280			〈柳汀贈詩述及臺事，疊韻答之〉	七言12句	355	1899
	281			〈游東岩疊韻答柳汀〉	七言12句	356	1899
	282			〈與季平訪柳汀，用季平贈僧能意韻〉	五律	361	1899
	283			〈疊前韻戲贈柳汀〉	五律	361	1899
	284			〈與季平、柳汀飲東山酒樓〉	七絕4首	362	1899
	285			〈東山酒樓次柳汀韻〉	七律	363	1899
	286			〈雨中與季平待柳汀不至，戲寄〉	七絕3首	363	1899
	287			〈得柳汀答詩，知方臥病，次前韻〉	七絕3首	364	1899
	288			〈疊望月韻答柳汀〉	七律	379	1899
	289			〈寄懷柳汀〉	五律	404	1899
	290			〈次韻和柳汀三十感懷〉	七律	405	1899
	291			〈束柳汀〉	七絕	420	1899
	292			〈訪柳汀〉	五律	420	1899
	293			〈柳汀頗急治生，詩以調之〉	七律	420	1899
103	294	許南英	蘊白、韞伯	〈寄懷陳省三（望曾）、許韞白（南英）遊宦廣州〉	五律2首	273	1898
	295			〈春感次許蘊伯大令韻〉	七律10首	376	1899
	296			〈鮀江喜晤許韞伯大令〉	七律5首	439	1900
	297			〈次韻答韞伯〉	七律2首	442	1900
	298			〈鮀浦將發，寄許韞伯〉	七絕	443	1900
	299			〈送蘊白之京〉	七絕2首	575	1908
	300			〈寄韞白三水〉	七絕	623	1909
104	301	許振煒	仙屏	〈疊前韻呈頤山先生並上許仙屏中丞〉	七律	216	1896

	302			〈長句贈許仙屏中丞並乞書心太平草廬額，時將歸潮州〉	七言古體 54句	217	1896
	303			〈仙屏中丞見和前詩感事述懷疊韻奉答〉	七律 3 首	220	1896
	304			〈再疊前韻奉答仙屏中丞〉	七律 3 首	220	1896
	305			〈仙屏中丞手書「掃除萬事付諸命、卓犖高才獨見君」楹帖見贈賦謝〉	七律	222	1896
	306			〈寄懷許仙屏中丞〉	七律 4 首	233	1897
	307			〈詒煒集題詞爲許仙屏中丞側室梁夫人作〉	七言古體 60句	275	1898
105	308	陳崧	夢石、東溪	〈寄答陳夢石明經（崧）即題其東溪吟章〉	七絕 4 首	438	1900
106	309	陳曡	仲卿	〈題陳仲卿曡搔首圖〉	七絕 2 首	539	1905
107	310	陳濤	伯瀾、迹陶、審安齋主人	〈贈伯瀾〉	七絕	542	1905
	311			〈短歌贈陳伯瀾〉	七律	569	1905
108	312	陳三立	伯嚴、散原	〈次韻再答賓南，兼寄陳伯嚴〉	七律 4 首	518	1901
109	313	陳夔麟	少石	〈次韻答陳少石方伯〉	七律	668	1910
	314			〈少石以實甫唱和詩見示，次韻〉	七律	678	1910
110	315	陳少蘅		〈送少蘅北上〉	七絕 2 首	610	1908
111	316	陳正常	衡仲	〈次韻陳衡仲（正常）招飲可園〉	七律 2 首	231	1897
	317			〈衡仲以西瓜見餉，兼約可園賞月〉	七絕 2 首	231	1897
	318			〈題陳衡仲可園圖〉	七律	233	1897
112	319	陳仲賓	鴻初	〈贈陳鴻初仲賓〉	五律	640	1910
113	320	陳汝臣		〈次韻陳汝臣見贈〉	七絕 4 首	203	1896
114	321	陳老蓮		〈題陳老蓮畫石芝萱草〉	七律	633	1909
115	322	陳伯貞		〈放歌與陳伯貞〉	七言 20 句	537	1905
116	323	陳庭鳳	騰鳳、鶴雲、紫瀛、子瀛、芷瀛、紫雲	〈陳孝廉（庭鳳）見訪山中賦贈〉	五律	191	1896
	324			〈聞鎮平事書感〉	七律	258	1898

117	325	陳曼生		〈題陳曼生砂壺銘拓本，爲虞笙作〉	七絕	336	1899
118	326	陳望曾	省三	〈寄懷陳省三（望曾）、許韞白（南英）遊宦廣州〉	五律 2 首	273	1898
119	327	陳喬森	桂林、木公、一山、乙山、逸山、頤山、逸珊	〈乞陳頤山（喬森）作畫〉	七絕	211	1896
	328			〈次陳頤山見贈韻答之〉	七律	215	1896
	329			〈疊前韻呈頤山先生並上許仙屏中丞〉	七律	216	1896
	330			〈聞言者屢有改科舉之議，疊頤山見贈韻，簡溫慕柳同年金山書院〉	七律	216	1896
	331			〈頤山農部爲作朝臺弔古圖于箋並題一律，次韻答之〉	五律	219	1896
120	332	陳劍秋	芝昌	〈即席賦長句贈陳劍秋、羅持有〉	七言 12 句	453	1900
	333			〈席上有女校書介劍秋乞詩〉	七絕	456	1900
121	334	陳龍友		〈潮陽三生歌〉	七言雜言 26 句	375	1899
122	335	陳擷芬	吉芬、楚南女子、衡山女史	〈題陳擷芬女士女學報〉	七律	523	1901
123	336	陳寶琛	伯潛、柏泉、弢安、滄趣樓主	〈陳伯潛學士以路事來粵，相晤感賦〉	七律 2 首	544	1905
124	337	陳鐵橋		〈題村人畫扇〉	七絕	189	1895
125	338	陸敬南		〈疊韻答陸敬南〉	七律	449	1900
	339			〈答敬南見贈，次原韻〉	五絕 4 首	449	1900
126	340	陶見心		〈李湘文（啓隆）邀同雪澄、實甫、陶陽二子上涌村啖荔枝作〉	雜言 58 句	592	1908
127	341	陶鵬保	賓南、鴻勳、遜	〈次韻答陶生〉	五律 2 首	278	1898
	342			〈次韻答賓南金陵〉	七律	518	1901
	343			〈次韻再答賓南，兼寄陳伯嚴〉	七律 4 首	518	1901
128	344	傅 淦	紹和	〈傅紹和淦用寄懷翰儔韻寄贈依韻答之〉	五律	185	1896
	345			〈答紹和用題楊子仙宮韻寫懷見寄	五絕 4 首	185	1896

	346			〈傅紹和以重遊鎮平詩索和次韻〉	七律	188	1896
129	347	湯壽潛	蟄仙	〈送夏同甫還浙，兼訊湯蟄仙〉	七律	547	1905
	348			〈廣州晤湯蟄仙同年〉	七律		1910
	349			〈再柬蟄仙〉	七律 2 首	638	1910
	350			〈蟄仙見和前詩，時將歸浙，仍用前韻〉	七律 2 首	638	1910
130	351	覃壽堃	孝方	〈中秋白雲山能仁寺看月有懷覃孝方、周立之〉	七絕 2 首	548	1905
	352			〈秋懷（次覃孝方韻）〉	七律 8 首	553	1905
	353			〈疊前韻〉	七律 8 首	555	1905
	354			〈再疊前韻〉	七律 8 首	557	1905
	355			〈三疊前韻〉	七律 8 首	558	1905
	356			〈四疊前韻〉	七律 8 首	560	1905
	357			〈五疊前韻〉	七律 8 首	562	1905
	358			〈書孝方與蘭西書後〉	七律 2 首	568	1905
	359			〈春陰和覃孝方〉	七律 2 首	570	1908
	360			〈感春和覃孝方〉	五律 2 首	570	1908
	361			〈秋懷（次覃孝方韻）〉	七律 8 首	629	1909
	362			〈秋懷次前韻〉	七律 8 首	630	1909
	363			〈新寧劉小芸將爲大江南北之游，介孝方索詩壯行，爲賦四絕句〉	七絕 4 首	670	1910
131	364	馮景鼇		〈烈婦篇爲廣東候補從九品馮景鼇繼室方孺人作〉	七言古體 24 句	229	1897
132	365	黃 恩	子惠	〈黃子惠曾由滬上同舟至直沽一別十年矣相見饒平縣廨尊酒話舊賦此爲贈〉	七律	397	1899
	366			〈百丈埔爲宋張丞相世傑夫人許氏大戰元兵殉節處，舊有祠，廢久矣，子惠署縣爲商復舊蹟〉	七律	397	1899
133	367	黃 節	晦聞、玉昆、蒹葭樓主	〈寄贈國學保存會諸子〉	七言 12 句	590	1908
134	368	黃少瀛		〈少瀛以詩舲自壽詩索和走筆書此〉	七言 28 句	632	1909

135	369	黃印譜		〈題黃生印譜〉	七絕 2 首	532	1903
136	370	黃錫詮	南生、鈞選、君選	〈送黃鈞選之官江右〉	七律	523	1901
137	371	黃桂榮	翼臣	〈送黃翼臣（桂榮）秋試〉	七絕 2 首	232	1897
138	372	黃景棠	詔平	〈即席贈黃詔平明經景棠〉	七絕	453	1900
	373			〈詔平以三十自壽詩見示，長句補祝〉	七言 16 句	454	1900
	374			〈詔平席上次蘭史韻〉	七律	455	1900
139	375	黃遵憲	公度、人境廬主	〈寄懷黃公度（遵憲）〉	七律 2 首	416	1899
	376			〈古大夫宅下馬石歌〉	雜言七言古體 27 句並序	480	1900
	377			〈南漢敬州修慧寺千佛鐵塔歌〉	七言古體 76 句並序	481	1900
	378			〈久旱得雨初霽，飲人境廬，時聞和局將定〉	七律 2 首	484	1900
	379			〈用前韻賦答人境廬主見和之作〉	七律 2 首	485	1900
	380			〈三用韻奉答〉	七律 2 首	485	1900
	381			〈四用韻奉答〉	七律 2 首	486	1900
	382			〈雨中遊祥雲庵五用前韻〉	七律 2 首	486	1900
	383			〈六用前韻奉答〉	七律 2 首	487	1900
	384			〈遊西巖靈境院七用前韻〉	七律 2 首	487	1900
	385			〈聞歌有憶，八用前韻〉	七律 2 首	488	1900
	386			〈九用前韻〉	七律 2 首	488	1900
	387			〈十用前韻〉	七律 2 首	489	1900
	388			〈十一用韻〉	七律 2 首	489	1900
	389			〈寄懷公度〉	七律 2 首	495	1900
140	390	楊元琳	碧堂	〈過五桂書屋贈楊碧堂明經元琳〉	五律	161	1895
141	391	溫仲和	慕柳、柳介	〈潮州喜晤溫慕柳同年別後卻寄〉	五律 4 首	158	1895
	392			〈聞言者屢有改科舉之議，疊頤山見贈韻，簡溫慕柳同年金山書院〉	七律	216	1896

	393			〈海軍衙門歌，同溫慕柳同年作〉	七言古體43句	228	1897
142	394	溫庭敬	丹銘	〈疊韻再題心太平草廬圖，並答溫丹銘〉	七言76句	621	1909
143	395	瑞誥	鳳綸	〈寄懷瑞鳳綸分轉（誥）〉	七律2首	504	1901
144	396	葉海	懋斌、季允、永翁、惺噩生	〈答葉季允（懋斌）見贈〉	七律4首	464	1900
145	397	葉楚傖	宗源、卓書	〈與楚傖、千仞聞歌作〉	七律	635	1910
	398			〈題楚傖汾湖弔夢圖（圖蓋爲訪葉小鸞墓作）〉	七絕2首	643	1910
146	399	葉璧華	潤生、婉仙、古香閣主人	〈題葉婉仙女史古香閣集〉	七絕3首	479	1900
147	400	董文敏		〈題董文敏秋山圖〉	七絕2首	633	1909
148	401	廖伯魯		〈滿江紅，越王臺，次伯魯韻〉	詞	565	1905
149	402	裴景福	伯謙	〈王紱溪山漁隱圖長卷，高宗南巡時，賜惠山竹鑪山房僧者也，亂後圖失，展轉爲裴伯謙明府所得，時方重築山房，將以歸之，因出相示，謹次卷中諸臣恭和韻〉	七律	381	1899
	403			〈次卷中自題詩韻，再紀四絕〉	七絕4首	382	1899
	404			〈題裴伯謙大令睫闇詩鈔〉	七言32句	403	1899
	405			〈追和裴君晚登阜民臺之作〉	七律	405	1899
	406			〈東山寄懷南海裴伯謙縣令〉	七律2首	501	1901
150	407	趙濱彥	渭卿	〈送趙渭卿之湘藩任〉	七律	642	1910
151	408	劉士驤	銘伯	〈題劉銘伯制科策後〉	七律2首	532	1903
	409			〈龍門之桐行，贈劉銘伯〉	七言14句	535	1905
	410			〈寄劉銘伯〉	七絕	541	1905
	411			〈送劉銘伯之美洲〉	七絕4首	595	1908
152	412	劉少拔	慧君	〈劉慧君（少拔）廿年舊友，曾從余義軍，內渡寓漳，來潮見訪，賦贈〉	七律	411	1899

153	413	劉可毅	葆貞、毓麟	〈廣州晤劉葆貞編修（可毅）〉	七律	222	1896
154	414	劉心源	亞甫、幼丹	〈寄懷劉幼丹先生成都〉	七律 4 首	268	1898
155	415	劉汝霖	小芸、雨林	〈新寧劉小芸將爲大江南北之游，介孝方索詩壯行，爲賦四絕句〉	七絕 4 首	670	1910
156	416	劉伯端		〈題劉伯端德配范菱碧所畫帳額二十四番花信圖〉	七絕 2 首	598	1908
	417			〈劉郎歌贈伯端〉	七言 10 句	667	1910
157	418	劉彤軒		〈劉彤軒以畫梅及詩卷見贈，用卷中過梅嶺韻答之〉	七絕 4 首	248	1898
158	419	劉松齡		〈紀興寧婦女改妝事與劉生松齡〉	七絕 2 首	522	1901
158	420	劉芷谷	芷谷居士	〈芷谷居士畫大幅水墨雲山、瀑布二圖，并題句見贈，長句賦謝〉	七言 24 句	380	1899
	421			〈觀芷谷居士畫，有懷其兄荻蕃先生〉	七律	381	1899
159	422	劉荻蕃		〈觀芷谷居士畫，有懷其兄荻蕃先生〉	七律	381	1899
160	423	劉鏡瑩	玉臣、玉丞	〈答劉玉丞鏡瑩〉	七律	189	1896
	424			〈題劉生廉讓居圖〉	七絕 2 首	204	1896
161	425	劉芷庭	芷亭	〈贈劉生〉	七絕	183	1896
	426			〈芷亭和予題楊子仙宮詩兼代仙答書此報之〉	七律	189	1896
	427			〈初芷亭未相識先夢見予於澹定村寓樓及過訪適符所歷因賦其事見寄作此答之〉	七絕	192	1896
	428			〈廬山謠答劉生芷庭〉	七言古體 152 句	193	1896
162	429	潘文鐸	左階	〈是日之客王方伯外，有蔣亦璞廉訪（式芬）、潘左階觀察（文鐸）、夏用卿殿撰（同和），而主人則丁伯厚侍講（仁長）、吳玉臣編修（道鎔）、汪莘伯廣文（兆銓）及予也，十疊前韻〉	七律	583	1908
163	430	潘立齋		〈題潘立齋像〉	七絕	566	1905

164	431	潘飛聲	蘭史、獨立山人、劍士	〈說劍堂集題詞，為獨立山人作〉	七言古體52句	300	1898
	432			〈答潘蘭史、丘菽園用王曉滄韻〉	七律	347	1899
	433			〈題蘭史獨立圖〉	七律	387	1899
	434			〈題蘭史泛槎圖〉	七絕8首	388	1899
	435			〈蘭史為洪銀屏校書作紅豆圖徵詩，為題四絕句〉	七絕4首	389	1899
	436			〈次韻和蘭史論詩〉	七律2首	389	1899
	437			〈寄懷菽園，兼訊蘭史，疊次曉滄韻〉	七律5首	390	1899
	438			〈寄蘭史、曉滄、菽園用曉滄韻〉	七律5首	409	1899
	439			〈次韻答蘭史中秋有懷〉	七律	411	1899
	440			〈立冬後連日得雨，十九疊韻柬伯瑤，兼寄蘭史、曉滄、菽園〉	七言12句	422	1899
	441			〈次韻答蘭史香江見贈〉	七律	431	1899
	442			〈早春有懷蘭史，用高常侍人日寄杜拾遺韻〉	七言12句	433	1900
	443			〈疊韻答潘蘭史送別〉	七律2首	447	1900
	444			〈戲柬蘭史〉	七絕	448	1900
	445			〈桃源女史朱伯姬，九江先生女公子也，能詩畫，為蘭史作小幅而自題絕句其上，蘭史出觀，因為書此〉	七絕	448	1900
	446			〈蘭史招飲酒樓，疊前韻〉	七律2首	449	1900
	447			〈題蘭史望羅浮圖，次原韻〉	七律2首	451	1900
	448			〈題蘭史西樵攬勝圖〉	七言28句	451	1900
	449			〈題潘蘭史江湖載酒圖〉	七律	506	1901
	450			〈題蘭史羅浮紀游圖〉	七言雜言52句	525	1901
	451			〈題蘭史香海填詞圖〉	七絕2首	531	1903
	452			〈積雨次蘭史韻〉	七律	539	1905
	453			〈為蘭史題所撫張憶娘簪花圖〉	七絕	550	1905
	454			〈題潘鴻軒百花卷（蘭史祖也）〉	七絕	550	1905

	455			〈題潘鴻軒明經石硯圖〉	七絕	567	1905
	456			〈壽蘭史五十〉	五律	598	1908
	457			〈次蘭史席上韻即送北上〉	七律	614	1909
165	458	潘翔初	祥初	〈贈潘翔初〉	五律	455	1900
166	459	蔣式芬	亦璞	〈次韻贈亦璞廉訪〉	七律	589	1908
	460			〈是日之客王方伯外,有蔣亦璞廉訪(式芬)、潘左階觀察(文鐸)、夏用卿殿撰(同和),而主人則丁伯厚侍講(仁長)、吳玉臣編修(道鎔)、汪莘伯廣文(兆銓)及予也,十疊前韻〉	七律	583	1908
	461			〈寄亦璞羅定軍次〉	七絕	622	1909
	462			〈戲贈蔣亦璞試院〉	七律	634	1909
167	463	鄭國鈞		〈東山松石歌和鄭生〉	雜言 63 句	369	1899
	464			〈雜詩四首答鄭生〉	七言 4 首共 96 句	502	1901
168	465	鄭邦任		〈沙隴過鄭太史邦任〉	七律	310	1898
169	466	鄧家讓	恭叔	〈即席贈鄧恭叔孝廉家讓〉	七絕	453	1900
170	467	蕭 常	伯瑤	〈寄懷蕭伯瑤布衣〉	五絕	286	1898
	468			〈鮀浦喜晤蕭伯瑤夜話〉	七言 12 句	352	1899
	469			〈得伯瑤和章疊前韻〉	七言 12 句	352	1899
	470			〈雨晴渡江舟中,疊前韻寄伯瑤〉	七言 12 句	353	1899
	471			〈祝文信國公生日日,得伯瑤風雨中見懷詩答寄,疊前韻〉	七言 12 句 2 首	357	1899
	472			〈十七疊韻答伯瑤〉	七言 12 句	419	1899
	473			〈九月二十九日十八疊韻寄伯瑤〉	七言 12 句	421	1899
	474			〈立冬後連日得雨,十九疊韻柬伯瑤,兼寄蘭史、曉滄、菽園〉	七言 12 句	422	1899
	475			〈次韻伯瑤送別〉	七律 2 首	440	1900
	476			〈次韻答伯瑤〉	七絕	441	1900
	477			〈述哀答伯瑤〉	七言 46 句	508	1901
	478			〈汕頭海關歌寄伯瑤〉	七言 74 句	510	1901

	479			〈爲潮人士衍說孔教于鮀浦，伯瑤見訪有詩，次韻答之〉	七絕	514	1901
	480			〈次韻答伯瑤〉	七律	517	1901
	481			〈次韻答伯瑤〉	七律	539	1905
171	482	蕭永華	瓊珊	〈男兒富貴總由我圖，畫折枝牡丹萱草花，而總束以莪草，萱花紅而牡丹乃白者，謂素富貴則無憂也，眉仙爲瓊珊作此，而乞予題之〉	七言 12 句	338	1899
	483			〈西園重見詩畸刻本，爲之黯然〉	七律	338	1899
	484			〈西園小集，疊韻酬蕭墀珊（永聲）、瓊珊（永華）兩上舍，兼簡眉山〉	七言 12 句	358	1899
	485			〈蕭氏西園雅集作〉	七律 4 首	365	1899
172	486	蕭永聲	墀珊	〈西園小集，疊韻酬蕭墀珊（永聲）、瓊珊（永華）兩上舍，兼簡眉山〉	七言 12 句	358	1899
173	487	聯　元	仙蘅	〈聯仙蘅觀察（元）和懷古詩韻次答〉	七律 2 首	206	1896
	488			〈疊前韻答聯仙蘅觀察〉	七律 2 首	206	1896
174	489	謝元驥	逸橋、錫元	〈贈謝生逸橋〉	五七言 18 句	530	1903
175	490	謝錫勛	安臣	〈題寒機課子圖（爲謝安臣孝廉母作）〉	七律	416	1899
176	491	謝道隆	四、頌臣、頌丞	〈送謝四之桃源〉	五古 2 首共 46 句	159	1895
	492			〈除夕次頌臣韻〉	五絕	180	1895
	493			〈次頌丞感懷韻〉	七律 2 首	192	1896
	494			〈送頌臣之臺灣〉	五律 8 首	195	1896
	495			〈古別離行送頌臣〉	雜言古體 20 句	197	1896
	496			〈重送頌臣〉	五言古體 78 句	198	1896
	497			〈得頌臣臺灣書却寄〉	七律 2 首	271	1898
	498			〈寄懷謝四頌丞臺灣〉	五律 4 首	401	1899

	499			〈喜謝頌臣由臺至〉	五律	518	1901
	500			〈與頌丞話臺事〉	七律	519	1901
	501			〈書感與頌丞〉	七絕	519	1901
	502			〈送謝四東歸〉	七言 32 句	521	1901
	503			〈寄臺灣櫟社諸子，兼懷頌丞〉	七絕 2 首	525	1901
	504			〈頌丞表兄再訪予駝浦賦此奉政〉	七律	528	1903
	505			〈調頌丞〉	七絕 4 首	566	1905
177	506	鍾穎陽	子華、藕華、藕花（華）道長	〈鍾鬚歌贈鍾生〉	七言古體 20 句	176	1895
	507			〈秋日藕華枉過山居，次元韻〉	七絕 7 首	474	1900
	508			〈重游清涼洞，呈鍾藕華〉	七絕 2 首	490	1900
	509			〈次韻答藕華〉	七絕 10 首	492	1900
	510			〈雨宿新步，次韻答子華〉	七絕 3 首	497	1901
	511			〈東山謁韓祠畢，得子華長句，次韻寄答〉	七言 28 句	500	1901
178	512	鍾寶熙	文南	〈鍾文南太守（寶熙）自美洲回里賦贈〉	七絕 4 首	491	1900
179	513	顏清華	恒甫	〈即席贈顏恆甫〉	七律	454	1900
180	514	羅叔羹		〈贈羅叔羹領事〉	七律 2 首	472	1900
181	515	羅維東	持有	〈即席賦長句贈陳劍秋、羅持有〉	七言 12 句	453	1900
182	516	譚國恩	彤士	〈次韻寄譚彤士（國恩）桂林〉	七絕 4 首	509	1901
			＊＊以下為姓或氏不詳者＊＊				
183	517	毛(生)		〈贈秦人毛生〉	七絕 2 首	535	1905
184	518	吳(秀才)		〈吳秀才贈水仙花賦謝〉	七絕 2 首	316	1899
185	519	李(生)		〈疊韻答李生〉	七言 12 句	355	1899
186	520	林(生)		〈為林生題拜梅圖（圖為王孝廉作)〉	七絕 2 首	316	1899
	521			〈疊韻贈林生〉	七言 12 句	356	1899
187	522	柳(參軍)		〈贈柳參軍〉	七絕 2 首	321	1899
188	523	柳丞		〈答柳丞〉	七言 12 句	375	1899
189	524	倪(縣令)		〈題倪縣令松鶴圖〉	七絕 2 首	507	1901

190	525	師伊		〈次韻賀師伊生子〉	七絕	253	1898
191	526	馬(生)		〈次韻答馬生〉	七律	346	1899
	527			〈題馬生美人寶劍圖〉	七言20句	534	1905
192	528	張(生)		〈題張生所編東莞英雄遺集〉	七言38句	626	1909
193	529	張(別駕)		〈送張別駕之官黔中〉	七絕2首	508	1901
194	530	張(叟)		〈戲爲張叟題麻姑進酒圖〉	七絕3首	483	1900
195	531	郭(生)		〈潮陽三生歌〉	七言雜言26句	375	1899
196	532	陳(生)		〈贈陽湖陳生〉	七律	596	1908
197	533	葉(生)		〈次韻答葉生〉	七律	472	1900
198	534	仙官		〈次韻仙官詩〉	七律	203	1896
	535			〈次韻仙官七言古詩〉	七言古體26句	204	1896
199	536		扶風	〈扶風君有私印曰「黛玉性情、香菱遭際」，鈐之牘尾，意有所感，書此爲寄〉	七絕6首	345	1899
200	537		尙卿	〈尙卿尊兄以相人術行海上相遇檳城書此奉贈〉	七絕	470	1900
201	538		宜蘭山人	〈裝裱宜蘭山人獅子圖已成，題其端〉	七言16句	641	1910
202	539		長樂令	〈次韻答長樂令〉	七律2首	538	1905
203	540		故識伎	〈海上逢故識伎〉	七絕	538	1905
204	541		眉山人、眉仙	〈西園小集，疊韻酬蕭墀珊（永聲）、瓊珊（永華）兩上舍，兼簡眉山人〉	七言12句	358	1899
	542			〈乞眉仙作東山絲竹圖〉	七律3首	343	1899
	543			〈眉仙爲作獨立圖，三年尙未成，作此速之〉	七言20句	501	1901
	544			〈男兒富貴總由我圖，畫折枝牡丹萱草花，而總束以萩草，萱花紅而牡丹乃白者，謂素富貴則無憂也，眉仙爲瓊珊作此，而乞予題之〉	七絕3首	338	1899
205	545		鐵廬	〈論詩次鐵廬韻〉	七絕10首	520	1901

【附錄三】丘逢甲發表於《清議報》詩作彙錄與異文

※（　）內的字是《丘逢甲集》的版本。

1. 《清議報》〔註1〕第 12 號光緒 25 年 3 月 11 日〈題酸道人風月琹尊圖〉：《丘逢甲集》收錄於光緒 24 年（卷 4）頁 302 詩題爲〈題風月琴尊圖爲菽園作〉

   天風吹琹（琴）作變聲，舉尊喝月月倒行。是何年少發奇想，海天漠漠扁舟橫。七絃誰遣補文武？九醞誰教變儀杜？人間又見懷葛民，此琴此尊兩太古。古風不作古月沉，青天碧海愁人心。詩中說酒十八九，寄愁更撫無絃琹（琴）。琹（琴）斲寒厓老桐幹，焦尾先聞爨下歎。手中之尊何丹黃？誰知半作溝中斷！五湖久厭扁舟游，眼中（前）突兀大九洲（州）。有風月處便小泊，素琹（琴）自鼓青尊留。君絃忽新臣絃舊，宮聲頓啞數窮九。舍風不御月不捉，悲歌扣舷速呼酒。此時之風雌不雄，月生月死天夢夢。眼看海水忽四立，黑風驅月西回東。振徽未忍琹（琴）碎玉，皇羲授我新翻曲。一彈再鼓八風靖，月照瑤尊酒光綠。攜琴不上詞（歌）風臺，紛紛猛士皆麤才。即看賦月亦詞贅，瑣屑文謏張尊罍。何如移尊酌滄海，夜半琹（琴）聲行大蠏（蟹）。風輪轉地月轉天，萬里雲霓發奇彩。呼風入琹（琴）月入尊，揮斥八極開天闉。封姨對花不能虐，羿妻竊藥不敢奔。琴不必響泉作記，尊不必窪中銘字。風月常新遍留印，席地幕天知許字（事）。誰與（歟）圖者酸道人，誰與（歟）歌者倉海君。聞歌九天下廣樂，披圖四海生酒雲。吁嗟乎！男兒生當繳大風、射妖月，聽奏鈞天醉天闉。下贊虞琴鼓瑤陛，手酌衢尊萬方悅。不然吟風弄月亦可嗤。逕當浮海從宣尼。海山學鼓《猗蘭操》，百觚侍飲隨鳳嬉。安能鬱鬱久居此？琴絃不張尊酒止。驚風烈烈月晱晱，老我愁心大海水。誓刃（一作終）海若麾天吳，道人得我道不孤。鳴絃（一作琴）著我酒船裏，更寫平分風月圖。

2. 《清議報》第 23 號光緒 25 年 7 月 1 日〈雜詩〉三首錄一：《丘逢甲集》收錄於光緒 22 年（卷 2）頁 184 詩題同

   天雞不能雄，牝雞代爲鳴。膊膊（膊膊）復膈膈，豈云非惡聲？壯士誤起舞，慨然赴功名。失身一非時，甚（其）辱宵（寧）爲榮。枕戈夜未旦，素月當天行。圓（團）團此皎魄，中有妖蟇（蟆）生。得地遂僭妄，吞噬

〔註 1〕梁啓超《清議報》第 12 冊，臺北：成文出版社，1967。

虧陰精。諸仙并（並）束手，坐令天偏盲。憑月（日）復有鳥，翳日失其品。安知蓁養物，乃起爲禍萌。蒙蔽苟不知，安用天聰明？知之不能去，容位（使）終古橫！

3. 《清議報》第 27 號光緒 25 年 8 月 11 日〈秋感前八首〉戊戌稿：《丘逢甲集》未收錄此詩作

痛哭空山最上頭，團欒明月負中秋。黃塵眯眼成新劫，青史填胷　古愁。海外幻民紛吐火，人間王母妄傳籌。橫流滿目無安處，淚灑鄒生大九州。

空山鶴警起霜鐘，一枕邯鄲夢正濃。豈有蒼生望安石，但云新法誤神宗。中原竿木愁分鹿，上郡衣冠詫駕龍。萬里風煙秋氣勁，甘泉聞說夜傳烽。

漠漠燕雲望眼迷，九關秋閉阻雷車。飛符有詔搜行客，侍櫛無人諫大家。萬騎防秋歸宿衛，百官陪列拜充華。夢中鸚鵡能言語，愁說黃臺再摘瓜。

野死幽囚事豈眞，竟傳蜚語惑愚民。蔓抄未定移宮案，芟伏須防跋扈臣。西日駒馳憂過隙，東雲龍出阻攀麟。中興將相張韓盡，誰是平江對哭人？

遺偈爭傳黃藥禪，荒唐說餅更青田。戴鰲豈應遷都兆？逐鹿休訑厄運年。心痛上陽眞畫地，眼驚太白果經天。祇憂讖緯非虛語，落日西風意惘然。

漫說才奇禍亦奇，是非朝議到今疑。違天憤血埋萇叔，去國扁舟異子皮。一網幾成名士獄，千秋重勒黨人碑。出門未敢輕西哭，時局驚聞似奕棋。

變徵聲中起白虹，千門萬戶冷西風。丁沽警集飛雲舸，甲帳寒生救日弓。忍把安危累君父，竟將成敗論英雄。望京樓上孤臣泣，殘月天南聽斷鴻。

萬山寒色赴重陽，芥芥乾坤意黯傷。敢說巨君媚文母，未容孝孺問成王。東周紀月秋多螟，西極占星夜動狼。笑指黃花亦時勢，金英開遍島臣章。

4. 《清議報》第 28 號光緒 25 年 8 月 11 日〈苦雨行〉：《丘逢甲集》收錄於光緒 22 年（卷 2）頁 187 詩題同

雨師晝夜驅龍行，一雨三月無停聲。烏沉兔沒不敢出，仰視天日長冥冥。冬寒凜烈春未已，浸淫木氣渾歸水。稚陽欲苗老陰遏，乃張母權侵厥子。寒風吹天不肯高，陰雲四壓天周遭。媧皇補處今畢漏，石鍊五色難堅牢。盡傾海水向天半，驚波怒濤滿空散。竟無一片乾淨土，著足大地成泥爛。雄雷噤齘鳴雌雷，百蟲胸縮戶不開。花藏柳匿避雨氣，雖有羯鼓安能催？物過爲淫極必反，下士談天嘆（歎）天遠。恐將降魃來止雨，倒行逆施兩

俱損。不然不日復不月,地晦天昏寒水發。幾疑世將入混沌,待起盤古冢
(塚)中骨。欲書綠章上青帝,請收政權屏陰翳。膏雨和風各聽令,萬方
重紀歲華麗。

5.《清議報》第 30 號光緒 25 年 9 月 11 日〈秋感後八首〉戊戌稿:《丘逢甲
集》未收錄此詩作

鶴書赴隴正紛紛,誰料空勞覓舉勤。菜市歐刀酬國士,蘆溝襪被散徵君。
垂簾求革青苗法,入衛能添白荔軍。贏得老儒同贊歎,籌燈重理說經文。

浮雲西北望長安,轉綠回黃眼倦看。堂額競除新學字,門封重揭舊裁官。
早知秦相能相壓,何有商君苦用鑽。孤負至尊憂社稷,千秋疑案說紅丸。

萬方憂旱待甘霖,駭說神龍痼疾深。孝惠自因高后病,叔文終誤順宗瘖。
刊章畢反中朝汗,問鼎偏生敵國心。吟客哀時頻悵望,西風殘照滿秋林。

秋肅春溫總聖恩,不須公論白沉冤。荷戈竟歷新疆苦,得柄真翰舊黨尊。
荐士詩休誦韓愈,逋臣迹已等張元。獨憐枉作無名死,中有文忠繼起孫。

膠東海警接遼西,何意南來道更迷。五虎門開集兵艦,九龍城近啓丸泥。
攫金有士儕秦狗,戰水無車等越犀。數往愁聞康節語,天津橋上杜鵑啼。

悲秋有客臥江城,難遣蒼茫百感情。河決未消黃水勢,民飢易起黑山兵。
石人敢信因謠出,金狄真愁應識生。時難年荒正無那,況堪江上鼓鼙聲。

滿城落葉晚蕭蕭,磊塊憑誰藉酒澆。玫瑰禍胎張景教,芙蓉毒燄煽花妖。
悲歌燕市悽寒日,抉眼吳門齧怒潮。留作遺臣千古恨,神州亂本未能消。

不獨江南可賦哀,傷心聊復此登臺。佯狂伯虎全生命,改制公羊是黨魁。
從古詩材兼史作,漫天秋色送愁來,廟堂且展安天手,莫把科場鬧秀才。

6.《清議報》第 32 號光緒 25 年 11 月 11 日〈題星洲寓公看雲圖〉:《丘逢甲
集》收錄於光緒 25 年(卷 6)頁 410 詩題同

看雲不作狄梁公,屈身幾以牝朝終。看雲不作杜陵翁,許身稷契仍詩窮。
男兒生果抱雄志,眼光到處古人避。我所思兮大海南,島上看雲有奇士。
丹青貌形不貌神,茫茫雲(四)海誰寫真。直取乾坤萬古眼,化(寫)入
一氣相氤氳。陽雲出冬陰雲夏,魯馬趙牛物交化。置身雲外看雲中,雲之
君兮紛來下。眼前所見雲非雲,中有看者精神存。古今萬事雲變滅,嗟哉
郁郁何紛紛!不見卿雲糺縵色,但見浮雲蔽西北。坐令下士懷百憂,高天

無青日不白。平生長劒（劍）空倚天，未能劃斷雲連綿。亦知陰霾勢非久，其奈勃鬱當吾前。登高邱（丘）望遠海，八表停雲有人在。世間難得吉祥雲，望氣空憐成五采。九淵沉沉蟄者龍，雲分雖起將（當）誰從？雷霆收聲電收影，極目（眼見）閉塞將成冬。天地心留畫圖裏，雲生海山吸海水。淋漓元氣大九州，霖雨蒼生臥龍起。

7. 《清議報》第 32 號光緒 25 年 11 月 11 日〈題無懼居士獨立圖〉：《丘逢甲集》收錄於光緒 25 年（卷 6）頁 387 詩題爲〈題蘭史獨立圖〉

　　舉國睡中呼不起，先生高處畫能傳。黃人尚昧合群理，詩界差存自主權。胸有千秋哀古月，目（眼）窮九點哭齊煙。與君同此蒼茫意（況），隔海相看（望）更惘然。自註：余（予）亦有「獨立圖」。

8. 《清議報》第 33 號光緒 25 年 11 月 21 日〈殺鴉行〉：《丘逢甲集》收錄於光緒 24 年（卷 4）頁 267 詩題同

　　城根潮醬樹半枯，天陰月黑啼訓狐。飛瞰屋山嚇黃小，微（微）兇（凶）召眚聲鳴鳴。潮州老守行春政，一紙朝頒磔鴉（梟）令。萬戶無聲春杵嚴，夜伏空山依破鏡。嗟哉人中亦有鴉，東山風雨愁飄搖。人間惜少惡溪檄，畀出濁水公爲妖。丹山鳳去梧桐老，海上紛來九頭鳥。安得枉矢掛陰弓，風毛雨血滄溟東。

9. 《清議報》第 33 號光緒 25 年 11 月 21 日〈聞海客談澎湖事〉：《丘逢甲集》收錄於光緒 24 年（卷 4）頁 268 詩題同

　　絕嶋（島）周星兩受兵，可憐蠻觸迭紛爭。春風血漲珊瑚海，夜月燐飛牡蠣城。故帥拜泉留井記，孤臣掀案哭雷聲。不堪重話平臺事，西嶼殘霞愴客情。

　　全臺門戶此雄礁，三載前仍隸大朝。斗絕勢成孤注立，交爭禍每彈丸招。尚書墓道蠻雲暗，大令文章劫火燒。我爲遺民重痛哭，東風吹泪（淚）溢春潮。

10. 《清議報》第 35 號光緒 26 年 1 月 11 日〈東山感秋詩六絕句次汀州康步崖中翰詠癸巳題壁〉八月六日作：《丘逢甲集》收錄於光緒 25 年（卷 6）頁 405 詩題爲〈東山感秋詞次康步崖中翰題壁韻〉

　　痛哭秋風又一年，觚稜（棱）夢落楚（練）江天。拾遺冷作諸侯客，袍笏空教（山）拜杜鵑。

　　天涯心逐白雲飛，瑟瑟秋蘆點客衣。回首大宛山上月，更無緘札問當歸。

（先母墓在大宛山）。

斜日江聲走急灘，殘棋別墅局方難。後堂那有殘（聞）絲竹？陶寫東山老
謝安。（東山在潮陽縣東三里，綿亙六十里。練江在潮陽南，源出雲落山，
東入海。）

寒蛟海上趁人來，漠漠秋塵掃不開。滿目桑田清淺水，五雲樓閣是（失）
蓬萊。

冷落山齋運覽身，天門八翼夢無因。西風吹起神州恨，麈尾清談大有人。

老（萬）樹秋聲撼睡童，讀書情趣遜歐公。挑燈自寫紉蘭句，一卷《離騷》
當《國風》。

11. 《清議報》第 35 號光緒 26 年 1 月 11 日〈和獨立山人論詩韻二律〉：《丘
逢甲集》收錄於光緒 25 年（卷 6）頁 389 詩題為〈次韻和蘭史論詩〉

曠代元音未寂寥，羽毛重見起雲霄。幔亭絲管千峰月，珠海旌旂（旗）五
夜潮。故國芙蓉頻入夢，小山叢桂儻相招。論詩自寫懷人句，風雨荒雞意
更遙。

落落英雄並世難，中原旂鼓付詩壇。泰山在望吾終仰，滄海橫流孰與安？
鵑隱故巢留客拜，鶴歸華表話年寒。東風吹醒才人夢，銀燭清尊把劒（劍）
看。

12. 《清議報》第 38 號光緒 26 年 2 月 11 日〈再疊龕字韻五首奉寄星洲香海〉：
《丘逢甲集》收錄於光緒 25 年（卷 6）頁 409 詩題為〈寄蘭史曉滄菽園用
小滄韻〉

窟室聞鐘酒正酣，將軍組練罷西龕。已憂朋黨逾河北，更遣王庭渡幕（漠）
南。急政誰求梅尉傳，禍萌何止霍侯驂！漢家未有登封日，留滯休嗟太史
談。

軍中草檄筆空酣，神理虛存暴未龕。祇見螺舟來海外，未容馬柱表交南。
瑤章競託三青鳥，羽衛翻勞二白驂。收拾眾言（《罪言》）注《孫子》，更
無兵奧（許）牧之談。

臺上歌聲起半酣，茫茫項定與劉龕。豈真漢厄逢三七，曾（終）見堯封暨
朔南。誓罷貓仍容武鼠，夢回虎已齧（嚙）贏驂。百王道在焚難盡，數典
偏憐有籍談。

天漿傾漏（倒）帝沈酣，西奈神來佛讓龕。自轉雙輪刪合朔，別傳十誡貶和南。看（尋）山久已迷靈鷲，問道眞疑到劇驂。至竟大同新運在，老生莫自厭常談。

喝月呵雲興正酣，頗聞海上有仙龕。單（置）身敢在中賢下，避地仍居北斗南。石室搜殘神禹簡，金天留駐蓐收驂。欲將虎鼠龍豬意，喚起東方與釋談。

13. 《清議報》第 40 號光緒 26 年 3 月 11 日〈與平山近藤二君及同志諸子飲香江酒樓兼寄大隈伯相犬養先生〉：《丘逢甲集》收錄於光緒 25 年（卷 7）頁 457 詩題爲〈與平山近藤二君及同志諸子飲香江酒樓兼寄大隈伯相犬養春官日本東京〉

誰挾強亞策？同洲大有人。願呼兄弟國，同抑虎狼秦。慷慨高山淚，縱橫大海塵。支那少年在，旦晚要維新。

14. 《清議報》第 40 號光緒 26 年 3 月 11 日〈歐冶子歌贈伊广主人〉：《丘逢甲集》收錄於光緒 25 年（卷 7）頁 456 詩題爲〈歐冶子歌〉

噫嘻乎嗟哉！魔風夜扇大海水，妖鳥西飛金兩翅，飛啄凡（群）龍龍不（半）死。神龍不死何時起，金仙鉛淚流不止。此劫茫茫古無似，不數漢家燕啄矢。誰爲鑄劍殲厥妖？當代吾思歐冶子。于（於）時日蝕團黃月魄（華）紫，迺（乃）采天精抉地髓。天帝下觀萬靈侍，雷公、電母、風伯、雨師聽驅使。祥金晨躍（躍出）洪鑪裏，鑄成雙劍神無比。昆（崑）嵛爲礪沃礁砥，山（陸）斬虎獅海（水）剗虺。妖鳥哀號張大觜（嘴），群魔待（乞）命等羊豕。一揮再揮試神技，乃使五洋沉軍艦、六洲平戰壘。于（於）時天地乃清宵，璧合兩輪（二儀）珠五緯。告太平者有太史，一統之朝古無此。神劍依然發刃始，老我不才稱劍士，布衣長揖歸田里。噫嘻乎嗟哉！當代吾思歐冶子。

15. 《清議報》第 43 號光緒 26 年 3 月 11 日〈星洲贈姜君西行〉：《丘逢甲集》收錄於光緒 26 年（卷 7）頁 463 詩題爲〈星洲喜晤容純甫副使（閎）即送西行〉

吾國有爹亞，將爲歐美游。艱危天下局，慷慨老成謀。新運開三世，雄心遍五洲。南華樓上話，一夕定千秋。

七十尚如此，吾徒愧壯年！排雲叩閶闔，救日出虞淵。異域扶公義，神州復主權。束之原未老，終仗力回天。

廿載知名久，相逢瘴海春。亞洲數先達，嶺表有奇人。南出終張楚，西行
更哭秦。風雲看勃鬱，萬里送飛輪。

16. 《清議報》第 43 號光緒 26 年 3 月 11 日〈題駱賓王集〉：《丘逢甲集》收
    錄於光緒 26 年（卷 7）頁 457 詩題同

    義師散後避僧寮，老抱雄心託浙潮。此筆江河流萬古，多因曾檄僞臨朝。

    鳳閣鸞臺宰相忙，此才竟令落蠻荒。若將文字論知己，惟有當時武媚娘。

17. 《清議報》第 43 號光緒 26 年 3 月 11 日〈紀事〉：《丘逢甲集》收錄於光
    緒 26 年（卷 7）頁 458 詩題同

    閶闔沉沉路不通，封章空自效愚忠。人間漫詫朝陽鳳，已落羅鉗吉網中。

    何止誅求在市租，上供祇道急軍需。相公南下紆籌策，報國居然仗博徒。

【附錄四】《嶺雲海日樓詩鈔》語涉晚清時事的詩作目錄

事件	詩　　題	體　　裁	寫作時間	《丘逢甲集》頁數
鴉片毒害	〈興福寺〉（後半）	五言古體 70 句	1895（卷 1）	170
	〈香港書感〉（2 首之 2）	五律	1896（卷 2）	211
	〈拜大忠祠回詠木棉花〉	七律 2 首	1899	340
	〈五疊前韻〉（8 首之 6）	七律	1905〜1907（卷 10）	563
	〈遊西樵山〉（6 首之 4）	五言古體 26 句	1910（卷 12）	672
海防政策（洋務運動）失當	〈海軍衙門歌同溫慕柳同年作〉	七言古體 44 句	1897（卷 3）	228
	〈紀事〉	七絕 2 首	1900（卷 7）	458
	〈汕頭海關歌寄伯瑤〉	七言 74 句	1901〜1902（卷 8）	510
	〈王曉滄將之官閩中賦別〉（6 首之 4）	七絕 6 首	1901〜1902（卷 8）	514
	〈前詩多見和者，所懷未盡，復次前韻〉（部分）	五言 104 句	1909〜1911（卷 12）	676
尊王保皇的思想	〈雜詩〉	五言 3 首共 74 句	1896（卷 2）	183
	〈苦雨行〉	七言古體 32 句	1896（卷 2）	187
	〈戊戌元旦試筆〉	五律	1898（卷 4）	243
	〈日蝕詩〉	七言 106 句	1898（卷 4）	244
	〈次韻答陶生〉	七律	1898（卷 4）	278
	〈十四月夜〉	五律	1898（卷 4）	286
	〈題風月琴尊圖爲菽園作〉	七言 68 句	1898（卷 4）	302
	〈感事〉	五律 20 首	1898（卷 4）	303
	〈疊韻答夏季平見贈〉	七言 3 首共 36 句	1899（卷 5〜6）	354
	〈東山松石歌和鄭生〉	雜言 63 句	1899（卷 5〜6）	369
	〈東山酒樓放歌〉	七言 41 句	1899（卷 5〜6）	386
	〈題菽園看雲圖〉	七言 40 句	1899（卷 5〜6）	410
	〈絜齋世丈以西園述懷集蘇六十韻詩見示，爲賦五古四章〉	七古 4 首共 158 句	1899（卷 5〜6）	412

	〈元夕無月感賦〉（4 首之 1、2）	七絕 4 首	1899（卷 5～6）	318
	〈拜大忠祠回詠木棉花〉	七律 2 首	1899（卷 5～6）	340
	〈贈夏季平（同和）殿撰〉	七律 2 首	1899（卷 5～6）	352
	〈聞李提摩太有請親政之議愧而書此〉	七絕 2 首	1899（卷 5～6）	430
	〈元旦試筆〉	七絕 2 首	1900（卷 7）	433
	〈哭李芷汀〉	七律	1900（卷 7）	443
	〈與平山近藤二君及同志諸子飲香江酒樓兼寄大隈伯相犬養春官日本東京〉	五律	1900（卷 7）	457
	〈飲新嘉坡觸詠樓次菽園韻〉（4 首之 2、3）	七絕 4 首	1900（卷 7）	462
	〈星洲喜晤容純甫副使（閎）即送西行〉	五律 3 首	1900（卷 7）	463
	〈六用韻奉答〉	七律 2 首	1900（卷 7）	487
	〈十一用前韻〉	七律 2 首	1900（卷 7）	489
	〈寄懷公度〉	七律 2 首	1900（卷 7）	495
	〈北望〉	七絕 2 首	1901～1902（卷 8）	499
	〈眉仙為作獨立圖，三年尚未成，作此速之〉	七言 20 句	1901～1902（卷 8）	501
	〈為潮人士衍說孔教于鮀浦，伯瑤見訪有詩，次韻答之〉	七絕	1901～1902（卷 8）	514
	〈次韻再答賓南，兼寄陳伯嚴〉	七律 4 首	1901～1902（卷 8）	518
	〈題滄海遺民臺陽詩話〉	七律	1905～1907（卷 10）	546
	〈放歌次實甫將別嶺南韻〉	五七言古體 74 句	1908（卷 11）	578
	〈七疊韻答來詩意〉	七律	1908（卷 11）	582
	〈前詩多見和者，所懷未盡，復次前韻〉	五言 104 句	1909～1911（卷 12）	676
戊戌政變	〈十六月夜〉	五律	1898（卷 4）	287
	〈疾風甚雨海山蒼茫遂有斯作〉	七律	1898（卷 4）	291

	〈題風月琴尊圖爲荻園作〉	七言 68 句	1898（卷 4）	302
	〈感事〉	五律 20 首	1898（卷 4）	303
拳亂與 民變	〈和曉滄買犢〉	五言古體 4 首共 76 句	1899（卷 5～6）	330
	〈三饒述懷〉	五言 40 句	1899（卷 5～6）	399
	〈南漢敬州修慧寺千佛鐵塔歌〉（後半）	七言古體 76 句並序	1900（卷 7）	481
	〈送張別駕之官黔中〉	七絕 2 首	1901～1902（卷 8）	508
	〈述哀答伯瑤〉	七言 46 句	1901～1902（卷 8）	508
	〈戊申廣州五月五日作〉	七言 57 句	1908（卷 11）	589
列強 瓜分 中國	〈次韻仙官七言古詩〉	七言 26 句	1896（卷 2）	204
	〈大風雨歌〉	七言 26 句	1896（卷 2）	208
	〈香港書感〉	五律 2 首	1896（卷 2）	211
	〈聞膠州事書感〉	七律	1897（卷 3）	236
	〈歲暮雜感〉	七律 10 首	1897（卷 3）	238
	〈聞鎮平事書感〉	七律	1898（卷 4）	258
	〈殺鴉行〉	七言古體 16 句	1898（卷 4）	267
	〈書事疊前韻〉	七絕 10 首	1898（卷 4）	289
	〈贈馬總戎〉	五律 4 首	1898（卷 4）	295
	〈次韻和馬總戎都童紀勝四絕句〉	七絕 4 首	1898（卷 4）	299
	〈春日寄懷荻園新嘉坡〉	七律 2 首	1899（卷 5～6）	319
	〈三饒述懷〉	五言 40 句	1899（卷 5～6）	399
	〈絜齋世丈以西園述懷集蘇六十韻詩見示，爲賦五古四章〉	七古 4 首共 158 句	1899（卷 5～6）	412
	〈春感次許蘊伯大令〉	七律 10 首	1899（卷 5～6）	376
	〈有感書贈義軍舊書記〉	七絕 4 首	1899（卷 5～6）	428
	〈九龍有感〉	七絕	1899（卷 5～6）	432
	〈澳門雜詩〉	七絕 15 首	1900（卷 7）	444
	〈久旱得雨初霽飲人境廬，時聞和局將定〉（共 11 次唱和）	七律 2 首 11 次唱和共 22 首	1900（卷 7）	484

〈東山感春詩次己亥感秋韻〉	七絕 6 首	1901～1902（卷 8）	505
〈述哀答伯瑤〉	七言 46 句	1901～1902（卷 8）	508
〈王曉滄將之官閩中賦別〉	七絕 6 首	1901～1902（卷 8）	514
〈題蘭史羅浮紀游圖〉	七言雜言 52 句	1901～1902（卷 8）	525
〈來詩有憂滇意三疊前韻〉	七律	1908（卷 11）	581
〈偶思藏事四疊前韻〉	七律	1908（卷 11）	581
〈萬牲園〉	雜言 25 句	1908（卷 11）	600
〈少瀛以詩舲自壽詩索和走筆書此〉	七言 28 句	1909～1911（卷 12）	632

【附錄五】丘逢甲詩評彙錄

作 者	著 作	評論丘逢甲詩的內容
柳亞子	〈論詩六絕句〉〔註1〕	時流競說黃公度，英氣終輸倉海君。戰血臺澎心未死，寒笳殘角海東雲。
丘煒菱	〈詩中八友歌〉〔註2〕	公度恢奇足平生，員輿九萬常縱橫。門戶不屑前人爭，獨簡萬緣息心兵。（黃公度遵憲） 吾家仙根工悲歌，鐵騎突出揮金戈。短衣日暮南山阿，鬱勃誰當醉尉呵。（丘仙根逢甲） 八友順序：康更生有為、黃公度遵憲、林樾雲鶴年、唐薇卿景崧、潘蘭史飛聲、丘仙根逢甲、王曉滄恩翔、梁任公啓超。 另一版本：吾家仲闕發浩歌，鐵騎突出揮金戈。結廬近在東山阿，蒼生其奈不出何！（海陽丘仲闕）
	《五百石洞天揮麈》	（逢甲離臺內渡）居鬱鬱不自得，恒託詩詞以見意，蒼涼悲壯，如秋杵暮笳，令人隱然起身世之感，或沉痛至不可卒讀。或有笑其迂者，則謝曰：子誠知余。然余誠迂，竊願得一迂者，以為之友。子能為我先乎！或無以應也。 今春有潮州人至自汕頭者，忽以君書見貽，并七律三章，……余以來書示潘蘭史，蘭史報云：吾見此人，直欲下拜矣！余無以易蘭史之說。
	〈揮麈拾遺〉〔註3〕	仙根詩之鈔寄余處者，起乙未秋，迄庚子夏，約五百首，號《蟄菴詩存》。……〈戊戌元旦日蝕詩〉雄偉奇警，為稿中古體之冠。……家仙根工部孰於史事，其為詩也喜臚史。……並為宋末大忠文文山先生修祠倡祀，手製祝版文、生日詩合刊之，徵和至數十家。……咸謂丘、夏二君，借題抒誠，熱心君國，焉能不媿此新世界人物也。仙根以其暇日，復成前後《秋感》七律各八首，《感事》五律二十首。數質海外，因從附編《星洲上書記》之後，署名曰某曰某者，當時仙根雅不欲人知為己作也。迄今兩年，所料多應，響之疑之至是愈以服其遠見。杜少陵詩中有史，庶其近矣。仙根詩各體皆佳，才氣亦大。全集自以七律為上駟，挽強命中，號飛將軍。其所自許仍在七古。余則終嫌其魄力未厚，且有墜小家數處。如題余兩圖，句句不脫題字是也。……若詩則古來大家，實無此格，因其有競病聲律之拘，一涉點題，未免多所遷就，……又七古如非長慶體，雖不限定對偶，然長篇通首數十韻竟至

〔註1〕 本附錄部分資料未加註出處係從錢仲聯《清詩紀事》第19冊「光宣朝卷」（江蘇：江蘇古籍出版社，1989.7，1版1刷，頁13325～13378）轉引。
〔註2〕 丘煒菱《菽園詩集》，沈雲龍主編《近代中國史料叢刊·368》，《近代中國史料叢刊續編·37》，臺北：文海出版社，1977。
〔註3〕 丘逢甲著，廣東丘逢甲研究會編《丘逢甲集》，長沙：岳麓書社，2001.12，頁958～966。

		無一偶句，究患局弛。觀仙根全集，盡坐此弊，而己不知，是亦失於自檢之過。
潘飛聲	《在山泉詩話》	菽園論詩，以余與仲閼同稱謂丘劍膽、潘琴心，其實仲閼長篇如長槍大劍，武庫森嚴，七律一種，滿開勁弓，吹裂鐵笛，真成義軍舊將之詩。余每讀，靡不心折。茲擇錄數律，一鱗一爪，均見變化莫測也。〈答王曉滄廣文〉、〈答曉滄冬日見過草廬〉、〈菽園以鏡映選詩圖見寄賦題〉、〈詔平明府席上次蘭史韻〉、〈題蘭史獨立圖〉此數詩皆萬紙傳鈔者也。
王恩翔	《《金城唱和集》序》〔註4〕	仲閼則身經離亂，其才又橫絕一世，而鬱鬱居此，悲壯蒼涼之聲流溢，而出楮墨之間，具有身世之感，一唱三歎，獨有千秋，余詩何足傳，仲閼詩則必可傳，且不僅以詩傳。然余得附仲閼詩以傳余詩，此固余不幸中之大幸也。
洪棄生	〈寄鶴齋詩話〉〔註5〕	仙根早時見余七古，許為查初白；遂出示所作〈大甲溪詩〉，瑰瑋奇特，學韓公和盧仝〈詠月〉詩而能繪切眼前景殊佳。 東嘉應州黃公度（遵憲），前出使日本為參贊，後為湖南道。近年閒住在家，以能詩名；獨據粵之壇坫，時鮮出其上者。至邱仙根內渡，始欲「拔趙幟立漢幟」，遂生齟齬。文人習氣，迄今猶然；甚無謂也。
連　橫	〈邱逢甲列傳〉〔註6〕	年十三入泮。時吳子光設教呂氏之筱雲山莊，藏書富。逢甲負笈從，博覽群籍，遂以詩文鳴里中。灌陽唐景崧以翰林分巡臺灣道，方獎掖風雅，歲試文生，拔其尤者讀書海東書院，厚給膏火，延進士施士浩主講。於是逢甲與新竹鄭鵬雲，安平汪春源、葉鄭蘭肄業其中。未幾，聯捷成進士，授兵部主事，為崇文書院山長。及景崧陞布政使，邀其至，時以文酒相酬酢。臺灣詩學為之一興。 逢甲既去，居於嘉應，自號倉海君，慨然有報秦之志。觀其為詩，辭多激越，似不忍以書生老也。成敗論人，吾所不喜，獨惜其為吳湯興、徐驤所笑爾。
	〈詩薈餘墨〉〔註7〕	我臺邱仲閼先生逢甲素工吟詠。乙未之役，事敗而去，居鎮平，遂以詩鳴海內。曩以論詩十絕郵示林君癡仙。予於臺灣詩界，素主革命。二十年前，曾與陳君枕山筆戰旬日。今仲閼、癡仙已逝，枕山亦亡，而予奔走騷壇，尚無建樹。我臺英特之士有能起而發揚者，則詩界之祉也。詩如左：（略）

〔註4〕 丘逢甲、王恩翔《金城唱和集》王序，陳支平主編《臺灣文獻匯刊》第4輯第10冊，北京九州出版社與廈門大學出版社聯合出版，2004，頁419。

〔註5〕 洪棄生〈寄鶴齋詩話〉，臺北：臺灣銀行經濟研究室，《臺灣文獻叢刊》第304種《寄鶴齋選集》，1972，頁207、217。

〔註6〕 連橫《臺灣通史》，臺北：臺灣銀行經濟研究室，《臺灣文獻叢刊》第128種，1962，頁1033～1034。

〔註7〕 連橫《雅堂文集》卷四〈詩薈餘墨〉，臺北：臺灣銀行經濟研究室，《臺灣文獻叢刊》第208種，1964，頁277～278。

	《臺灣詩乘》〔註8〕	唐維卿觀察既耽風雅,獎藉藝林,一時宦游之士,若閩縣王貢南毓青、侯官郭賓實名昌、丹徒陳耆伯鳳藻、德化羅穀臣大佑、順德梁挺生維嵩及吾鄉施澐舫士洁、邱仙根逢甲等皆能詩。時開吟會,積稿頗多。唐韡之太守輯而刊之,名曰《澄懷園唱和集》,版藏臺南松雲軒。 光緒以來,臺灣詩界群推施澐舫、邱仙根二公,各成家數。仙根名逢甲,又字仲閼,臺灣縣人。唐維卿觀察臺南時,愛其才,邀至東海書院讀書。光緒庚寅成進士。乙未之役,首唱自主,任團練使,統義軍。及敗去之嘉應,居鎮平,自號倉海君,慨然有報秦之志。故其為詩,語多激越。
王　松	《臺陽詩話》〔註9〕	邱仙根工部(逢甲),才情學力,冠絕儕流。乙未回粵,大府延掌潮洲韓山書院,成就甚眾,一時仰之如泰山、北斗。工部詩才,淋漓悲壯,盤錯輪困,肖其為人。海澄邱菽園孝廉嘗舉與嘉應王曉滄(恩翔)、番禺潘蘭史(飛聲)、安溪林菴雲(鶴年)並稱四子,識者歎為知言。茲有題潘蘭史說劍堂集七古長篇云:「劍龍出海辭延津,……諸天雲立群龍聽」。錄之以誌傾倒。集名蟄庵存稿,皆乙未以後所作;正如子美入秦、劍南入蜀,感喟蒼涼,當不在古人以下也。 《金城唱和集》一卷,乃邱仲閼工部(逢甲)與王曉滄廣文(恩翔)二人所著,菽園先生為之刊行。工部詩,余嘗采之,今節錄廣文書事五律句云:「軍猶嚴宿衛,敵自忌邊才」;「枕戈仇教士,築柵恐行人」;「民窮思作賊,事急始招兵」;「睦鄰為上策,讓地得全師」;「議學原無驗,妖詩漫共傳」;「俠士思磨劍,經生憚改絃」。古體如和鳳凰臺放歌、題風月琴樽圖等作,工力悉敵,不慊古大家;惜卷帙有限,不能備載。 夢蝶園在臺南府小南門外,明遺老漳舉人李茂春建;今為法華寺。唐維卿與邱仙根聯吟,有詠是題。唐云:「劫運河山畢鳳陽,朱家一夢醒蒙莊。孝廉涕淚園林冷,經卷生涯海國荒。殘粉近鄰妃子墓,化身猶傍法王堂。誰從窮島尋仙蛻?赤崁城南弔佛場」。邱云:「二百年前老道人,曾從此地託閒身。草雞已歎雄圖改,花蝶猶尋舊院春。心事自同黃苦,遺民猶見白衣新。如何栗主無人祀,有客傷心薦藻蘋」。無限感慨,弔古情深而不即不離,可推作此題之特色。
施梅樵	《丘黃二先生遺稿合刊》 自序〔註10〕	此二老平生著作宏富,雖已作古人,余讀其遺篇,心為之醉,朝夕不忍釋手。余每思有諸己者,不如公諸人,爰不辭數月之辛苦,親自抄謄,並妄為選擇,付之剞劂,斯集一出,俾島內之青年吟侶,熟讀詳味,便可日進無疆,則此集之益人,豈淺鮮哉!

〔註 8〕 連橫《臺灣詩乘》卷五,臺北:臺灣銀行經濟研究室,《臺灣文獻叢刊》第64種,1960,頁 210、215、216。

〔註 9〕 王松《臺陽詩話》下卷,臺北:臺灣銀行經濟研究室,《臺灣文獻叢刊》第34種,1959,頁 51～52、56、62。

〔註10〕 施梅樵《丘黃二先生遺稿合刊》自序,臺中州:東亞書局,1942.11。

吳宓	《吳宓日記》〔註11〕	讀《嶺雲海日樓詩集》，丘倉海（逢甲）先生遺著也。先生事業雄偉，其詩亦雄偉。瀾丈（陳濤，字伯瀾，吳宓的五姑丈）謂近二百餘年來，無此氣格。下里卑靡之音，何足道哉！
吳芳吉	〈提倡詩的自然文學〉〔註12〕	平心而論，新派文學之能戰勝，不是他的神通廣大，乃由舊派文學之自身墮落。以言乎詩，自臺灣人丘倉海著《嶺雲海日樓詩》後，中國舊文學界已無詩之可言。
	〈答某生〉〔註13〕	以吉所知，丘公倉海之詩，則自子美、放翁以後，足以當之。丘公，我臺灣人也。……《嶺雲海日樓詩》，公之遺也。自甲午迄辛亥，二千餘首，空靈雄健如其人。吉受讀公詩於宗兄雨僧，嘆其崢嶸豪放之氣，前無古人，後無來者。至情而為至人，至人而為至文，足以挽流俗、匡末運，日月經天、江河行地之作也。足下他日必取讀之，當知其為今世正宗，而非吉一人之私好。吉昔謬習為詩，自讀《嶺雲海日樓集》，內顧不學無行可述，徒自叫囂，以彰其惡，自是不敢為詩。又聞諸雨僧（吳宓）曰：三原陳公伯瀾之詩，丘公以後大家，較丘公工力猶勝。丘公之詩，英雄之詩。陳公之詩，則真詩人之詩。譬之古人，丘公似放翁，陳公則如子美。
	〈再論吾人眼中之新舊文學觀〉〔註14〕	茲再舉一例，以示用典之多而且合法者。丘倉海〈古別離行送謝頌臣回臺灣〉云云。此詩僅十三韻，凡用典八起，而無不適當，無不顯豁，無不自然，無不普遍，無不深有寄託。倘知丘公之身世者讀之，則其滋味以用典而益濃厚。是以典非不可以用，只看各人能不能用。
	〈四論吾人眼中之新舊文學觀〉〔註15〕	求氣象之佳者不易睹。若彼閩人鄭氏之詩，氣象沉雄而博大。南海康氏博大矣，而不端凝。今若披沙揀金，求之逝者，其以王湘綺之〈獨行謠〉四千字、丘倉海之〈祝文信公生日〉五篇，樸茂深厚，殆最近之。
丘瑞甲	〈嶺雲海日樓詩鈔初版跋〉〔註16〕	先父潛齋先生能詩，先兄詩學乃出自庭訓。特資質穎異，八歲即能詩。讀作日不輟。積各體詩達數萬首。甲午之役，與臺灣俱亡。茲編計僅千餘首。自乙未內渡起，迄南京臨時政府成立後止。中間應酬之作，多無存稿。按年編輯，得十三卷。原先兄之詩，世多知之。而先兄之志，則或知、或不盡知。蓋詩所以言志者也。先兄既以才學見知於當世，而少抱改革之志。因時未遇，不得志之事常八九。每藉詩以言其志，故集中多激宕不平之氣。海內人士或稱為詩界革命鉅子者。蓋專論先兄之詩者也。

〔註11〕 吳宓《吳宓日記》第一冊，三聯出版社，1998.3，頁475。

〔註12〕 吳芳吉《吳芳吉集》，四川：巴蜀書社，1994.10，頁378。

〔註13〕 吳芳吉〈答某生〉，《吳芳吉集》，四川：巴蜀書社，1994.10，頁620～621。本文作於1916.11.16。

〔註14〕 吳芳吉《吳芳吉集》，四川：巴蜀書社，1994.10，頁467～468。

〔註15〕 吳芳吉《吳芳吉集》，四川：巴蜀書社，1994.10，頁527。

〔註16〕 丘逢甲著，廣東丘逢甲研究會編《丘逢甲集》，長沙：岳麓書社，2001.12，頁966～967。

	〈重編《嶺雲海日樓詩鈔》小誌〉〔註17〕	民國二十四年舍侄琮等以我國東北久陷未復，感懷先兄在臺建國往事，特就「詩鈔」中選其生平懷抱有關國事諸詠合在臺續獲前所未刊之遺篇共三百首，附以年譜及臺灣當日建國史實，彙而刊之，名曰《前臺灣民主國義軍大將軍倉海先生丘公逢甲詩選》，意在借「麥秀黍油」之思，感發國人，義取便覽，自亦未足窺其全豹。
丘　復	〈倉海先生墓誌銘〉〔註18〕	自幼聰穎絕人，書過目輒成誦。時有丘才子之名。軀幹魁梧，見者疑為武人。君亦樂以武俠自任。 君之詩文，久雄視海內。然君雅不欲以詩文人傳。故所為文，皆不繕稿，詩則舊歲始輯內渡後所作，編為「嶺雲海日樓詩鈔」，而庚戌「羅浮游草」，則已付印單行矣。
江　瑔	〈丘倉海傳〉〔註19〕	倉海諱逢甲，字仙根。軀幹魁梧，高十尺以外。廣額豐耳，兩目奕奕生奇光。言論風生，往往一語驚四座，聲震屋宇。幼負大志，於書無所不讀，老師宿儒咸遜其淵博。所為詞章，凌厲雄邁，不愧古之作者。尤善詩，恆寢饋於李、杜、蘇、黃諸家，去其皮而得其骨。弱冠弄柔翰，即嶄然露頭角。父兄見其詩，那擊節嘆賞曰：此異才也。為秀才時，毅然以天下為己任。恆為大吏陳國家大計，朗然若視指紋。自此，名動公卿間，王公大臣爭欲羅致之入幕府。倉海則岸然掉頭去不顧也。未幾，舉於鄉，旋捷進士，殿試點主事。是時，聞見彌廣，閱歷愈深。既有地位，亟思展其夙所抱負，以為國家用。而臺灣之禍作矣。 倉海既內渡，遂入廣東，家於嘉應州，買屋居焉。杜門不出，謝絕親友，自署為「臺灣之遺民」。日以賦詩為事，而故國之思以及鬱伊無聊之氣，盡記於詩。詩本其夙昔所長，數十年來復顛頓於人事世故家國滄桑之餘，皆足以鍛鍊而淬礪之。其所為詩盡蒼涼慷慨，有漁陽三撾之聲。如飛兔騕褭絕足奔放。平日執干戈、衛社稷之氣慨，皆騰躍紙上。故詩人之名震動一時。又往往側身南望故鄉故國掩映於蒼煙暮靄中，迷漫不可見，念一身之無屬，獨愴然而涕下。又有時酒酣耳熱，與二三知己談故國軼事，輒虯髯橫張、怒髮直豎，鬚眉噓欲動，氣坌涌而不可遏。識者莫不哀之。

〔註17〕丘逢甲著，廣東丘逢甲研究會編《丘逢甲集》，長沙：岳麓書社，2001.12，頁969～970。重編時間為1937年。

〔註18〕丘逢甲著，廣東丘逢甲研究會編《丘逢甲集》，長沙：岳麓書社，2001.12，頁954～956。初版時間為1913年。

〔註19〕江瑔〈丘倉海傳〉，《嶺雲海日樓詩鈔》，臺北：臺灣銀行經濟研究室，《臺灣文獻叢刊》第70種，1960，頁371～381。丘琮說：「江山淵先生名瑔，高州人。民國初，曾為國會議員。其本人或親族必曾隨宦或遊歷至臺，故能詳悉臺事若目睹耳聞，非他傳記所能及也。惟於唐公景崧責備未免過重，是或者江先生愛國之殷，遂言之切，亦春秋責備賢者之意爾。原文載民國四年上海商務印書館《小說月報》，今於文中所書先府君諱皆易作倉海，其間有時地錯誤處，亦略加修正。」

鄒　魯	〈嶺雲海日樓詩鈔三版序〉〔註20〕	與臺灣相終始者，吾得兩人焉。其一鄭成功，其一吾師丘倉海先生。兩人者，所處之時與地不同，而其爲英雄則一也。光緒中日之戰，臺灣見割，先生合臺灣紳民力爭不可免，奮然謀自立。立臺灣爲民主國，以唐景崧爲大總統、劉永福幫辦，自署義軍大將軍，謀保有臺灣。當是時，義聲震天下，事雖不濟，儼然開今日中華民國之始基矣。先生歸自臺灣，一意發爲聲詩，多哀涼悲壯之作。
李漁叔	《魚千里齋隨筆》〔註21〕	臺灣近數十年來，言詩者無不知有邱倉海，至施澐舫其人，則或未盡悉。澐舫詩才，雅與倉海爲敵，橫恣或不逮，簡鍊處彌復過之。 數十年還，三臺人士所爲詩歌，抗手中原詞客者，有施士洁澐舫、邱逢甲倉海、連橫雅堂及幼春。倉海才華獨擅，有橫溢之美，少收斂之功，五言古詩，氣體未備。 晉江蘇菱槎（蘇鏡潭）序連雅堂《臺灣詩乘》，曾謂：『臺地僻處邊陲，未獲左旗右鼓，馳騁中原，以爭黃池之一日之長』云云，而自邱倉海出，日懋聲光，抗顏英彥，足以推倒鏡潭之言。至其託意堅貞，含思芳烈，又非尋常詩人所能企及矣。
鄔啓祚	《耕雲別墅詩話》	丘倉海……頃遊羅浮歸，以《遊草》見示，沉博絕麗，卓卓可傳。余最愛其〈遊羅浮〉五古二十首，而〈羅浮中秋〉一首亦愛不忍釋。
王蘧常	《國恥詩話》	主事奇偉，負不世才，割臺時，艱苦奮鬥，屢創狂寇。事敗，寄籍廣東嘉應。吾兄銘遠與之稔，聯吟社于羊城，謂垂老目光猶熠人，日弄巨鐵丸，意氣不殊少壯。有《嶺雲海日樓詩鈔》都數千首，豪放如其人，傳本甚少，予見人選鈔，多及臺亡事。……〈秋懷八首次覃孝方韻〉云云。窮秋氣慘，易撥愁心，故其辭獨哀。 （逢甲）有《哭臺南集》，不能悉舉，舉其最哀者云云。不圖三十餘年之後，復有「四萬萬人同一哭，去年今日失遼東」之哀吟，悲哉！
袁祖光	《綠天香雪簃詩話》	詩當極傷心而作，如大塊噫氣怒號，隨竅而出，協自然之則。乙未臺灣淪于日本，丘仙根工部逢甲本臺人，抱無家之戚，所作詩俱沉痛抑鬱，血淚迸零。〈往事〉云云，〈廣州晤劉葆眞可毅〉云云。
冒廣生	〈倉海先生像贊〉	海水兮滔滔，嗟哉丘君兮，人中之豪。詩卷兮天地，羽毛兮雲霄，瞻遺像兮清高。君之英靈分，以逐伍胥文種，化爲南國之怒潮。
屈向邦	《粵東詩話》	近代詩人，尚意境者宗黃、陳；主神韻者師大曆；鎚幽鑿險，則韓、孟尚焉；範水模山，則謝、柳尊矣。其有豪傑之士，不欲步趨前賢，如南海康廣廈有爲，能入能出，一片神行；

〔註20〕 丘逢甲著，廣東丘逢甲研究會編《丘逢甲集》，長沙：岳麓書社，2001.12，頁968～969。三版時間爲1937年。
〔註21〕 李漁叔《魚千里齋隨筆》卷上，臺北：中華詩苑，1958.12，頁141～142。

		如鎮平丘仙根逢甲，矜才使氣，自出機軸；如嘉應黃公度遵憲，突破前人範圍，一新詩界面目。之三子者，皆一時鉅手，而公度為尤者。
汪國垣	〈光宣詩壇點將錄〉〔註22〕	【天退星插翅虎雷橫】丘逢甲，孝于親，忠于友，以此為詩詩不朽。(汪國垣吟誦丘逢甲) 詩云：「臺灣東望淚沾巾，未死終留報國身。天意茫茫難自料，縛將奇士作詩人。」 遜清光緒乙未，割臺灣畀日本。君抗爭不獲，帥義軍自保，又建議立臺灣民主國。唐景崧為總統，君副之，履挫倭寇。援絕饟窮，君乃內渡，奉親居鎮平故鄉，不問世事，而以詩人老矣。(民國初元，君曾一至金陵，余猶及見之。軀幹修偉，虎虎有生氣。) 仙根詩本負盛名，惟鮮與中原通聲氣，至有不能舉其名者。工力最深，出入太白、子美、東坡、遺山之間，又能自出機軸，不拘拘於繩尺間，固一時健者也。仙根號仲閼，本名滄海，廣東鎮平 (今改蕉嶺) 人，生於臺灣苗栗縣銅鑼灣。
	〈近代詩派與地域〉〔註23〕	近代嶺南派詩家，以南海朱次琦、康有為、嘉應黃遵憲、蕉嶺丘逢甲為領袖。……丘仙根在嶺南詩名最盛，中原人士，顯有知其人者。……今所傳之《嶺雲海日樓詩鈔》，慷慨激昂之作，紙上有聲。實以其人富於感情，宗國之痛，一寓於詩，不屑拘拘於繩尺間，而自具蒼莽之氣。迹其所詣，頗欲兼太白、東坡之長。所可惜者，粗豪之習，未盡澌除，益以新詞謠諺，拉雜成詠，有泥沙並下之嫌，少淳滀迴漩之致。然非此又不必為仙根之詩也。
	〈光宣以來詩壇旁記〉〔註24〕	近六十年間詩派，贛南尚元祐，河北宗杜蘇，江左主清麗，惟嶺南頗尚雄奇，如康有為、黃遵憲、丘逢甲尤其著者。 嘗謂嶺南近人詩，自以黃公度、康長素、丘仙根為有名。公度最能卓然自立，康則故為雄奇，丘亦泥沙并下，皆不及稍前之李繡子、朱九江二家。
錢仲聯	《夢苕盦詩話》	(倉海) 舉家內渡，居嘉應，時與黃公度相倡和，蓋與之笙磬同音也。 所著有《嶺雲海日樓詩》，沉雄頓挫，悲壯蒼涼，感懷舊事，傷心時變，激昂不平之氣，真切流露，似陸劍南，似元遺山。梁任公稱為天下健者，蘭史丈稱其長篇如長槍大劍，武庫森嚴；七律一種，開滿勁弓，吹裂鐵笛。真成義軍舊將之詩。
	《近百年詩壇點將錄》	【天罡星玉麒麟盧俊義】丘逢甲，黃遵憲〈與梁啓超書〉推逢甲詩為「真天下健者」，謂「渠自負曰：二十世紀中，必有

〔註22〕 汪國垣〈光宣詩壇點將錄〉，《汪辟疆文集》，上海：上海古籍出版社，1988.12，頁 368～369。
〔註23〕 汪國垣〈近代詩派與地域〉，《汪辟疆文集》，上海：上海古籍出版社，1988.12，頁 314～316。
〔註24〕 汪國垣〈光宣以來詩壇旁記〉「黃晦聞」條，《汪辟疆文集》，上海：上海古籍出版社，1988.12，頁 577。

		刻黃、丘合稿者」。是亦詩界革命之魁矣。其〈論詩次鐵廬韻〉云:「邇來詩界唱革命,誰果獨尊吾未逢。流盡元黃筆頭血,茫茫詞海戰群龍。」、「新築詩中大舞臺,侏儒幾輩劇堪哀。即今開幕推神手,要選人天絕代才。」可知其「恥居王後」之雄心。《嶺雲海日樓詩鈔》,其深到之作,魄力雄厚,情思沉摯,人境亦當縮手。
	《近代詩評》	丘倉海逢甲如漸離擊筑,氣象蒼茫。
	《論近代詩四十家》	詩界談革命,壓倒光宣壇。鯤洋創新國,回風生紫瀾。黃丘當合稿,斯語知非謾。丘逢甲于臺灣被清廷割讓日本時,率領義軍,浴血抗戰,兵敗內渡,久客粵中,詩中念念不忘收復臺灣。黃遵憲〈與梁啟超書〉推為「真天下健者」。謂「渠自負曰:二十世紀中,必有刻黃丘合稿者」。是亦詩界革命之傑。《嶺雲海日樓詩鈔》中,五古如〈己亥五月二日東山大忠祠祝文信國公生日(五首)〉,一代名作。其他七律組詩,層見迭出,沉雄悲壯,皆杜陵秋興、諸將之遺。羅浮游詩一卷,刻畫山水,亦饒勝概。
陳　列	〈論紅杏山房詩鈔與嶺雲海日樓詩鈔〉	有清一代,吾嘉屬有三大詩人。清之中葉,有宋芷灣,清之末年,有黃公度、丘倉海二大家。此三人者,皆有詩集,乃於世或顯或晦,要皆為吾嘉屬之大詩人。吾嘉屬之言詩者,莫不推此三人。
費行簡	《近代名人小傳》	逢甲慷慨有大志,而坦直易為人愚。所為詩才思橫溢,控送如意,尤精對仗。雖恢詭不如黃遵憲,而譎麗亦往往勝之。唯乙未諸詩,則沉鬱蒼涼,如〈伊州〉之曲,讀者輒墜淚,後來所不及也。
陳聲聰	《兼于閣詩話》	清季愛國詩人丘倉海(逢甲)……為詩蒼涼激越,其集今不易傳,有絕句四首亟錄之,〈春愁〉、〈客游〉、〈韓江書感〉、〈山村即目〉一片真靈,語語從血淚迸出。友人錢仲聯夢苕盦論詩四十〈丘倉海〉,柳亞子〈論詩絕句〉亦以黃、丘並提,足見早有公論。公度沉博,倉海高渾,蓋皆詩界之有創新精神者。
梁國冠	〈臺灣詩人丘倉海評傳〉〔註25〕	其詩以七絕七律佔多數,七古次之,其他又次之。以性質論,憂亂傷時之篇什,佔總數四分之一,詩友酬唱及遊覽名勝者次之,其他又次之。其中敘當代史實之作,確能圖繪出時代景象,謳吟出時代心理,不僅在文學上有價值,即在史料上亦有極大價值。如〈汕頭海關歌寄伯瑤〉、〈戊申廣州五月五日作〉等,皆情感豐富,寓意深刻,可稱史詩。 倉海……常注視社會之最下層,常以詩篇寫社會百相,暴露下層社會之實況及情緒。如〈黃田山行〉,又如〈述災〉。此為當年社會最真實之影片。其一腔悲天憫人之懷,流露於字裡行間,殆與少陵之〈石壕吏〉、香山之〈道州民〉、〈杜陵叟〉等篇相類似。此類作品,可稱寫實詩。

〔註25〕梁國冠〈臺灣詩人丘倉海評傳〉:牛仰山編《1919～1949中國近代文學論文集·概論·詩文卷》,北京:中國社會科學出版社,1988.9,頁461～487。

		少陵、青蓮、昌黎、王右丞、東坡以及西崑體，皆倉海所崇拜，而尤傾心放翁，每以自況……亦受同時詩人之影響，倉海歸粵後，先後與易實甫、陳伯巖、陳寶琛、康南海、黃公度諸人遊，造詣亦深，詩格亦高，而受南海、公度之影響尤大……倉海詩格固規模前人，然其所作，舉凡佛語、道家語，俚語、西洋史事，以至聲光化電諸科學語，皆鎔化採用，有意造成梁任公所謂「以舊風格含新意境」之境界。 倉海詩古律多雄豪激越，而七絕則多清麗婉適，有風致。 其短處約有下列幾點：(1)粗直；(2)冗滑；(3)膚廓；(4)草率；(5)以文爲詩。
張永芳	《晚清詩界革命論》〔註26〕	丘逢甲主要是以創作加入詩界革命。《清議報》一創辦，便開始揭載丘逢甲（倉海君）的詩作，共刊其詩二十餘首，數量是比較多的，這證明他在詩界革命中可稱作主將之一。 從詩風來看，丘逢甲詩的面目是凌厲酣暢、神采豪邁，幾乎完全承襲了一脈相沿的舊詩傳統，不僅與「新詩」格調不同，連「新派詩」的拓新勇氣也不如。他的通俗化努力，也並未闢出新境，只是寫了〈臺灣竹枝詞〉、〈澳門雜詩〉、〈檳榔嶼雜詩〉等民歌體詩而已。單從這點看，似可將丘逢甲劃入「守舊的行列」。但就主觀願望講，丘逢甲是主張詩壇變革的。

〔註26〕 張永芳《晚清詩界革命論》第十一章，廣西：漓江出版社，1991.5，頁 160～166。